Schadensersatzrecht III

- Schadensumfang -

Hemmer/Wüst/d`Alquen

Juristisches Repetitorium
hemmer

VORBEREITUNG AUF DAS ERSTE STAATSEXAMEN

KURSORTE IM ÜBERBLICK

AUGSBURG
Wüst
Mergentheimer Str. 44
97082 Würzburg
Tel.: (0931) 79 78 230
Fax: (0931) 79 78 234
Mail: augsburg@hemmer.de

BAYREUTH
Daxhammer/d´Alquen
Parkweg 7
97944 Boxberg
Tel.: (07930) 99 23 38
Fax: (07930) 99 22 51
Mail: bayreuth@hemmer.de

BERLIN-DAHLEM
Gast
Schumannstraße 18
10117 Berlin
Tel.: (030) 240 45 738
Fax: (030) 240 47 671
Mail: mitte@hemmer-berlin.de

BERLIN-MITTE
Gast
Schumannstraße 18
10117 Berlin
Tel.: (030) 240 45 738
Fax: (030) 240 47 671
Mail: mitte@hemmer-berlin.de

BIELEFELD
Lück
Salzstr. 14/15
48143 Münster
Tel.: (0251) 67 49 89 70
Fax.: (0251) 67 49 89 71
Mail: bielefeld@hemmer.de

BOCHUM
Schlömer/Sperl
Salzstr. 14/15
48143 Münster
Tel.: (0251) 67 49 89 70
Fax.: (0251) 67 49 89 71
Mail: bochum@hemmer.de

BONN
Ronneberg/Clobes/Geron
Meckenheimer Allee 148
53115 Bonn
Tel.: (0228) 91 14 125
Fax: (0228) 91 14 141
Mail: bonn@hemmer.de

BREMEN
Hemmer/Wüst
Mergentheimer Str. 44
97082 Würzburg
Tel.: (0931) 79 78 257
Fax: (0931) 79 78 240
Mail: bremen@hemmer.de

DRESDEN
Weber
Täubchenweg 83
04317 Leipzig
Tel.: (0175) 93 13 967
Mail: leipzig@hemmer.de

DÜSSELDORF
Ronneberg/Clobes/Geron
Meckenheimer Allee 148
53113 Bonn
Tel.: (0228) 91 14 125
Fax: (0228) 91 14 141
Mail: duesseldorf@hemmer.de

ERLANGEN
Grieger/Tyroller
Mergentheimer Str. 44
97082 Würzburg
Tel.: (0931) 79 78 230
Fax: (0931) 79 78 234
Mail: erlangen@hemmer.de

FRANKFURT/M.
Geron/Hahn/Bold
Dreifaltigkeitsweg 49
53489 Sinzig
Tel.: (02642) 61 44
Fax: (02642) 61 44
Mail: frankfurt.main@hemmer.de

FRANKFURT/O.
Gast
Schumannstraße 18
10117 Berlin
Tel.: (030) 240 45 738
Fax: (030) 240 47 671
Mail: mitte@hemmer-berlin.de

FREIBURG
Behler/Rausch
Rohrbacher Str. 3
69115 Heidelberg
Tel.: (06221) 65 33 66
Fax: (06221) 65 33 30
Mail: freiburg@hemmer.de

GIEßEN
Sperl
Parkweg 7
97944 Boxberg
Tel.: (07930) 99 23 38
Fax: (07930) 99 22 51
Mail: giessen@hemmer.de

GÖTTINGEN
Schlömer/Sperl
Kirchhofgärten 22
74635 Kupferzell
Tel.: (07944) 94 11 05
Fax: (07944) 94 11 08
Mail: goettingen@hemmer.de

GREIFSWALD
Lück
Knieperstraße 20
18439 Stralsund
Tel.: (03831) 26 27 17
Fax: (03831) 26 27 28
Mail: greifswald@hemmer.de

HALLE
Weber
Täubchenweg 83
04317 Leipzig
Tel.: (0175) 93 13 967
Mail: halle@hemmer.de

HAMBURG
Schlömer/Sperl
Steinhöft 5-7
20459 Hamburg
Tel.: (040) 317 669 17
Fax: (040) 317 669 20
Mail: hamburg@hemmer.de

HANNOVER
Daxhammer/Sperl
Matzenhecke 23
97204 Höchberg
Tel.: (0931) 400 337
Fax: (0931) 404 3109
Mail: hannover@hemmer.de

HEIDELBERG
Behler/Rausch
Rohrbacher Str. 3
69115 Heidelberg
Tel.: (06221) 65 33 66
Fax: (06221) 65 33 30
Mail: heidelberg@hemmer.de

JENA
Weber
Täubchenweg 83
04317 Leipzig
Tel.: (0175) 93 13 967
Mail: halle@hemmer.de

KIEL
Onoszko/Lück
Knieperstraße 20
18439 Stralsund
Tel.: (03831) 26 27 17
Fax: (03831) 26 27 28
E-Mail: kiel@hemmer.de

KÖLN
Ronneberg/Clobes/Geron
Meckenheimer Allee 148
53113 Bonn
Tel.: (0228) 91 14 125
Fax: (0228) 91 14 141
Mail: koeln@hemmer.de

KONSTANZ
Kaiser
Hindenburgstr. 15
78467 Konstanz
Tel.: (07531) 69 63 63
Fax: (07531) 69 63 64
Mail: konstanz@hemmer.de

LEIPZIG
Weber
Täubchenweg 83
04317 Leipzig
Tel.: (0175) 93 13 967
Mail: leipzig@hemmer.de

MAINZ
Geron
Dreifaltigkeitsweg 49
53489 Sinzig
Tel.: (02642) 61 44
Fax: (02642) 61 44
Mail: mainz@hemmer.de

MANNHEIM
Behler/Rausch
Rohrbacher Str. 3
69115 Heidelberg
Tel.: (06221) 65 33 66
Fax: (06221) 65 33 30
Mail: mannheim@hemmer.de

MARBURG
Sperl
Parkweg 7
97944 Boxberg
Tel.: (07930) 99 23 38
Fax: (07930) 99 22 51
Mail: marburg@hemmer.de

MÜNCHEN
Wüst
Mergentheimer Str. 44
97082 Würzburg
Tel.: (0931) 79 78 230
Fax: (0931) 79 78 234
Mail: muenchen@hemmer.de

MÜNSTER
Schlömer/Sperl
Salzstr. 14/15
48143 Münster
Tel.: (0251) 67 49 89 70
Fax.: (0251) 67 49 89 71
Mail: muenster@hemmer.de

OSNABRÜCK
Fethke
Philosophenweg 23
23970 Wismar
Tel.: (0541) 18 55 21 79
Mail: osnabrueck@hemmer.de

PASSAU
Rath/Wenzl
Mergentheimer Str. 44
97082 Würzburg
Tel.: (0931) 79 78 247
Fax: (0931) 79 78 260
Mail: passau@hemmer.de

POTSDAM
Gast
Schumannstraße 18
10117 Berlin
Tel.: (030) 240 45 738
Fax: (030) 240 47 671
Mail: mitte@hemmer-berlin.de

REGENSBURG
Daxhammer/d´Alquen
Parkweg 7
97944 Boxberg
Tel.: (07930) 99 23 38
Fax: (07930) 99 22 51
Mail: regensburg@hemmer.de

ROSTOCK
Burke/Lück
Knieperstraße 20
18439 Stralsund
Tel.: (03831) 26 27 17
Fax: (03831) 26 27 28
Mail: rostock@hemmer.de

SAARBRÜCKEN
Bold/Hein/Issa
Preslesstraße 2
66987 Thaleischweiler-Fröschen
Tel.: (06334) 98 42 83
Fax: (06334) 98 42 83
Mail: saarbruecken@hemmer.de

TRIER
Geron
Dreifaltigkeitsweg 49
53489 Sinzig
Tel.: (02642) 61 44
Fax: (02642) 61 44
Mail: trier@hemmer.de

TÜBINGEN
Kaiser
Hindenburgstr. 15
78465 Konstanz
Tel.: (07531) 69 63 63
Fax: (07531) 69 63 64
Mail: tuebingen@hemmer.de

WÜRZBURG - ZENTRALE -
Mergentheimer Str. 44
97082 Würzburg
Tel.: (0931) 79 78 230
Fax: (0931) 79 78 234
Mail: wuerzburg@hemmer.de

ASSESSORKURSORTE IM ÜBERBLICK

BAYERN
WÜRZBURG/MÜNCHEN/NÜRNBERG/ REGENSBURG/POSTVERSAND

RA Gold
Mergentheimer Str. 44
97082 Würzburg
Tel.: (0931) 79 78 2-50
Fax: (0931) 79 78 2-51
Mail: assessor@hemmer.de

BADEN-WÜRTTEMBERG
KONSTANZ/TÜBINGEN/ POSTVERSAND

RA Kaiser
Hindenburgstr. 15
78467 Konstanz
Tel.: (07531) 69 63 63
Fax: (07531) 69 63 64
Mail: konstanz@hemmer.de

STUTTGART

RAin Baier / RA Baier
Mergentheimerstr. 44
97082 Würzburg
Tel. 0931-7978247
Fax. 0931-7978260
Mail: stuttgart@hemmer.de

BERLIN/POTSDAM/BRANDENBURG
BERLIN

RA Gast
Schumannstr. 18
10117 Berlin
Tel.: (030) 24 04 57 38
Fax: (030) 24 04 76 71
Mail: mitte@hemmer-berlin.de

BREMEN/HAMBURG
HAMBURG/POSTVERSAND

RAe Sperl/Clobes/Dr. Schlömer
Kirchhofgärten 22
74635 Kupferzell
Tel.: (07944) 94 11 05
Fax: (07944) 94 11 08
Mail: assessor-nord@hemmer.de

HESSEN
FRANKFURT

RA Geron
Dreifaltigkeitsweg 49
53489 Sinzig
Tel.: (02642) 61 44
Fax: (02642) 61 44
Mail: frankfurt.main@hemmer.de

MECKLENBURG-VORPOMMERN
POSTVERSAND

RAe Burke/Lück
Buchbinderstr. 17
18055 Rostock
Tel.: (0381) 37 77 40 0
Fax: (0381) 37 77 40 1
Mail: rostock@hemmer.de

RHEINLAND-PFALZ
POSTVERSAND

RA Geron
Dreifaltigkeitsweg 49
53489 Sinzig
Tel.: (02642) 61 44
Fax: (02642) 61 44
Mail: trier@hemmer.de

NIEDERSACHSEN
HANNOVER

RAe Sperl/Schlömer
Steinhöft 5 - 7
20459 Hamburg
Tel.: (040) 317 669 17
Fax: (040) 317 669 20
Mail: assessor-nord@hemmer.de

HANNOVER POSTVERSAND

RAe Sperl/Clobes/Dr. Schlömer
Kirchhofgärten 22
74635 Kupferzell
Tel.: (07944) 94 11 05
Fax: (07944) 94 11 08
Mail: assessor-nord@hemmer.de

NORDRHEIN-WESTFALEN
KÖLN/BONN/DORTMUND/DÜSSELDORF/ POSTVERSAND

RAin Dr. Ronneberg
Meckenheimer Allee 148
53113 Bonn
Tel.: (0228) 91 14 125
Fax: (0228) 91 14 141
Mail: koeln@hemmer.de

SCHLESWIG-HOLSTEIN
POSTVERSAND

RAe Sperl/Clobes/Dr. Schlömer
Kirchhofgärten 22
74635 Kupferzell
Tel.: (07944) 94 11 05
Fax: (07944) 94 11 08
Mail: assessor-nord@hemmer.de

THÜRINGEN

RAe Singbartl/Weber
Täubchenweg 83
04317 Leipzig
Tel.: (0175) 93 13 967
Mail: halle@hemmer.de

SACHSEN

RAe Singbartl/Weber
Täubchenweg 83
04317 Leipzig
Tel.: (0175) 93 13 967
Mail: leipzig@hemmer.de

SACHSEN-ANHALT

RAe Singbartl/Weber
Täubchenweg 83
04317 Leipzig
Tel.: (0175) 93 13 967
Mail: halle@hemmer.de

Vorwort

Schadensersatzrecht III mit der **hemmer-Methode**

Wer in vier Jahren sein Studium abschließen will, kann sich einen Irrtum in Bezug auf Stoffauswahl und -aneignung nicht leisten. Hoffen Sie nicht auf leichte Rezepte und den einfachen Rechtsprechungsfall. Hüten Sie sich vor Übervereinfachung beim Lernen. Stellen Sie deswegen frühzeitig die Weichen richtig.

Im **Schadensersatzrecht** ist genau zwischen Anspruchsgrund und Anspruchsinhalt zu unterscheiden. Während sich Anspruchsgrundlagen für ein Schadensersatzverlangen sowohl aus dem Vertrag als auch aus dem Gesetz ergeben können, ergibt sich der Anspruchsinhalt allgemein aus den §§ 249 ff. BGB. Diese Vorschriften sind Inhalt des vorliegenden Skripts. Ihre Bedeutung für die Klausur wird häufig unterschätzt. Grundsätzliches wie das Prinzip der Naturalrestitution findet ebenso Berücksichtigung wie examenstypische Spezialprobleme, z.B. die Abgrenzung von § 249 II S.1 zu § 251 II BGB. Ebenso dargestellt werden Kausalitätsprobleme sowie Probleme des Mitverschuldens anhand des § 254 BGB und spezieller Vorschriften (z.B. §§ 9, 17 StVG). Die hohe Relevanz dieser Bereiche in Examen und Praxis macht das Skript **Schadensersatzrecht III** zu einem unverzichtbaren Hilfsmittel.

Die **hemmer-Methode** vermittelt Ihnen die **erste richtige Einordnung** und das **Problembewusstsein**, welches Sie brauchen, um an einer Klausur bzw. dem Ersteller nicht vorbeizuschreiben. Häufig ist dem Studierenden nicht klar, warum er schlechte Klausuren schreibt. Wir geben Ihnen **gezielte Tipps**! Vertrauen Sie auf unsere **Expertenkniffe**.

Durch die ständige Diskussion mit unseren Kursteilnehmerinnen und Kursteilnehmern ist uns als erfahrenen Repetitoren klar geworden, welche **Probleme** die Studierenden haben, ihr **Wissen anzuwenden**. Wir haben aber auch von unseren Kursteilnehmerinnen und Kursteilnehmern profitiert und von ihnen erfahren, welche **Argumentationsketten** in der Prüfung zum Erfolg geführt haben.

Die **hemmer-Methode** gibt **jahrelange Erfahrung** weiter, erspart Ihnen viele schmerzliche Irrtümer, setzt richtungsweisende Maßstäbe und begleitet Sie als **Gebrauchsanweisung** in Ihrer Ausbildung:

1. Grundwissen:

Die **Grundwissenskripten** sind für die Studierenden in den ersten Semestern gedacht. In den Theoriebänden Grundwissen werden leicht verständlich und kurz die wichtigsten Rechtsinstitute vorgestellt und das notwendige Grundwissen vermittelt. Die Skripten werden durch den jeweiligen Band unserer **Reihe „Die wichtigsten Fälle“** ergänzt.

2. Basics:

Das Grundwerk für Studium und Examen. Es schafft schnell **Einordnungswissen** und mittels der hemmer-Methode richtiges Problembewusstsein für Klausur und Hausarbeit. Wichtig ist, **wann und wie** Wissen in der Klausur angewendet wird.

3. Skriptenreihe:

Vertiefendes Prüfungswissen: Über 1.000 Klausuren wurden auf ihre „essentials" abgeklopft.

Anwendungsorientiert werden die für die Prüfung nötigen Zusammenhänge umfassend aufgezeigt und wiederkehrende Argumentationsketten eingeübt.

Gleichzeitig wird durch die **hemmer-Methode** auf **anspruchsvollem Niveau** vermittelt, nach welchen Kriterien Prüfungsfälle beurteilt werden. Mit dem Verstehen wächst die Zustimmung zu Ihrem Studium. Spaß und Motivation beim Lernen entstehen erst durch Verständnis.

Lernen Sie, durch Verstehen am juristischen Sprachspiel teilzunehmen. Wir schaffen den „background“, mit dem Sie die innere Struktur von Klausur und Hausarbeit erkennen: **„Problem erkannt, Gefahr gebannt“**. Profitieren Sie von unserem **strategischen Wissen**. Wir werden Sie mit unserem know-how auf das Anforderungsprofil einstimmen, das Sie in Klausur und Hausarbeit erwartet.

Die Theoriebände Grundwissen, die Basics, die Skriptenreihe und der Hauptkurs sind als **modernes, offenes und flexibles Lernsystem** aufeinander abgestimmt und ergänzen sich ideal. Die **studentenfreundliche Preisgestaltung** ermöglicht den **Erwerb als Gesamtwerk**.

4. Hauptkurs:

Schulung am examenstypischen Fall mit der Assoziationsmethode. Trainieren Sie unter professioneller Anleitung, was Sie im Examen erwartet und wie Sie bestmöglich mit dem Examensfall umgehen.

Nur wer die Dramaturgie eines Falles verstanden hat, ist in Klausur und Hausarbeit auf der sicheren Seite! Häufig hören wir von unseren Kursteilnehmenden: **„Erst jetzt hat Jura richtig Spaß gemacht“**.

Die Ergebnisse unserer Kursteilnehmerinnen und Kursteilnehmer geben uns Recht. Maßstab ist der Erfolg. Die Examensergebnisse zeigen, dass unsere Kursteilnehmenden überdurchschnittlich abschneiden.

Die Examensergebnisse unserer Kursteilnehmerinnen und Kursteilnehmer können auch Ansporn für Sie sein, intelligent zu lernen: Wer nur auf vier Punkte lernt, landet leicht bei drei.
Lassen Sie sich aber nicht von diesen Supernoten verschrecken, sehen Sie dieses Niveau als Ansporn für Ihre Ausbildung.

Wir hoffen, mit unserem Gesamtangebot bei der Konkretisierung des Rechts mitzuwirken und wünschen Ihnen **viel Spaß beim Durcharbeiten** unserer Skripten.

Wir würden uns freuen, mit Ihnen in unserem Hauptkurs und mit der **hemmer-Methode** gemeinsam Verständnis an der Juristerei zu trainieren. Nur wer erlernt, was ihn im Examen erwartet, lernt richtig!

So leicht ist es, uns kennenzulernen: Probehören ist jederzeit in den jeweiligen Kursorten möglich.

Karl-Edmund Hemmer & Achim Wüst

Schadensersatzrecht III

- Schadensumfang -

Hemmer/Wüst/d`Alquen

Hemmer/Wüst Verlagsgesellschaft
Hemmer/Wüst/d'Alquen, Schadensersatzrecht III

ISBN 978-3-96838-060-5

14. Auflage 2021

gedruckt auf chlorfrei gebleichtem Papier
von Schleunungdruck GmbH, Marktheidenfeld

Kommentare:

Palandt	Kommentar zum Bürgerlichen Gesetzbuch

Lehrbücher:

Brox	Allgemeines Schuldrecht
	Besonderes Schuldrecht
Medicus	Bürgerliches Recht

§ 1 EINLEITUNG

Ausgangspunkt ist Fallfrage

Häufig ist in Klausuren nach der Begründetheit eines Schadensersatzbegehrens gefragt. Es muss dann herausgefunden werden, ob der in Anspruch Genommene dem Anspruchsteller zum Ausgleich eines bestimmten Schadens verpflichtet ist. *1*

A. Ansprüche auf Schadensersatz

Suchen der Anspruchsgrundlage

Am Anfang der Ausarbeitung der Klausurlösung muss daher die Suche nach den einschlägigen Anspruchsgrundlagen stehen. Dabei sehen eine Vielzahl von Anspruchsgrundlagen eine Verpflichtung zum Schadensersatz vor: Schadensersatzansprüche können sich ergeben aus der Verletzung von (Vertrags-)pflichten innerhalb eines bestehenden Schuldverhältnisses (z.B. §§ 280 ff., 311a II BGB). Schadensersatz schuldet auch, wer eine unerlaubte Handlung begeht (§§ 823 ff. BGB). Ersatz hat zu leisten, wen für bestimmte Sachen und Gefahren eine Gefährdungshaftung trifft (z.B. § 7 StVG), ebenso wer besonderes Vertrauen in Anspruch nimmt (z.B. § 311 III BGB). Schließlich zieht auch die Verletzung sachen-, familien- oder erbrechtlicher Pflichten eine Haftung nach sich (z.B. im Sachenrecht: §§ 989 - 992 BGB, 1007 III S. 2 BGB; im Familienrecht: §§ 1298 f., 1435 S. 2 BGB; im Erbrecht: §§ 1980 I S. 2, 2023 - 2025, 2138 II BGB).[1] *2*

B. Regelungsgegenstand des Schadensrechts

I. Haftungsbegründung und Haftungsausfüllung

Gegenstand: Haftungsausfüllung

Haben Sie die für die Klausurlösung einschlägige *Anspruchsgrundlage* gefunden, und sind deren Voraussetzungen erfüllt, so ist der in Anspruch Genommene grundsätzlich zum Schadensersatz verpflichtet. Fragen der Anspruchsvoraussetzungen (*Haftungsbegründung*) gehören jedoch nicht zum Schadensrecht. Gegenstand des Schadensrechts ist die Frage, ob und in welchem *Umfang* ein zu ersetzender Schaden besteht (*Haftungsausfüllung*) und in welchem Umfang er zu ersetzen ist: Demnach müssen Sie bei der Prüfung eines Schadensersatzbegehrens die Frage nach der Anspruchsgrundlage *(Haftungsbegründung)* und nach dem Umfang des Schadensersatzes *(Haftungsausfüllung)* sauber auseinanderhalten. *3*

> ***Bsp.:** S fährt dem G an einer roten Ampel aus Unachtsamkeit auf dessen Pkw auf. G, der als Handelsvertreter auf die ständige Verfügbarkeit seines Pkws angewiesen ist, verlangt von S Schadensersatz.*
>
> Die Frage nach der Haftungsbegründung ist eine Frage nach den in Betracht kommenden Anspruchsgrundlagen. Dies sind im Fall § 823 I, II BGB i.V.m. § 1 StVO und §§ 7 I, 18 I StVG.
>
> Damit ist jedoch noch nicht die Frage beantwortet, welchen Umfang die grundsätzlich bestehende Ersatzpflicht hat (Frage der Haftungsausfüllung). Dies könnten zum einen die Kosten eines Mietwagens sein, den G sich für die Zeit der Reparatur seines eigenen Wagens genommen hat, zum anderen aber auch ein Ersatz dafür, dass dem G infolge des Unfalls ein Geschäft entgangen ist, welches unter normalen Umständen zustande gekommen wäre (entgangener Gewinn, § 252 BGB).

1 Näher dazu Medicus, JuS 1986, 665 ff.

Sobald es um solche Probleme des Schadensumfangs, also der Haftungsausfüllung, geht, sind die Regelungen der §§ 249 ff. BGB einschlägig.

II. Bedeutung des Schadensrechts

Rechtsfolgenseite

Die Ermittlung des Umfangs der Schadensersatzpflicht ist demnach kein Problem der richtigen Anspruchsgrundlage, sondern setzt das Bestehen einer solchen voraus. Folglich enthalten die §§ 249 ff. BGB keine Anspruchsgrundlage, sondern ergänzen die Normen, die Schadensersatzansprüche vorsehen. Das *Schadensrecht* behandelt die Probleme der *Rechtsfolgenseite* des Schadensersatzanspruchs. Die Falllösung muss hier darlegen, *ob* der erlittene Nachteil *ein zu ersetzender Schaden* ist. Sofern dies zu bejahen ist, schließt sich die Frage an, *wie*, d.h. in welcher Form Schadensersatz zu leisten ist. Es müssen also *Art, Inhalt und Umfang* der geschuldeten Ersatzleistung bestimmt werden.[2] 4

C. Anwendungsbereich der §§ 249 ff. BGB

I. Einheitliche Anwendung auf alle Schadensersatzansprüche

Anwendungsbereich

Auch wenn die §§ 249 ff. BGB Vorschriften innerhalb des BGB sind, erstreckt sich dennoch deren *Anwendungsbereich* auf alle Schadensersatzansprüche. Das Schadensrecht trifft somit auch für außerhalb des BGB normierte Ansprüche (z.B. §§ 1 ff. HPflG, 7 ff. StVG, 18 StVG, 1 ProdHaftG, 1 f. UmweltHaftG) eine einheitliche Regelung. 5

hemmer-Methode: Deshalb bietet sich eine zusammenfassende Darstellung an. Aufgrund der Unterscheidung zwischen Haftungsbegründung und Haftungsausfüllung stellt der Schadensumfang einen eigenständigen Problemkreis dar. Häufig werden Examensklausuren aus dem Schadensersatzrecht mit Problemen des Schadensumfangs „geschmückt", um so auch die erforderliche Notendifferenzierung zu erreichen. Kenntnisse im Schadensrecht sind daher für den Examenskandidaten unerlässliches Rüstzeug.

II. Abweichungen von der einheitlichen Anwendung

Modifikationen

Allerdings ist zu beachten, dass auch die haftungsbegründenden Normen selbst mitunter Bestimmungen über Art und Umfang der Ersatzleistung enthalten.

Für Personenschäden in Folge deliktischer Handlungen werden die §§ 249 ff. BGB durch die §§ 842 ff. BGB modifiziert.

Für die Gefährdungshaftung im Straßenverkehr greifen ergänzend die §§ 10 ff. StVG ein, entsprechende Regelungen finden sich in den §§ 7 ff. ProdHaftG und 12 ff. UmweltHaftG.

Schließlich bestimmt bisweilen bereits die Haftungsgrundlage Art und Umfang der Ersatzpflicht. Als Beispiele wären die §§ 122 I, 179 II BGB zu nennen, welche den zu ersetzenden Vertrauensschaden nach oben hin auf das Erfüllungsinteresse begrenzen; § 1007 III S. 2 BGB i.V.m. §§ 989 ff. BGB gewährt seinem Zweck nach nur das Besitzinteresse, also den Schaden, der aus dem Besitzverlust entsteht.[3]

---

2 Vgl. Honsell/Harrer, JuS 1985, 161.

3 Str. Grüneberg (vormals Palandt), § 1007, Rn. 14. Die Umbenennung erfolgt ab der 81. Auflage (Erscheinungsdatum November 2021).

D. Grundgedanken der gesetzlichen Regelung

Gesetzeszweck

Um ein besseres Verständnis der Regelung der §§ 249 ff. BGB zu gewinnen, muss man sich den Zweck der Schadensersatzpflicht vor Augen halten. Die *Grundgedanken des Schadensrechts* wurzeln im Prinzip der Naturalrestitution *(Naturalherstellung; § 249 BGB).* 6

Naturalherstellung

Der Geschädigte ist somit durch die Ersatzleistung so zu stellen, wie er stünde, wenn das zum Schadensersatz verpflichtende Ereignis nicht eingetreten wäre, § 249 I BGB. Aus diesem Prinzip als Ausgangspunkt lassen sich die anderen Grundsätze des Schadensrechts allesamt ableiten.

hemmer-Methode: Da § 249 I BGB Grundnorm des Schadensrechts ist, sollte dieser stets auch Ausgangspunkt Ihrer Überlegungen zum Schadensumfang sein. Begriffe wie „Erfüllungsinteresse", „Vertrauensschaden" u.Ä. sind regelmäßig nur Umschreibungen für den in § 249 I BGB normierten Grundgedanken.

Totalreparation

Die Ersatzleistung soll die entstandenen Nachteile ausgleichen. Der Schädiger hat dabei *den gesamten Schaden* zu ersetzen (Prinzip der *Totalreparation*). Eine Begrenzung der Höhe nach entsprechend der Leistungsfähigkeit des Schädigers oder nach dem Grad seines Verschuldens gibt es grds. nicht.

Eine Ausnahme von diesem Prinzip kann sich im Bereich des sog. **innerbetrieblichen Schadensausgleichs**[4] im Arbeitsrecht ergeben:

Danach kann z.B. die grds. gegebene Haftung eines Arbeitnehmers für die Beschädigung einer Sache des Arbeitgebers bei mittlerer Fahrlässigkeit auf einen bestimmten Prozentsatz beschränkt sein.

Ebenso sehen einige spezialgesetzliche Regelungen eine Begrenzung der Ersatzpflicht in Form von Haftungshöchstsummen vor.[5]

Keine Besserstellung

Gleichzeitig soll der Schadensersatz aber auch keine Besserstellung bewirken. Die Ersatzleistung darf über den Schadensausgleich hinaus nicht zu einer Bereicherung des Geschädigten führen. 7

hemmer-Methode: Ein typisches Beispiel für dieses schadensersatzrechtliche Bereicherungsverbot ist der Abzug „Neu für Alt". Dieser erfolgt, wenn die beschädigte Sache bei der Reparatur eine Wertsteigerung erfährt.[6]

Keine Sanktion

Schadensersatz ist grds. nicht als Sanktion für geschehenes Unrecht zu verstehen. Als Ausnahme ist die Genugtuungsfunktion beim Schmerzensgeldanspruch zu nennen. Auch bei Verletzung des Allgemeinen Persönlichkeitsrechts bekommt das Schadensrecht mitunter einen *pönalen Charakter,* indem mitunter eine Gewinnabschöpfung stattfindet. Dies deshalb, weil der Schädiger anderenfalls nicht hinreichend von weiteren Verletzungshandlungen abgehalten würde.

Rechtsfortsetzungsgedanke

Teil des Ausgleichsgedankens ist der Rechtsfortsetzungsgedanke. Schadensersatz bezweckt in vielen Fällen, dem Verletzten einen Ausgleich gerade für den Verlust oder die Beeinträchtigung eines subjektiven Rechts (z.B. Eigentum) oder Rechtsguts (z.B. Gesundheit) zu geben.

4 Ausführlich hierzu Hemmer/Wüst/Krick, Arbeitsrecht, Rn. 631 ff.

5 Siehe unten, Rn. 10.

6 Vgl. Grüneberg (vormals Palandt), vor § 249, Rn. 97; vgl. unten, Rn. 218 f.

In diesen Fällen setzt sich das verletzte Recht in dem Schadensersatzanspruch fort. Zum Ausdruck kommt dieser Gedanke z.B. dadurch, dass dem Geschädigten stets der objektive Wert des Rechtsguts als Mindestschaden zuerkannt wird.

E. Schadensrechtliche Probleme in der Klausur und Aufbau des Skripts

Rechtsentwicklung

Allein mit der knappen Regelung der §§ 249 ff. BGB lässt sich der Umfang des Schadensersatzanspruchs angesichts der Vielzahl schadensersatzbegründender Fallkonstellationen oft nicht befriedigend ermitteln. Lehre und vor allem die Rechtsprechung waren und sind gezwungen, die gesetzliche Regelung zu konkretisieren, auch um für den Einzelfall eine angemessene Lösung zu finden. *8*

Anordnung des Stoffs

Trotz des teilweise kasuistischen Charakters, den das Schadensrecht dadurch erlangt hat, liegt der Ermittlung des ersatzfähigen Schadens eine innere Logik zugrunde, die der Klausurbearbeiter bei der Ausarbeitung seiner Lösung zu beachten hat.

Das Skript behandelt daher die Probleme der Ersatzleistung der Reihenfolge nach, angelehnt an den Aufbau einer Fallbearbeitung. Beispielsweise stellt sich die Frage, ob eine bestimmte Schadensfolge dem Schädiger zugerechnet werden kann, vor der Frage, wie ggf. für diese Folge Ersatz zu leisten ist.

Daraus ergibt sich folgende Reihenfolge der Kapitel: *9*

- ⇨ Haftungsbeschränkungen (§ 2)
- ⇨ Schadensfeststellung (§ 3)
- ⇨ Schadenszurechnung (§ 4)
- ⇨ Art, Inhalt und Umfang der Ersatzpflicht nach den §§ 249-253 BGB (§ 5)
- ⇨ Ersatz des Nichterfüllungs- und Vertrauensschadens (§ 6)
- ⇨ Schadensmindernde Faktoren (hypothetische Schadensursachen, rechtmäßiges Alternativverhalten und Vorteilsausgleichung) (§ 7)
- ⇨ Drittschadensliquidation (§ 8)
- ⇨ Mitverschulden (§ 9)
- ⇨ Beschränkung der Ersatzpflicht nach den Regeln der „gestörten Gesamtschuld“ (§ 10)

§ 2 HAFTUNGSBESCHRÄNKUNGEN

Haftungsbeschränkungen: Zwei Variationen

Haftungsbeschränkungen kommen in zwei verschiedenen Formen vor: Zum einen kann die grundsätzlich gegebene Haftung des Schädigers durch sog. Haftungshöchstsummen beschränkt sein, d.h. dass die Voraussetzungen der Anspruchsnorm zwar sämtlich erfüllt sind, die Haftung dennoch der Höhe nach begrenzt bleibt. 10

Zum anderen kann eine Haftungsbeschränkung dergestalt bestehen, dass der Schädiger nur dann auf Schadensersatz haftet, wenn ihm auch ein entsprechend schweres Verschulden vorgeworfen werden kann. In diesen Fällen fehlt es dann mitunter schon an den Voraussetzungen der Anspruchsnorm.

hemmer-Methode: Entsprechend unterscheidet sich dann auch die Erörterung der jeweiligen Haftungsbeschränkungen. Während Haftungshöchstsummen ganz am Schluss der Klausurlösung zu erwähnen sind, müssen die auf das Verschulden bezogenen Haftungsbeschränkungen bereits bei den Anspruchsvoraussetzungen i.R.d. erforderlichen Verschuldens diskutiert werden.[7] Haftungsbeschränkungen der letzteren Art gehören damit nicht zur Haftungsausfüllung, sondern zur Haftungsbegründung. Sie werden aber aufgrund der thematischen Verknüpfung mit dem Schadensrecht an dieser Stelle mitbehandelt.

A. Gesetzliche Haftungshöchstsummen

Gesetzl. Haftungshöchstsummen

Bei einigen Gefährdungshaftungstatbeständen ist die Ersatzpflicht entgegen dem Prinzip der Totalreparation auf eine Höchstsumme begrenzt.

Beispiele sind:

⇨ *§ 12 StVG*

⇨ *§ 10 ProdHaftG.*

⇨ *§ 15 UmweltHaftG*

Diese Haftungshöchstsummen sollen für den in Anspruch Genommenen einen Ausgleich dafür bieten, dass seine Haftung auf einem verschuldensunabhängigen Gefährdungstatbestand beruht, um so für ihn das Haftungsrisiko berechenbarer zu gestalten. 11

Die Beschränkung gilt deshalb nicht zugleich auch für andere Anspruchsgrundlagen (z.B. aus Vertrag oder Delikt).[8] Hier greift der Sinn und Zweck der Beschränkung nicht ein.

B. Gesetzliche Beschränkung der Haftung

Gesetzl. Haftungsbeschränkung bzgl. Haftungsmaßstab

Grundsätzlich greift eine verschuldensabhängige Haftung bei vorsätzlichem oder fahrlässigem Handeln des Schädigers ein, vgl. § 276 I S. 1 BGB. 12

7 Eine Besonderheit gilt hier wiederum beim innerbetrieblichen Schadensausgleich im Arbeitsrecht. Dieses Institut ist Ausfluss der Betriebsrisikolehre, so dass eine Kürzung des eigentlich gegebenen Anspruchs über § 254 BGB analog erfolgt. Auf Tatbestandsebene ist zum Schutz des Arbeitnehmers noch § 619a BGB zu beachten.

8 Vgl. z.B. Grüneberg (vormals Palandt), § 10 ProdHaftG, Rn. 1.

Von diesem Grundsatz macht das Gesetz in Einzelfällen eine Ausnahme, indem es eine Beschränkung des Haftungsmaßstabes anordnet.

Gesetzeszweck = Friedensfunktion

Die Haftungsmilderungen dienen zum einen dazu, bestimmte Rechtsverhältnisse von Streitigkeiten über Schadensersatzansprüche freizuhalten (sog. *Friedensfunktion*).

Ein weiterer Grund für die Privilegierungen ist bisweilen die enge persönliche Beziehung der Beteiligten zueinander, die die Gefahr gegenseitiger Schädigung erhöht. Die Haftungsbeschränkung soll vermeiden, dass die gebotene Tatkraft beispielsweise bei Kindeserziehung oder Besorgung von Angelegenheiten einer Gesellschaft nicht aus Angst vor einer drohenden Ersatzpflicht geschmälert wird.

Wann der Schadensersatzanspruch am Eingreifen gesetzlicher (oder vertraglicher) Haftungsmilderungen scheitert, ist keine Frage der Rechtsfolge, sondern betrifft vielmehr die Voraussetzungen der Anspruchsnorm, ist also i.R.d. Haftungstatbestandes zu prüfen.

Zweigliedrige Prüfung

Sobald es um das Eingreifen von Haftungsbeschränkungen geht, empfiehlt sich innerhalb des Verschuldens eine zweigliedrige Prüfung:

(1) Trifft den Schädiger überhaupt ein Verschulden? Ist dies zu bejahen: Welcher Verschuldensgrad (einfache, grobe Fahrlässigkeit oder Vorsatz) ist gegeben?

(2) Greift zugunsten des Schädigers eine Haftungsmilderung ein, welche eine Haftung für die verwirklichte Verschuldensart ausschließen würde?

I. Haftung nur für Vorsatz und grobe Fahrlässigkeit

Haftung bei Vorsatz und grober Fahrlässigkeit

Das Gesetz ordnet für eine Reihe von Vertragstypen eine Beschränkung des Haftungsmaßstabes des Schuldners auf Vorsatz und grobe Fahrlässigkeit an. 13

<u>Haftung für Vorsatz und grobe Fahrlässigkeit bei:</u>

⇨ Schenker (§§ 521, 523 II, 524 BGB)
⇨ Verleiher (§ 599 BGB)
⇨ Finder (§ 968 BGB)
⇨ Schuldner bei Annahmeverzug des Gläubigers (§ 300 I BGB)
⇨ Geschäftsführer ohne Auftrag bei Gefahrenabwehr (§ 680 BGB)

Reichweite der Haftungsmilderung

Zweifelhaft ist, ob der mildere Maßstab neben der Leistungspflicht auch für sonstige Schutz-, Obhuts- oder Sorgfaltspflichten gilt und ob er zudem auch konkurrierende Deliktsansprüche erfasst.

Z.B. verschenkte Sachen

Bsp.: *S löst seine Wohnung auf und verschenkt Einrichtungsgegenstände gegen Abholung. G entdeckt dort ein Klappbett und nimmt es mit. Da S bei der Einweisung in den Bedienungsmechanismus (leicht fahrlässig) vergessen hatte, den G auf die Betätigung eines Sicherungsbolzens aufmerksam zu machen, klappt die Liege schon in der ersten Nacht ungewollt ein. G zieht sich dadurch eine Rippenquetschung zu und verlangt Ersatz für die angefallenen Heilungskosten.* 14

§ 524 I BGB (-)

(I) Da das Bett selbst nicht fehlerhaft war, kommt ein Anspruch aus § 524 I BGB nicht in Betracht. Mangels Eingreifens der ansonsten abschließenden Vorschriften zur Sachmängelhaftung[9] kann G möglicherweise aus § 280 I BGB (i.V.m. § 241 II bzw. § 311 II BGB) Ersatz verlangen, je nachdem, ob die Pflichtverletzung im vorvertraglichen Bereich anzusiedeln ist, oder ob sie eine Verletzung einer vertraglichen (Nebenpflicht) darstellt.

Schutzpflichtverletzung

(1) Die Versäumung der objektiv gebotenen Aufklärung über die notwendige Sicherung des Klappmechanismus stellt eine Schutzpflichtverletzung dar, so dass grds. eine Haftung nach o.g. Vorschriften in Betracht kommt.

Haftungsmaßstab bei Schenkung ist § 521 BGB

(2) In beiden Fällen müsste dem S ein entsprechender Schuldvorwurf zu machen sein, vgl. § 280 I S. 2 BGB. Im Schenkungsrecht haftet der Schenker gem. § 521 BGB nur für Vorsatz und grobe Fahrlässigkeit. Da S laut Sachverhalt nur leichte Fahrlässigkeit vorzuwerfen ist, kommt es darauf an, ob zu seinen Gunsten § 521 BGB auch bei einer bloßen Schutzpflichtverletzung eingreift.

(a) Für die Haftung aus §§ 280 I, 241 II BGB gilt Folgendes:

Ebenfalls bei §§ 280 I, 241 II BGB

Entsprechend dem Zweck des Haftungsprivilegs ist seine Geltung für Schutzpflichtverletzungen nur für die Fälle zu verneinen, in denen es an einem Zusammenhang zwischen Pflichtverletzung und Gegenstand des Vertrages fehlt.[10] Im Fall besteht ein solcher Zusammenhang zweifellos: Die Schutzpflichtverletzung bezog sich gerade auf eine von dem Schenkungsgegenstand ausgehende Gefährdung der Rechtsgüter des G. Die Haftungsbeschränkung des § 521 BGB ist also anwendbar. Da S nur leichte Fahrlässigkeit vorzuwerfen ist, schuldet er somit keinen Schadensersatz aus §§ 280 I, 241 II BGB.

Und bei §§ 280 I, 241 II, 311 II BGB

(b) Entsprechend würde es sich für eine Haftung aus §§ 280 I, 243 II, 311 II BGB verhalten:

Bestehen für das angebahnte Rechtsverhältnis gesetzliche Haftungsmilderungen, gelten diese ihrem Sinn nach auch für die vorvertragliche Haftung, wenn die verletzte Schutzpflicht im Zusammenhang mit dem Vertragsgegenstand steht.[11]

(II) Eine Haftung könnte aber auch aus § 823 I BGB begründet sein. Aufgrund einer pflichtwidrigen Unterlassung des S kam es zu einer Körperverletzung des G.

Erstreckung auf den Deliktsanspruch

Da die Voraussetzungen des § 823 I BGB grds. erfüllt sind, könnte eine Haftung des S nur dann ausscheiden, wenn § 521 BGB hier ebenfalls anzuwenden ist, und es somit am erforderlichen Verschuldensvorwurf fehlt.

Da durch eine strengere Deliktshaftung die Privilegierung des Schädigers über das Vertragsrecht regelmäßig unterlaufen würde, sind gesetzliche Haftungsbeschränkungen i.R.d. Vertragsrechts auch auf eine parallele deliktische Haftung auszudehnen. Gesetzliche Begrenzungen der Haftung auf bestimmte Schuldformen erlauben wegen derselben Handlung keine strengere Haftung nach Deliktsrecht.[12]

Würden Haftungsmilderungen nicht auf den daneben regelmäßig verwirklichten Deliktsanspruch durchschlagen, liefe die Privilegierung meist leer.

S erhält somit auch aus § 823 I BGB keinen Ersatz.

9 Grüneberg (vormals Palandt), § 524, Rn. 6.

10 BGHZ 93, 23 ff. („Kartoffelpülpe") = **juris**byhemmer (Wenn dieses Logo hinter einer Fundstelle abgedruckt wird, finden Sie die Entscheidung online unter „juris by hemmer": www.hemmer.de).

11 Grüneberg (vormals Palandt), § 311, Rn. 28 (str).

12 BGH, NJW 1985, 794 ff. = **juris**byhemmer; Medicus, BR, Rn. 640.

hemmer-Methode: Ein ähnliches Problem stellt sich bei der Konkurrenz von deliktischer und (kürzerer) vertraglicher Verjährung. Hier verneint die ganz h.M. eine Auswirkung des Vertragsrechts auf das Deliktsrecht. Es ist kein Grund ersichtlich, warum es dem Deliktstäter nutzen soll, dass er auch noch einen konkurrierenden Vertrag verletzt hat.[13] Nur wenn die deliktische Verjährung die kürzere vertragliche Verjährung leerlaufen lassen würde, weil regelmäßig neben dem vertraglichen Anspruch auch ein deliktischer besteht, soll die vertragliche Verjährungsfrist auch auf das Deliktsrecht Anwendung finden.
Bejaht wird diese Voraussetzung im Fall der §§ 548, 604 BGB.[14]

II. Haftung nur bei fehlender eigenüblicher Sorgfalt

Diligentia quam in suis

Für bestimmte Vertragstypen ordnet das Gesetz auch eine Beschränkung der Haftung auf die eigenübliche Sorgfalt (sog. diligentia quam in suis, § 277 BGB) an. 15

Haftung nur für „diligentia quam in suis“:

- ⇨ unentgeltlicher Verwahrer (§ 690 BGB)
- ⇨ Gesellschafter einer BGB-Gesellschaft untereinander (§ 708 BGB)
- ⇨ Ehegatten untereinander (§ 1359 BGB)
- ⇨ Eltern gegenüber dem Kind (§ 1664 BGB)
- ⇨ Vorerbe gegenüber dem Nacherben (§ 2131 BGB)

§ 277 BGB

Im Unterschied zu § 276 BGB gilt damit i.R.d. eigenüblichen Sorgfalt ein subjektiver Maßstab, der die Berücksichtigung der Veranlagung und des gewohnheitsmäßigen Verhaltens des Handelnden ermöglicht.[15] Für den in eigenen Angelegenheiten besonders Sorgfältigen bedeutet dies aber keine Verschärfung der Haftung gegenüber der aus § 276 BGB (Arg.: „Wer **nur** ...“).[16]

Wie sich aber bereits aus dem Wortlaut des § 277 BGB ergibt, ist auch der in eigenen Angelegenheiten besonders Nachlässige nicht von der Haftung für grobe Fahrlässigkeit und Vorsatz befreit.

hemmer-Methode: Verdeutlichen Sie sich, dass § 277 BGB die Haftung nicht grundsätzlich und schlechthin auf Vorsatz und grobe Fahrlässigkeit beschränkt. Vielmehr ist der Haftungsmaßstab im jeweiligen Einzelfall konkret zu ermitteln.

Bsp.: *Um auf ihrem Arbeitsweg Benzin zu sparen, schließen sich die Kollegen F (der als einziger ein Auto hat), V und K unter Teilung der erwarteten Kosten zu einer Fahrgemeinschaft zusammen. Sie sind sich alle darüber einig, dass sie bei einem gemeinsamen Unfall gegeneinander keine Ersatzansprüche geltend machen würden.*

Bald darauf gerät F auf regennasser Fahrbahn in einer Kurve von der Straße ab und überschlägt sich. F war, wie an jedem Tag, statt der dort vorgeschriebenen 60 km/h, 72 km/h gefahren. Bei etwas geringerer Geschwindigkeit wäre der Unfall mit an Sicherheit grenzender Wahrscheinlichkeit zu vermeiden gewesen.

V, der Schnittwunden im Gesicht erlitten hat, verlangt von F die Heilungskosten ersetzt.

13 Medicus, BR, Rn. 640.

14 BGHZ 54, 264 ff. = **juris**byhemmer.

15 Grüneberg (vormals Palandt), § 277, Rn. 3.

16 Grüneberg (vormals Palandt), a.a.O.

Anspruchsgrundlagen

(I) Die Ersatzpflicht des F könnte sich aus §§ 280 I, 241 II BGB ergeben (daneben auch aus § 823 I; § 823 II BGB i.V.m. § 3 I S. 2 StVO, § 229 StGB). Auch eine Haftung aus § 18 StVG oder § 7 StVG kommt grundsätzlich in Betracht.

(1) Das für die Haftung erforderliche Schuldverhältnis bestünde, wenn zwischen den Beteiligten ein Gesellschaftsvertrag (§ 705 BGB) geschlossen wurde.

Rechtsbindungswille

(a) Damit das Vorliegen eines Vertrages bejaht werden kann, darf es sich bei der Fahrgemeinschaft nicht um ein reines Gefälligkeitsverhältnis ohne Rechtsbindungswillen handeln, was aber bei Arbeitskollegen nahe liegt.[17]

Die h.M. beurteilt das Vorliegen des Rechtsbindungswillens anhand eines Indizienbündels, innerhalb dessen auf die Art der Gefälligkeit, ihren Grund und Zweck, ihre wirtschaftliche und rechtliche Bedeutung für den Empfänger der Leistung, die Umstände, unter denen sie erwiesen wird, und die dabei bestehende Interessenlage der Parteien abgestellt wird.[18]

Dass der Abmachung hier nach der Parteivorstellung ein rechtlich relevantes Geschehen zugrunde lag, zeigt sich zum einen an der vereinbarten Kostenteilungspflicht und dem Interesse jedes Einzelnen an einer zuverlässigen Beförderung zum Arbeitsplatz, zum anderen aber auch an dem vorweggenommenen Ausschluss von Ersatzansprüchen.

Exkurs:

Exkurs zur Haftungsmilderung bei Gefälligkeitsverhältnis

Fehlt der Rechtsbindungswille, besteht ein bloßes Gefälligkeitsverhältnis. Fraglich ist jedoch der Haftungsmaßstab innerhalb eines Gefälligkeitsverhältnisses. Grds. würde der Gefällige gem. §§ 823 ff. BGB auch für leichte Fahrlässigkeit haften.[19] Das erscheint angesichts der Haftungsbeschränkungen für Schenkung (§ 521 BGB), Leihe (§ 599 BGB) oder unentgeltliche Verwahrung (§ 690 BGB) unbillig. 18

Deshalb bietet sich zugunsten des nur aus Gefälligkeit Tätigen eine analoge Anwendung der §§ 521, 599, 690 BGB an: Er soll wegen seiner Uneigennützigkeit regelmäßig nur für Vorsatz und grobe Fahrlässigkeit haften.[20]

Auf der anderen Seite ist zu bedenken, dass dem Beauftragten, der ebenfalls uneigennützig handelt, keine entsprechende Haftungsprivilegierung zugutekommt, so dass die h.M. die Verallgemeinerungsfähigkeit der §§ 521, 599, 690 BGB verneint.

Wenn überhaupt, kommt eine Anwendung der entsprechenden Privilegierungen daher jedenfalls nicht bei einer sog. auftragsähnlichen Gefälligkeit in Betracht.

Außerdem lehnt die h.M. eine derartige Haftungsbeschränkung wegen des Schutzbedürfnisses des Gefälligkeitsempfängers ab.

Der BGH[21] verneint daher eine entsprechende Anwendung der Haftungsbeschränkung aus Gefälligkeitsverträgen beim Gefälligkeitsverhältnis.[22] Wer keinen Rechtsbindungswillen hat, verdiene auch nicht den Schutz des Vertragsrechts.

---

17 Lesen Sie dazu Grüneberg (vormals Palandt), vor § 241, Rn. 8.

18 BGHZ 21, 107 = **juris**byhemmer.

19 Grüneberg (vormals Palandt), vor § 241, Rn. 8 f.

20 Medicus, BR, Rn. 369.

21 Vgl. BGH, NJW 1992, 2474 (2475) = **juris**byhemmer.

22 Der BGH lehnt ebenfalls eine analoge Anwendung des § 603 S. 2 BGB auf das reine Gefälligkeitsverhältnis ab, vgl. BGH, **Life&LAW 12/2010, 791 ff.**

Eine Haftungsmilderung kommt nach der h.M. im Gefälligkeitsverhältnis allenfalls über die Annahme eines (stillschweigenden) Haftungsausschlusses oder über die Bejahung eines Mitverschuldens des Geschädigten gem. § 254 I BGB in Betracht (z.B. indem er sich einem angetrunkenen Fahrer anvertraut).[23]

Exkurs Ende

hemmer-Methode: Machen Sie sich mit den Problemen des Gefälligkeitsverhältnisses frühzeitig vertraut! Die Haftung im Gefälligkeitsvertrag/-verhältnis war wiederholt Gegenstand von Examensklausuren. Erleidet der Gefällige einen Schaden, kann er diesen nicht gem. § 670 BGB analog ersetzt verlangen. Insbesondere eine Haftung aus GoA ist in diesen Fällen nicht einschlägig, da der fehlende Rechtsbindungswille über die Rechtsfigur der berechtigten GoA nicht unterlaufen werden soll.[24]

Gesellschaftszweck

(b) Gemeinsamer Zweck der Gesellschafter ist die gegenseitige Beförderung. Das Vorliegen eines Gesellschaftsvertrages zwischen F, V und K kann somit bejaht werden. 19

Pflichtverletzung

(2) F hat mit seiner Fahrweise seine gesellschaftsvertragliche (Leistungs-) Pflicht, die anderen Gesellschafter entsprechend den Regeln der StVO zu befördern, verletzt.

Vertretenmüssen

(3) Verschulden:

(a) F müsste diese Pflichtverletzung zu vertreten haben (§ 276 I S. 1 BGB). Er handelte zumindest leicht fahrlässig, indem er die zulässige Höchstgeschwindigkeit überschritten hat (§ 276 II BGB).

§ 708 BGB

(b) Möglicherweise gilt aber ein abweichender Haftungsmaßstab nach § 708 BGB.

(aa) Danach hätte F nur für die eigenübliche Sorgfalt einzustehen (§ 277 BGB). Da die Fahrweise des F seinem üblichen Fahrverhalten („wie an jedem Tag“) entsprach, liegt kein Verstoß gegen die Sorgfalt in eigenen Angelegenheiten vor.

(bb) Gem. § 277 BGB befreit die Haftung für eigenübliche Sorgfalt nicht von der Verantwortlichkeit für grob fahrlässiges Verhalten: Grobe Fahrlässigkeit läge vor, wenn F das nicht beachtet hat, was im gegebenen Fall jedem hätte einleuchten müssen.[25] Bei einer im täglichen Verkehrsgeschehen häufigen Geschwindigkeitsüberschreitung von 12 km/h kann ohne Hinzutreten weiterer Umstände nicht davon gesprochen werden, dass F allein dadurch die jedem einleuchtende Sorgfalt vernachlässigt hat.

Teleologische Reduktion

(cc) Darauf, ob dieses Verhalten nun als grob fahrlässig einzuordnen ist oder nicht, kommt es letztlich aber nicht an, wenn § 708 BGB hier schon gar nicht anwendbar ist.

Obwohl die Beförderung zu den Gesellschafterpflichten des F gehörte, könnte § 708 BGB seinem Zweck nach dahingehend einzuschränken sein, ihn bei Unfällen im Straßenverkehr nicht anzuwenden.

Die Risiken, die der Straßenverkehr mit sich bringt, geben ihrer Natur nach keinen Raum für individuelle Sorglosigkeit.[26] Fahrgäste müssen ihre Rechtsgüter vom Fahrzeuglenker nicht schon deshalb mit geringerer Sorgfalt behandeln lassen, als dies nach objektivem Maßstab erforderlich wäre, nur weil sie sich gesellschaftlich verbunden haben.

---

23 BGH, NJW 1980, 1681 = **juris**byhemmer; BGHZ 34, 355 = **juris**byhemmer; Grüneberg (vormals Palandt), vor § 241, Rn. 8; vgl. unten Rn. 250 ff.; vgl. auch die zusammenfassende Darstellung in **Life&LAW 11/2015, 799 ff.** **Unser Service-Angebot an Sie: kostenlos hemmer-club-Mitglied werden (www.hemmer-club.de) und Entscheidungen der Life&LAW lesen und downloaden.**

24 BGH, **Life&LAW 05/2021, 303 ff.** = **juris**byhemmer.

25 BGH, NJW 1980, 886 (888) = **juris**byhemmer.

26 BGH, VersR 1960, 802 f. = **juris**byhemmer, a.A. Medicus, BR, Rn. 930.

§ 708 BGB findet daher im Straßenverkehr keine Anwendung.

Exkurs zu §§ 690, 1359, 1664 BGB

hemmer-Methode: Die gleiche Gesetzesauslegung ergibt sich unter Zugrundelegung dieser Wertung auch bei §§ 690, 1359, 1664 BGB: Diese sind ihrem Sinn und Zweck nach auf die gemeinsame Teilnahme am Straßenverkehr ebenfalls unanwendbar.[27] Daher bieten sich z.B. Ehegatten für schadensrechtliche Klausuren besonders an, da hier der Klausurbearbeiter bei einem Unfall im Straßenverkehr das „Für und Wider" einer Haftungsbeschränkung nach § 1359 BGB sorgfältig abzuwägen und dabei „saubere Gedankenarbeit" zu leisten hat.

Rechtsgeschäftlicher Haftungsausschluss

(dd) Möglicherweise führt aber die Vereinbarung, wonach aus eventuellen Unfällen Ersatzansprüche zwischen den Gesellschaftern nicht entstehen sollten, zu einem Haftungsausschluss. Dies käme dann in Betracht, wenn hierin eine wirksame rechtsgeschäftliche Haftungsbeschränkung zu sehen ist (dazu in der Fortsetzung der Falllösung unter Rn. 21).

C. Rechtsgeschäftliche Beschränkung der Haftung

I. Wirksamkeit vertraglicher Haftungsbeschränkungen

Einordnung

Grundsätzlich kann durch vertragliche Vereinbarung die Haftung im Voraus ausgeschlossen oder beschränkt werden. Allerdings sind der Vertragsfreiheit auch hier Grenzen gesetzt: *20*

Fortsetzung der Lösung des Beispielsfalles (Rn. 19): *21*

Haftungsausschluss?

(c) Zu klären ist, ob die Gesellschafter die Haftung für Ersatzansprüche aus Verkehrsunfällen wirksam ausgeschlossen haben.

Widerspruch zu § 276 III BGB

(aa) Legt man die Vereinbarung aus, liegt es nahe, eine Privilegierung im Haftungsmaßstab anzunehmen. Dies hätte dann aber die Folge, dass der Schädiger selbst für vorsätzliches Verhalten nicht einzustehen hätte. Letzteres steht jedoch in Widerspruch zu § 276 III BGB. Die Vereinbarung wäre dann nach § 134 BGB nichtig.

(bb) Wirksam wäre hingegen ein Ausschluss i.R.d. Gefährdungshaftung des StVG (Umkehrschluss zu § 8a I S. 1 StVG) und für einfache und grobe Fahrlässigkeit (Umkehrschluss zu § 276 III BGB).

hemmer-Methode: Sofern es um Haftungsausschlüsse geht, müssen Sie immer genau beachten, um wessen Haftung es geht. Die Haftung für Vorsatz eines Erfüllungsgehilfen ist gem. § 278 S. 2 BGB ausschließbar. Sofern der Haftungsausschluss durch AGBen erfolgt, ist stets § 309 Nr. 7 BGB zu bedenken, soweit es um Körperschäden geht. Aus diesem Grund ist nach überzeugender Ansicht auch außerhalb des Anwendungsbereichs des Verbrauchsgüterkaufs (vgl. § 476 BGB) ein pauschaler Haftungsausschluss durch Allgemeine Geschäftsbedingungen („Für die Mangelhaftigkeit der Kaufsache wird die Haftung ausgeschlossen" o.ä.), nicht wirksam.[28]
Denn ein derartiger Ausschluss würde auch die Haftung für Mangelfolgeschäden in Form der Körperschäden erfassen. Dem steht § 309 Nr. 7 BGB entgegen. § 309 Nr. 8b BGB ist insoweit nicht lex specialis.[29]
Ein Haftungsausschluss kann zudem am Transparenzgebot scheitern, § 307 I S. 2 BGB. Es ist Aufgabe des Verwenders, für eine klar verständliche Regelung Sorge zu tragen.[30]

---

27 Grüneberg (vormals Palandt), § 277, Rn. 2 m.w.N. Nach Ansicht des OLG Bamberg soll dies aber nur dann gelten, wenn Eltern mit einem Kfz am Straßenverkehr teilnehmen, **Life&LAW 09/2012, 642 ff.** Im betroffenen Fall hatte eine Mutter mit ihrer 6-jährigen Tochter die Straße überqueren wollen und war leicht unachtsam. Das OLG hat die Haftung an § 1664 BGB scheitern lassen. Die Entscheidung ist wenig überzeugend. Gerade dann, wenn man ohne den Schutz eines Kfz am Straßenverkehr teilnimmt, kann man sich nicht auf eigenübliche Sorglosigkeit berufen, sondern sollte ganz besonders auf die Kinder achten. Insoweit eine sehr lebensfremde Entscheidung (Richter ohne Kinder?). Der BGH hat diese Differenzierung bislang jedenfalls nicht zum Ausdruck gebracht.

28 Vgl. **Life&LAW 10/2005, 662 ff.**

29 Im Gegenteil: § 309 Nr. 7 BGB wird seinen Hauptanwendungsfall im Rahmen des Ausschlusses der Mängelhaftung haben. Die Regelung wurde aber gleichwohl nicht dem § 309 Nr. 8b BGB unterstellt, weil auch andere „Pflichtverletzungen" denkbar sind als Auslöser für eine Schadensersatzhaftung.

30 BGH, **Life&LAW 09/2015, 654 ff.** = **juris**byhemmer.

Im Wege der Umdeutung (§ 140 BGB) kann man zu einer Aufrechterhaltung der Vereinbarung in diesem Umfang gelangen:

hemmer-Methode: Klausurtaktik! Probleme schaffen, nicht wegschaffen. Nur wenn Sie nicht bei dem Ergebnis der Unwirksamkeit des Haftungsausschlusses wegen § 276 III BGB stehen bleiben, sondern an die Möglichkeit der Umdeutung denken, schöpfen Sie das Problempotential der Klausur voll aus und zeigen so dem Korrektor, dass Sie die Klausur in all ihren Varianten beherrschen. Die Umdeutung ist häufig für die „Rettung" der Klausur erforderlich: Eine Anfechtungserklärung wird in eine Rücktrittserklärung umgedeutet, die Bestellung einer Buchhypothek in die einer Briefhypothek, die gescheiterte Sicherungsübereignung in eine Übertragung des Anwartschaftsrechts usw. Nehmen Sie auf der anderen Seite aber eine Umdeutung nicht vorschnell an. Voraussetzungen für § 140 BGB sind: Es muss ein Rechtsgeschäft vorliegen, welches nichtig ist. Die Wirksamkeit darf nicht schon durch Auslegung der Parteierklärungen erreicht werden können. Es müssen alle Wirksamkeitserfordernisse des „Ersatzgeschäfts" gegeben sein, und dieses darf in seinen Wirkungen nicht weiter reichen als das nichtige Geschäft. Schließlich muss die Umdeutung dem (mutmaßlichen) Willen der Parteien entsprechen. Die Umdeutung erfolgt dann automatisch, so dass es keines Gestaltungsaktes der Parteien mehr bedarf.

Der mutmaßliche Wille der Parteien des Gesellschaftsvertrages geht hier dahin, wenigstens die Haftung für einfache und grobe Fahrlässigkeit abzubedingen. Weiter stellt sich das umgedeutete Rechtsgeschäft sogar als „Minus" zum unwirksamen dar, so dass eine Umdeutung gem. § 140 BGB ohne weiteres möglich ist.[31] 23

Hier ist es jedoch ebenso vertretbar, eine Beschränkung des Haftungsausschlusses nur für fahrlässiges Verhalten der Gesellschafter im Wege ergänzender Vertragsauslegung anzunehmen, so dass dann eine Umdeutung nicht mehr erforderlich wäre. Im Ergebnis führen beide Wege zur Wirksamkeit der Haftungsbeschränkung, so dass sich eine weitere Diskussion erübrigt.

(cc) Im Ergebnis ist aufgrund der vertraglichen Haftungsbeschränkung eine Haftung des F abzulehnen, da ihm allenfalls leichte Fahrlässigkeit hinsichtlich der Pflichtverletzung angelastet werden kann.

Geltung für andere als vertragliche Ansprüche

(II) Zu klären bleibt, ob dieser Ausschluss auch die Haftung aus § 823 I, § 823 II BGB i.V.m. § 3 I S. 2 StVO oder i.V.m. § 229 StGB erfasst. Anders als bei den gesetzlichen Haftungsmilderungen, deren Anwendbarkeit durch Gesetzesauslegung zu bestimmen ist (s.o. II. 1. im Beispielsfall Punkte (I) (2) und (II)), ist für die Reichweite vertraglicher Haftungsbeschränkungen die Parteivereinbarung maßgeblich. Diese ist auszulegen.[32]

Exkurs:

Exkurs zu AGB-Klauseln

Bei der Auslegung von in AGBen enthaltenen Freizeichnungsklauseln ist die Unklarheitenregel des § 305c II BGB zu beachten: Zweifel hinsichtlich der Reichweite gehen zu Lasten des Verwenders, der sich freizeichnen will. Dies beruht auf dem Gedanken, dass es Sache des Verwenders ist, sich klar und unmissverständlich auszudrücken. 24

Exkurs Ende

31 Grüneberg (vormals Palandt), § 140, Rn. 2 ff.

32 BGHZ 9, 301 (306) = jurisbyhemmer; dazu auch Medicus, BR, Rn. 640.

In der Regel wird die *Auslegung* ergeben, dass sich der vertragliche Ausschluss auch auf *konkurrierende gesetzliche Schadensersatzansprüche* erstrecken soll.[33]

Auslegung

Denn die Vereinbarung wäre sonst in den allermeisten Fällen wertlos.

Darüber hinaus wird in der Vorstellung der Parteien regelmäßig nicht zwischen vertraglichen und deliktischen Ansprüchen unterschieden, vielmehr soll die Ersatzpflicht allgemein abbedungen sein, gleich, auf welchem Grund sie beruht.

Im Ergebnis greift die Milderung auch auf die deliktischen Ansprüche durch. Somit scheidet also eine Haftung des F aus.

Bestimmte *Gefährdungshaftung*statbestände sind hingegen zwingend: Bei entgeltlicher und geschäftsmäßiger Personenbeförderung kann die Halterhaftung weder durch AGB noch durch Individualvereinbarung beschränkt werden (§ 8a I StVG).

Im Fall müsste an dieser Stelle weiter diskutiert werden, ob es sich um eine geschäftsmäßige Beförderung i.S.d. § 8a I S. 1 StVG handelt. Anderenfalls würde sich der Haftungsausschluss problemlos auch auf die Ansprüche aus §§ 7, 18 StVG erstrecken. Die Entgeltlichkeit wird man hier wohl verneinen müssen, da die Kostentragung nur Mittel zum Zweck ist, es sich also nicht um den Austausch einer Beförderungsleistung gegen Entgelt handelt. Gemeint sind in § 8a I S. 1 StVG vielmehr Taxifahrten, Busfahrten o.ä.

Ähnliches gilt z.B. für den Luftfrachtführer gegenüber Fluggästen (§ 45 I LuftVG), im Bereich des Haftpflichtgesetzes (§ 1 HaftPflG) und für die Gastwirtshaftung (§ 702a BGB).

Arbeitsrecht

Auf Schadensersatzansprüche wegen Verletzung der in §§ 617, 618 BGB normierten Pflichten kann der *Arbeitnehmer* nicht im Voraus (wohl aber im Nachhinein) verzichten, da das dem Schutzzweck dieser Vorschriften zuwiderliefe.[34]

Reiserecht

Im Reisevertragsrecht ist eine Haftungsbeschränkung nur unter den Voraussetzungen des § 651p I BGB zulässig![35]

Verbrauchsgüterkauf

Die wohl klausurrelevanteste Einschränkung der Möglichkeit, Haftungsbeschränkungen zu vereinbaren, findet sich in § 476 BGB. Für das hier interessierende Schadensersatzrecht normiert § 476 III BGB allerdings eine wichtige Ausnahme. So können Schadensersatzansprüche auch im Verbrauchsgüterkauf grundsätzlich ausgeschlossen werden. Erfolgt dieser Ausschluss jedoch durch Allgemeine Geschäftsbedingungen, sind wiederum die Grenzen der §§ 307 ff. BGB zu beachten. Eine Unwirksamkeit kann sich hier insbesondere aus § 309 Nr. 7, 8b BGB ergeben.[36]

Schließlich kann sich die Unwirksamkeit einer vertraglichen Haftungsbeschränkung aus § 138 I BGB ergeben.

II. Vertragliche Haftungsbeschränkung zugunsten Dritter

Wirkung für Dritte

In bestimmten Fällen kann sich eine Haftungsbeschränkung auch aus einem Vertragsverhältnis herleiten, an dem der Schädiger gar nicht beteiligt ist. 26

33 BGH, JZ 1962, 570 = **juris**byhemmer.

34 Grüneberg (vormals Palandt), § 618, Rn. 2.

35 Vgl. dazu Hemmer/Wüst, Schuldrecht BT II, Rn. 277 ff.

36 Grüneberg (vormals Palandt), § 475, Rn. 14.

Dies lässt sich konstruktiv über die Figur des Vertrages mit Schutzwirkung Dritter erreichen: *Der vertragliche Haftungsausschluss mit Wirkung für Dritte* besteht unter denselben Voraussetzungen, die zur Begründung eines Anspruchs zugunsten des Dritten geprüft werden müssen.

Voraussetzungen des Vertrages mit Schutzwirkung zugunsten Dritter[37] sind:

- **Leistungsnähe**: Der Dritte muss mit dem Leistungsgegenstand genauso in Berührung kommen wie der Vertragspartner des Geschädigten auch.
- **Gläubigernähe**: Legitimes Interesse des Gläubigers am Schutz des Dritten, beispielsweise aufgrund einer Schutzpflicht: Bei personenrechtlichem Einschlag (z.B. Eltern für ihre Kinder, § 1626 BGB) stets erfüllt (sog. Wohl und Wehe-Formel). Im Arbeitsrecht: Fürsorgepflicht des AG gegenüber dem AN
- **Erkennbarkeit** von Leistungsnähe und Schutzpflicht des Gläubigers für Dritten.
- **Schutzbedürftigkeit des Dritten**, weil ihm selbst keine eigenen vertraglichen Ansprüche zustehen.[38]

Rechtsgrundlage i.E. anerkannt

Über die Rechtsgrundlage des Vertrages mit Schutzwirkung zugunsten Dritter herrscht zwar Uneinigkeit (Rspr.: richterliche Rechtsfortbildung, Lit.: ergänzende Vertragsauslegung), im Ergebnis stimmen aber alle Ansichten hinsichtlich der Voraussetzungen überein, so dass sich eine Erörterung erübrigt.[39]

***Bsp.:**[40] Die Argus GmbH hat die Bewachung einer Baustelle der Klotz AG übernommen. Nach dem Vertrag sollte die A-GmbH nicht für Schäden haften, die sich aus der Bedienung der Wärmeöfen ergeben. Der angestellte Wachmann W der A-GmbH verursachte durch Fehlbedienung einer der Öfen einen Brand, dem ein Baustellenwagen zum Opfer fiel. Die K-AG verlangt von dem W Ersatz.* 27

W haftet möglicherweise aus § 823 I BGB.

hemmer-Methode: Eine Haftung aus dem Arbeitsvertrag mit Schutzwirkung zugunsten der K-AG ist abzulehnen, da die A-GmbH kein gesteigertes Interesse am Schutz der K-AG hat und auch ein objektiver Drittschutz nicht Vertragszweck ist (fehlende „Gläubigernähe").

Die Anspruchsvoraussetzungen des § 823 I BGB sind grundsätzlich erfüllt: W hat das Eigentum der K-AG rechtswidrig und schuldhaft verletzt.

Möglicherweise ergibt sich aber aus der zwischen der A-GmbH und K-AG vereinbarten Freizeichnungsklausel etwas anderes, wenn dadurch der W die Zerstörung des Wagens nicht zu vertreten hätte (§ 276 I BGB). Zwar ist W nicht Vertragspartner der A-GmbH geworden, jedoch kommt hier eine Einbeziehung des W über die Figur des Vertrages mit Schutzwirkung zugunsten Dritter in Betracht.

37 Vgl. zu den Voraussetzungen des Vertrages mit Schutzwirkung zugunsten Dritter Grüneberg (vormals Palandt), § 328, Rn. 13 ff.

38 BGH, NJW 1996, 2927 = JuS 1997, 79 = jurisbyhemmer.

39 Vgl. Grüneberg (vormals Palandt), § 328, Rn. 14. Die Grundsätze des Vertrages mit Schutzwirkung zugunsten Dritter haben durch die Schuldrechtsreform keine Änderung erfahren. Eine Normierung im Gesetz hat nicht stattgefunden. Mitunter wird § 311 III BGB als Basis für dieses Institut zitiert. Das ist allerdings allein deshalb nicht überzeugend, weil § 311 III BGB zu einer Verdoppelung der Schuldnerstellung führt und nicht zu einer Verdoppelung der Gläubigerstellung. Im Übrigen ist das Institut nicht auf die Verletzung von Nebenpflichten begrenzt!

40 Beispielsfall nach BGH, JZ 1962, 570 f.

Gleiche Voraussetzungen auch bzgl. Haftungsausschluss

Ein vertraglicher Haftungsausschluss mit Wirkung zugunsten des Dritten W hat die gleichen Voraussetzungen wie das Institut des Vertrages mit Schutzwirkung zugunsten Dritter:[41]

Der Dritte muss im Pflichtenkreis des Vertragsschuldners (A-GmbH) tätig sein, so dass ihm die Einwirkung auf das Rechtsgut des Vertragsgläubigers (K-AG) möglich ist (sog. Leistungsnähe).

Der freizeichnende Vertragsschuldner muss ein besonderes Interesse an der Einbeziehung des Dritten haben, insbesondere ist dies anzunehmen, wenn er dem Dritten Schutz und Fürsorge schuldet (hier z.B. aus dem Arbeitsverhältnis).

Schließlich muss das Interesse des Vertragsschuldners an der Einbeziehung des Dritten für den Vertragsgläubiger erkennbar sein. Das ist unproblematisch der Fall, denn der Auftraggeber kann nicht davon ausgehen, dass der Arbeitgeber sämtliche Arbeiten in Person ausführt.

Auch ist der AN W schutzwürdig, da kein eigenes Vertragsverhältnis besteht, welches ihm für diese Situation eine Haftungsprivilegierung bieten würde.

Ergebnis

Alle genannten Voraussetzungen sind in der Person des W erfüllt. Somit ist W über die Schutzwirkung des Vertrages zwischen A-GmbH und K-AG auch in die Haftungsfreizeichnung mit einbezogen. Dieses Ergebnis wird auch von einer weiteren Überlegung gestützt: Könnte hier W von der K-AG voll in Anspruch genommen werden, so bliebe dem W über das arbeitsrechtliche Institut des innerbetrieblichen Schadensausgleichs der Rückgriff gegen die A-GmbH als seinem Arbeitgeber in voller Höhe offen, sofern ihn nur leichte Fahrlässigkeit trifft. Dann wäre aber auch die Haftungsfreizeichnung der A-GmbH über die Regressmöglichkeit des W unterlaufen. Deshalb muss der Haftungsfreizeichnung auch Schutzwirkung für die Angestellten der A-GmbH zukommen.

Da die Freizeichnungsklausel folglich auch für W wirkt, scheidet eine Verantwortlichkeit des W für die Beschädigung des Wagens aus.

hemmer-Methode: Letztlich Begünstigter bei der Haftungsbeschränkung zugunsten Dritter ist damit meist der Vertragspartner selbst. Durch die Haftungsbeschränkung zugunsten eines Arbeitnehmers soll verhindert werden, dass der Arbeitnehmer schadensersatzpflichtig wird. In diesem Fall hätte er nämlich einen Regressanspruch gegen seinen Arbeitgeber. Der von diesem vereinbarte Haftungsausschluss würde also leerlaufen, wenn er im Innenverhältnis zu seinem Arbeitnehmer ausgleichspflichtig wäre.
Ein ähnliches Problem kann sich im Hinblick auf eine kurze Verjährungsfrist „zugunsten Dritter" ergeben: Beschädigt ein AN die von AG angemietete Sache und macht der Vermieter erst sieben Monate nach Rückgabe Schadensersatzansprüche gegen den AN gem. § 823 I BGB geltend, profitiert AN über die o.g. Grundsätze auch von der kurzen Verjährungsfrist des § 548 I BGB.[42]

Beantworten Sie die Fragen 1-11!

41 Grüneberg (vormals Palandt), § 328, Rn. 20.

42 Grüneberg (vormals Palandt), § 548, Rn. 7.

§ 3 SCHADENSFESTSTELLUNG

Feststellung, ob Schaden entstanden ist

Zweifelhaft kann sein, ob die Verletzungshandlung bzw. die Pflichtverletzung *überhaupt zu einem Schaden* geführt hat. Dann ist schon an dieser Stelle eine Schadensfeststellung (ungeachtet der genauen Höhe des Schadens) zu erörtern. 28

hemmer-Methode: Diese Frage ist strikt von der Frage nach der haftungsausfüllenden Kausalität abzugrenzen. Zunächst müssen Sie das Vorliegen eines Schadens feststellen. Erst dann stellt sich die Frage, ob dieser Schaden kausal auf der Pflichtverletzung bzw. der Rechtsgutsverletzung (§ 823 I BGB) beruht.

> ***Bsp.:** S entwendet heimlich das Fahrrad des G, um damit eine Spritztour zum Baden zu unternehmen. Noch bevor G am Abend zurückkehrt, hat S das Fahrrad wieder an seinen alten Platz zurückgebracht.*
>
> S hat rechtswidrig und schuldhaft in die aus dem Eigentum des G erwachsende Nutzungsbefugnis eingegriffen, § 903 BGB. Die Voraussetzungen für § 823 I BGB sind somit erfüllt. Voraussetzung für eine Eigentumsverletzung ist nicht die Beeinträchtigung der Substanz der jeweiligen Sache. Die Entziehung ist ausreichend. Fraglich ist hier jedoch, ob dem G überhaupt ein Schaden entstanden ist.[43]

Davon zu trennen ist die Fragestellung, ob ein entstandener Schaden seiner Art nach *ersatzfähig* ist und auf welche Art und in welcher Höhe er ausgeglichen wird.

A. Schadensbegriff

Schaden

Ein Schaden ist jede unfreiwillige Einbuße, die jemand infolge eines bestimmten Ereignisses an seinen Rechtsgütern erleidet.[44] 29

Der gesetzliche Schadensbegriff umfasst sowohl einen (materiellen) Vermögensschaden, d.h. einen in Geld oder geldwerten Gütern (etwa Zahlungsverpflichtungen) ausdrückbaren Nachteil, als auch einen ideellen oder immateriellen Nichtvermögensschaden (etwa Beeinträchtigung der Ehre, des Wohlbefindens, usw.).

Beschränkung bei immat. Schäden, § 253 I BGB

Für beide gelten aber unterschiedliche Regeln. Insbesondere die Ersatzpflicht für immaterielle Schäden ist durch § 253 I BGB stark eingeschränkt.

hemmer-Methode: Da sich § 253 I BGB aber nur auf die Fälle der Geldentschädigung nach § 251 I BGB (sog. Kompensation) bezieht, ist die Unterscheidung nach Vermögens- oder Nichtvermögensschäden erst im Rahmen der Art und Weise des Schadensersatzes relevant. Merken Sie sich schon jetzt: Naturalrestitution kann auch bei immateriellen Schäden verlangt werden.

B. Differenzhypothese

Definition

Nach der Differenzhypothese ist ein Vermögensschaden gegeben, wenn der jetzige tatsächliche Wert des Vermögens geringer ist als der Wert, den das Vermögen ohne das die Ersatzpflicht begründende Ereignis haben würde.[45] 30

---

43 Zu denken ist in Fällen der Nutzungsentziehung zumindest an eine Nutzungsausfallentschädigung, dazu später.

44 Grüneberg (vormals Palandt), vor § 249, Rn. 9.

45 BGHZ 27, 183; 73, 371 = **juris**byhemmer.

hemmer-Methode: Falsch ist der häufig zitierte Satz: „Schaden ist der Vergleich der Vermögenslage vor und nach dem schädigenden Ereignis“. Dem Schadensbegriff wohnt eine dynamische Betrachtungsweise inne (ein Schaden kann im Laufe der Zeit wachsen!), welche die weitere Entwicklung nach dem schädigenden Ereignis mit in die Schadensberechnung einbezieht. Dazu passt die statische Formulierung „vor und nach“ nicht. Stellen Sie somit bei der Erörterung des ersatzfähigen Schadens auf die hypothetische Vermögenslage ab, die ohne das schädigende Ereignis bestehen würde.

Bsp.: *K kaufte bei Privatmann V telefonisch eine Taschenuhr. Diese sollte V dem K nach Hause schicken. Dem mit dem Transport beauftragten Frachtführer T gefiel die Uhr hingegen so wenig, dass er sie mutwillig zerstörte. Da die zurückgebrachten Überbleibsel wertlos sind, verlangt V von T Wertersatz.*

(1) Grundsätzlich haftet der T dem (Noch-) Eigentümer V aus § 425 I HGB und daneben deliktisch aus § 823 I und § 823 II BGB i.V.m. § 303 I StGB (u.U. auch aus § 826 BGB).

Problem: Schaden

(2) Es könnte aber an einem nach der Differenzhypothese zu berechnenden Vermögensschaden fehlen.

Vergleich der Vermögenslagen

Ein Vergleich der tatsächlichen Vermögenslage unter Berücksichtigung des schädigenden Ereignisses mit der hypothetischen Vermögenslage ergibt zunächst, dass der ursprüngliche Vermögenswert des Eigentums durch die Zerstörung der Taschenuhr erloschen ist.

Gleichzeitig ist aber die den V in gleicher Höhe wirtschaftlich belastende kaufvertragliche Verpflichtung, dem K die Uhr zu übergeben und das Eigentum an ihr zu verschaffen (§ 433 I S. 1 BGB), durch den Schadenseintritt wegen Unmöglichkeit gem. § 275 I BGB untergegangen. Diese Befreiung von einer Verpflichtung in gleicher Höhe gleicht nun den Wertverlust des Eigentums wieder aus.

§ 447 I BGB

Da die gleichfalls zu berücksichtigende Kaufpreisforderung gem. § 433 II BGB gegen K als positiver Vermögenswert wegen des erfolgten Gefahrenüberganges gem. § 447 I BGB von der Zerstörung unberührt blieb, ergibt also ein Vergleich beider Güterlagen keine Differenz.

§ 475 II BGB

Anmerkung: Im Rahmen eines Verbrauchsgüterkaufs gilt § 447 I BGB „mit der Maßgabe, dass die Gefahr des zufälligen Untergangs und der zufälligen Verschlechterung nur dann auf den Käufer übergeht, wenn der Käufer den Spediteur, den Frachtführer oder die sonst zur Ausführung der Versendung bestimmte Person oder Anstalt mit der Ausführung beauftragt hat und der Unternehmer dem Käufer diese Person nicht zuvor benannt hat“, vgl. § 475 II BGB.
Daher ist zumindest bei vom Käufer komplett eigenständig organisiertem Transport § 447 I BGB doch anwendbar. Das Beförderungsrisiko soll in einem solchen Fall – unabhängig vom Verbraucherstatus – nach der Wertung des Gesetzgebers eher beim Käufer liegen.

Kein Schaden

Für einen Schadensersatzanspruch fehlt es demnach nach den üblichen Regeln an einem Schaden des V.

(3) Somit hat V zwar einen Schadensersatzanspruch gegen T, jedoch fehlt es ihm an einem ersatzfähigen Schaden.

Hinweis zur Behandlung des Falles im Übrigen:

Drittschadensliquidation

K dagegen bleibt mit der Kaufpreisforderung des V gem. § 433 II BGB belastet, ohne einen entsprechenden Gegenwert dafür zu erhalten. K hat somit einen Schaden.

Allerdings fehlt es im Verhältnis K - T an einer entsprechenden Anspruchsgrundlage, da zwischen K und T keine vertraglichen Beziehungen bestanden, und deliktische Ansprüche mangels Eigentum des K ebenfalls ausscheiden. Dieses unbillige Ergebnis lässt sich lediglich über die Konstruktion der Drittschadensliquidation[46] korrigieren. Danach wird der Schaden des K zum Anspruch des V gezogen. Diese Wertung dient aber nicht dazu, den V zu schützen (er hat keinen eigenen Schaden). Vielmehr soll auf diesem Wege der Schaden des K durch V liquidiert werden können.

Durch das Transportrechtsreformgesetz vom 25.06.1998 wurde in § 421 I HGB diese Drittschadensliquidation gesetzlich geregelt. Gem. § 421 I S. 2 HS 1 HGB kann nämlich der K seinen Schaden im eigenen Namen geltend machen. Ihm wird dadurch nach h.M. ein eigener Anspruch zugestanden.

Trotzdem ist der Käufer durch diese Vorschrift nicht ausreichend geschützt, denn er läuft Gefahr, dass T befreiend an V leistet (vgl. §§ 428, 429 III, 422 I BGB, § 421 I S. 2 HS 2 HGB). Der eigene Anspruch des K gem. § 421 I S. 2 HS 1 HGB ist für den Käufer also keine echte Sicherheit.[47] Dazu weiter unten noch im Einzelnen.

C. Normativer Schaden

Normativer Schaden
⇨ wertende Betrachtung

Ausgangspunkt jeder Erörterung zum Schadensbegriff ist somit die sog. Differenzhypothese. In Einzelfällen bedarf diese jedoch einer Ergänzung durch wirtschaftliche oder normative Erwägungen, da es anderenfalls zu einer unbilligen Entlastung des Schädigers käme. Diese wertende Betrachtungsweise wird unter dem Begriff des „normativen Schadens“[48] zusammengefasst. *32*

hemmer-Methode: In der Literatur bezeichnet man den normativen Schadensbegriff mitunter als ein „Feld, auf dem es eine Fülle widersprüchlicher, mitunter höchst zweifelhafter höchstrichterlicher Entscheidungen und das kaum noch überschaubare Schrifttum heute besonders schwer machen, einen Überblick zu gewinnen und die leitenden Gedanken in der Vielfältigkeit der Einzelfragen festzuhalten“. Lassen Sie sich daher von der Begrifflichkeit nicht verwirren, sondern nehmen Sie den normativen Schadensbegriff als das, was er für die Rechtsprechung seit seiner Erfindung ist: ein Einfallstor für die wertende Korrektur unbilliger, auf der Grundlage der reinen Differenzhypothese ermittelter Ergebnisse.

Bsp.:[49] *S verletzt den G bei einem Unfall infolge überhöhter Geschwindigkeit fahrlässig. Dadurch wird G, der bei A als Arbeiter beschäftigt ist, zeitweise arbeitsunfähig. A, der dem G seinen Lohn auch weiterhin gezahlt hat, verlangt von S aus den auf ihn übergegangenen Ansprüchen des G von S Schadensersatz. S wendet ein, dass es aufgrund der Lohnfortzahlung auf Seiten des G an einem ersatzfähigen Schaden fehle.*

Ursprünglich standen dem G gegen S Ansprüche aus §§ 7 I, 18 I StVG und §§ 823 I, 823 II BGB i.V.m. § 229 StGB, § 3 I StVO zu. Da A dem G nach § 3 EFZG weiterhin dessen Lohn fortgezahlt hat, sind die Ersatzansprüche des G gegen S insoweit gem. § 6 EFZG auf diesen übergegangen. Fraglich ist jedoch, ob in der Person des G auch ein ersatzfähiger Schaden entstanden war. Nach der Differenzhypothese ist dies zu verneinen, da das Vermögen des G trotz des Unfalls den gleichen Saldo aufweist, wie ohne diesen, da ihm aufgrund der Entgeltfortzahlung kein Lohn entgangen ist. Somit liegt wirtschaftlich gesehen grds. kein Schaden des G vor, eine Ersatzpflicht des S würde daher ausscheiden.

46 Vgl. dazu § 8 ab Rn. 221.

47 So zur Kritik an dieser Neuregelung vgl. Schneider in **Life&LAW 10/1998, 678**, sowie JuS 2000, 624.

48 Erstmals in BGHZ 50, 304 ff. = **juris**byhemmer.

49 Nach Medicus, BR, Rn. 923.

Da S dadurch jedoch unbillig begünstigt würde, wird aufgrund wertender Betrachtungsweise in der Person des G ein sog. normativer Schaden angenommen, so dass dem A weiterhin die Rückgriffsmöglichkeit gegen S eröffnet bleibt. Wäre dieser Rückgriff nicht möglich, so führte die bloße Differenzhypothese dazu, dass der ursprüngliche Schaden des G aufgrund des EFZG unbilligerweise auf A verlagert würde.[50]

Somit ist ein normativer Schaden regelmäßig dort anzunehmen, wo eine rechtliche Wertung die von Anfang an eintretende Verlagerung des Schadens auf eine andere Person als unbeachtlich erkennen lässt.

hemmer-Methode: Der Begriff des normativen Schadens ist unklar und verwirrend, da er in der Rechtswissenschaft für die unterschiedlichsten Konstellationen gebraucht wird. Die meisten Fälle lassen sich auch über das dogmatisch „saubere" Institut der Vorteilsanrechnung lösen.[51]

Beantworten Sie die Fragen 12-14!

50 Vgl. auch Medicus, JuS 1979, 233 (234).

51 Dazu unten Rn. 200.

§ 4 SCHADENSZURECHNUNG

Einordnung

In aller Regel ordnet die Rechtsfolge eines Schadensersatzanspruchs an, dass der Schädiger „zum Ersatz des daraus entstandenen Schadens“ verpflichtet ist (vgl. § 823 I BGB oder § 7 StVG). Zwischen der Rechts- bzw. Rechtsgutsverletzung (z.B. Gesundheits- oder Eigentumsverletzung bei § 823 I BGB) und dem entstandenen Schaden (beispielsweise Heilungs- oder Reparaturkosten) muss also ein Ursachen- oder Zurechnungszusammenhang gegeben sein, die sog. haftungsausfüllende Kausalität.

Nur solche Nachteile gehören zum ersatzfähigen Schaden, die durch das zum Ersatz verpflichtende Ereignis verursacht worden sind.[52] Aufgabe der Schadenszurechnung ist es, zurechenbare von nicht (mehr) zurechenbaren Schadensfolgen zu trennen. 34

hemmer-Methode: Trennen Sie die haftungsausfüllende streng von der haftungsbegründenden Kausalität! Die haftungsbegründende Kausalität wird i.R.d. Anspruchsvoraussetzungen des § 823 I BGB relevant, indem sie den Ursachenzusammenhang zwischen Verletzungshandlung und Rechtsgutverletzung herstellt. Die haftungsausfüllende Kausalität, die im Gegensatz zur haftungsbegründenden bei allen Ansprüchen auf Schadensersatz zu prüfen ist, bezieht sich dagegen auf den Zusammenhang von Rechtsgut-/Pflichtverletzung und eingetretenem Schaden. 35

A. Voraussetzungen der Schadenszurechnung

Um einen Nachteil als zu ersetzenden Schaden dem Ersatzpflichtigen zuzurechnen, bedarf es eines hinreichenden (Kausal-) Zusammenhangs zwischen Verletzungserfolg und weiterer Schadensfolge. Dabei sind folgende Gesichtspunkte zu berücksichtigen:[53] 36

Stufen der Kausalitätsprüfung

(1) Der Verletzungserfolg muss kausal i.S.d. *„conditio sine qua non“* -Formel für die eingetretene Schadensfolge sein *(Äquivalenz)*.[54]

(2) Die Verletzung muss eine *adäquate* Bedingung für die Schadensfolge darstellen *(Adäquanz)*.[55]

(3) Schließlich muss die Schadensfolge unter den *Schutzzweck der verletzten Norm* fallen[56] (*Zurechnungs- bzw. Pflichtwidrigkeitszusammenhang*).

„Filterfunktion“

hemmer-Methode: Modellhaft lässt sich die Schadenszurechnung mit *drei* hintereinandergeschalteten *Filtern* vergleichen, die von Stufe zu Stufe enger und feiner werden: Am Anfang die bloße Ursächlichkeit, die alle Schadensfolgen umfasst, solange sie nur im Schadensereignis gründen. Danach die Adäquanz, die völlig unwahrscheinliche und daher fernliegende Schadensfolgen ausschließen soll. Auf der dritten Stufe eine wertende Beurteilung der Ersatzfähigkeit nach dem Schutzzweck der verletzten Norm.

---

52 Grüneberg (vormals Palandt), vor § 249, Rn. 24 f.

53 Vgl. BGH, NJW 72, 1804 = **juris**byhemmer.

54 Siehe unten, Rn. 38 ff.

55 Siehe unten, Rn. 52 ff.

56 Siehe unten, Rn. 60 ff.

Exkurs

Exkurs zur haftungsbegründenden Kausalität

Genau die gleichen Kriterien sind nach h.M. i.R.d. *haftungsbegründenden Kausalität* anzulegen, d.h. für die Feststellung des Zusammenhangs zwischen Handlung und Rechtsgutsverletzung (beispielsweise der Zusammenhang zwischen Faustschlag und Gesundheitsverletzung).[57] Diese Frage gehört zu den Anspruchsvoraussetzungen, systematisch also nicht zum Schadensrecht und wird deshalb im Folgenden nur gestreift. 37

Exkurs Ende

B. Kausalität i.S.d. conditio-sine-qua-non-Theorie[58]

I. Zurechnung nach der conditio-sine-qua-non-Formel

Mindestvoraussetzung der Schadenszurechnung

Mindesterfordernis für die Zurechnung einer bestimmten Schadensfolge zu einer bestimmten Handlung ist die *Ursächlichkeit* der Verletzungshandlung für den Schaden *i.S.d. conditio-sine-qua-non-Formel*.[59] 38

Danach gilt: Ursächlich ist jede Verletzung, die nicht hinweggedacht werden kann, ohne dass der Schaden entfiele.

Dieser Ursachenbegriff trägt die Bezeichnung äquivalente Kausalität, weil er von der Gleichwertigkeit aller Bedingungen ausgeht.

Bsp.: *D begibt sich in das Warenhaus der K-AG, um ein 298 € teures Seidenhemd zu stehlen. Beim Hinausgehen wird er vom Hausdetektiv gestellt, weil die elektronische Warensicherung aufheult. Die K-AG verlangt von D insgesamt 300 €. Davon sollen 200 € einen Teil ihrer laufenden Kosten für Detektivpersonal und für die Wartung der Alarmanlage abdecken. Der Betrag wird anteilig von jedem ertappten Dieb verlangt. Die verbleibenden 100 € teilen sich auf in 80 €, die die K-AG dem erfolgreichen Detektiv als Fangprämie schuldet, und 20 € Bearbeitungsgebühr.* 39

C.i.c. (-)

(1) Ein Anspruch der K-AG gegen D aus §§ 280 I, 241 II, 311 II BGB scheidet aus, da D durch das Betreten des Kaufhauses zum Stehlen nicht den erforderlichen geschäftlichen Kontakt zur Anbahnung eines Vertragsschlusses begründet hat.[60]

(2) Eine Schadensersatzverpflichtung des D ergibt sich aber aus § 823 I und § 823 II BGB i.V.m. § 242 StGB: D hat rechtswidrig und schuldhaft das Eigentum der K-AG verletzt. Ferner stellt § 242 StGB auch ein Schutzgesetz i.S.d. § 823 II BGB dar.

(3) Die von der K-AG geltend gemachten Schadensposten müssten aber auch kausal durch den Diebstahl des D verursacht worden sein (haftungsausfüllende Kausalität):

Conditio sine qua non

(a) Fraglich ist dies hinsichtlich der Kosten für Überwachungsanlage und Personal. Da diese Kosten zeitlich schon vor dem Diebstahl entstanden sind, fehlt es bereits an der erforderlichen äquivalenten Kausalität. Der Aufwand für die Warensicherung wäre auch ohne den Diebstahl entstanden.

---

57 Vgl. dazu Hemmer/Wüst Deliktsrecht I, Rn. 64 ff.

58 Auch Bedingungs- oder Äquivalenztheorie genannt.

59 Grüneberg (vormals Palandt), vor § 249, Rn. 25.

60 Grüneberg (vormals Palandt), § 311, Rn. 23.

Darüber hinaus müsste man ohnehin die Zurechenbarkeit des Schadens verneinen, da die Kosten auch bei rechtmäßigem Alternativverhalten des D angefallen wären.[61] Ein Ersatz der Kosten der K-AG für die Überwachungsanlage und ihr Detektivpersonal scheidet daher aus.[62]

Exkurs

Exkurs zum Ersatz von sog. Vorhaltekosten

Ein verwandtes Problem stellt sich, wenn der Geschädigte zum Auffangen befürchteter Schäden *Vorsorgemaßnahmen* getroffen hat und im Schadensfall die Kosten (sog. Vorhaltekosten) hierfür verlangt.[63] Beispielsweise hält ein Fuhrunternehmer neben seinem sonstigen Fuhrpark eigens einen Lastzug bereit, um für Ausfallzeiten von Lkw, welche durch (fremdverschuldete) Unfälle verursacht werden, keinen Gewinnentgang (§ 252 BGB) hinnehmen zu müssen. 40
Nach der Rspr. gehören die anteiligen Vorhaltungskosten (Abschreibung, Verzinsung und Unterhalt) zum ersatzfähigen Schaden.

Zu den Vorhaltekosten sollten Ihnen folgende Argumente für und wider geläufig sein: Wer wegen § 254 II BGB zur Geringhaltung von Schäden verpflichtet ist, muss auch vorsorgliche Aufwendungen ersetzt bekommen, mittels derer er den später entstandenen Schaden dann gering hält. Der Schädiger hätte ansonsten auch den größeren Schaden ersetzen müssen, der ohne Vorsorgemaßnahmen entstanden wäre. Es soll schließlich keinen Unterschied machen, ob der Geschädigte nach dem Unfall ein Ersatzfahrzeug anmietet, oder ob er schon vorher die Kosten für dessen Bereitstellung aufbringt.[64]

Kritik der Lit.

Dagegen könnte man wiederum einwenden, dass es für die Ersatzfähigkeit solcher Aufwendungen schon an einer Mindestvoraussetzung fehlt: Zwischen dem konkreten Schadensereignis und den Vorsorgekosten besteht *kein Kausalzusammenhang*. Der Kausalzusammenhang aber bildet die Grenze der Haftung des Schädigers. Jede darüber hinausgehende Ersatzpflicht gründet nur in Billigkeitserwägungen zu Lasten des Schädigers. 41

Befürwortet man dennoch die Ersatzpflicht, so ist der Schadensumfang nach den betriebswirtschaftlichen Kosten der Reservehaltung zu schätzen (§ 287 ZPO).[65] Der Höhe nach ist die Erstattungspflicht aber begrenzt auf den Schaden, der auch ohne Vorsorgemaßnahme entstanden wäre.[66]

Ein Ersatzanspruch wegen entgangener Gebrauchsvorteile muss neben dem Ersatz der Vorhaltekosten allerdings entfallen, da in diesem Fall ja durch die Vorsorge kein Gebrauchsverlust entstanden ist.[67]

Exkurs Ende

Ersatz der Fangprämie

(b) Anders als Vorsorgeaufwendungen sind *Fangprämien* und *Bearbeitungskosten* ursächlich auf das Schadensereignis zurückzuführen: Hätte D nicht gestohlen, wäre keine Prämienschuld fällig geworden.[68] 42

61 Dazu unten Rn. 195 ff.

62 Vgl. Medicus, BR, Rn. 864; BGH, NJW 1980, 119 = **juris**byhemmer; NJW 1992, 1043.

63 Vgl. Grüneberg (vormals Palandt), § 249, Rn. 62.

64 BGHZ 32, 284; 70, 201 = **juris**byhemmer.

65 BGH, VersR 86, 1127 = **juris**byhemmer.

66 BGH a.a.O.

67 BGHZ 70, 203 = **juris**byhemmer. Siehe auch BGH, **Life&LAW 03/2019, 157 ff.** Bei gewerblich genutzten Sachen besteht aufgrund der Möglichkeit einer konkreten Schadensberechnung ohnehin kein Bedürfnis für die Zubilligung einer abstrakt berechneten Nutzungsausfallentschädigung.

68 Nicht ersatzfähig sind sog. Parkplatzüberwachungskosten in den Abschleppfällen, weil es keinen unmittelbaren Zusammenhang zwischen diesen und einem späteren Falschparken gibt: *„Kein Falschparken – trotzdem Überwachungskosten“*. Anders aber: *„kein Diebstahl – keine Fangprämie“*, vgl. BGH, **Life&LAW 11/2014, 809 ff. (812)** = **juris**byhemmer.

hemmer-Methode: Lernen im Zusammenhang! Aus Gründen der Vollständigkeit werden im Folgenden bereits Adäquanz und Schutzzweck der Norm erörtert. Auf diese Begriffe wird dann weiter unten noch im Einzelnen eingegangen werden.[69]

Adäquate Kausalität

Es liegt nicht außerhalb aller Wahrscheinlichkeit, dass das Warenhaus Fangprämien aussetzt, so dass diesbezüglich auch die adäquate Kausalität bejaht werden kann. Die Bearbeitungskosten sind ebenfalls adäquat durch den Diebstahl verursacht worden.

Schutzzweck der Norm

Allerdings ist fraglich, ob die Kosten für die Fangprämie unter den Schutzzweck der verletzten Schadensersatznorm fallen. Denn der Entstehungsgrund des Nachteils ist letztlich ein freiwilliger (Auslobung oder arbeitsvertragliche Sonderabrede). Da Schaden als jede *unfreiwillige* Einbuße an Rechtsgütern definiert ist, könnte man bereits begrifflich das Vorliegen eines Schadens verneinen. Allerdings muss Anknüpfungspunkt für die Freiwilligkeit hier der Diebstahl selbst sein, infolge dessen erst die Fangprämie fällig wird - und diesen hat die K-AG nicht freiwillig geschehen lassen.

Als weiteres Argument gegen die Ersatzfähigkeit der Fangprämie spricht die präventive und strafende Zielrichtung einer solchen Prämie. Schadensersatz dient dem Ausgleich und nicht pönalen oder präventiven Zwecken.[70]

Folgende Überlegungen sprechen jedoch für die Ersatzfähigkeit von Fangprämien: Aufwendungen des Bestohlenen zur Wiedererlangung seiner Sache, wie z.B. eine ausgelobte Belohnung, gehören zu den typischerweise zu ersetzenden Folgeschäden.

Wenn die Belohnung schon vorsorglich vor Begehung des Diebstahls versprochen wird, darf nichts anderes gelten. Denn der Anspruch auf Zahlung der Belohnung (und damit der Schaden) entsteht immer erst nach dem Diebstahl. Der Zeitpunkt der Aussetzung der Belohnung spielt also keine Rolle.[71]

Aus dieser Erwägung heraus ergibt sich gleichzeitig die höhenmäßige Begrenzung der Ersatzpflicht für Fangprämien: Diese reicht dem Schutzzweck nach nur bis zu einer Prämienhöhe, die ein vernünftiger Eigentümer für die Wiedererlangung der Sache auszugeben bereit ist.[72] Nach der Rspr. sind unabhängig vom Warenwert Fangprämien i.H.v. 25 € stets ersatzfähig,[73] dagegen dürfen sie i.d.R. 250 € nicht überschreiten.[74]

Da hier die ausgesetzte Belohnung ohnehin in einem angemessenen Verhältnis zum Warenwert steht, bekommt die K-AG diesen Betrag nach allen Ansichten in voller Höhe ersetzt.

Bearbeitungsgebühr

(c) Hinsichtlich der Bearbeitungskosten gilt: Die Wahrnehmung eigener Rechte gehört zum Pflichtenkreis des Rechtsinhabers. Der Zeitaufwand hierfür ist deshalb nach dem Schutzzweck der Norm nicht entschädigungsfähig. Nichts anderes ergibt sich, wenn bezahlte Angestellte die Mühewaltung bei Feststellung und Abwicklung des Schadens übernehmen.[75] Die K-AG erhält also die Bearbeitungskosten nicht erstattet. 43

Sonderfall: Verletzung musikalischer Urheberrechte

Einen Sonderfall stellen die Kontrollkosten dar, die der GEMA anlässlich der Nachforschung von Verletzungen musikalischer Urheberrechte entstehen. Hier gewährt die Rechtsprechung ausnahmsweise einen Ersatzanspruch.

69 Vgl. unten Rn. 52, 60 ff.

70 S.o., Rn. 6 ff.: Grundgedanken der gesetzlichen Regelung.

71 BGHZ 75, 238 = **juris**byhemmer.

72 BGHZ a.a.O.; Grüneberg (vormals Palandt), vor § 249, Rn. 44.

73 BGHZ 75, 240.

74 LG Berlin, DB 1984, 1029 = **juris**byhemmer; Grüneberg (vormals Palandt), § 249, Rn. 63.

75 BGHZ 75, 234 = **juris**byhemmer; a.A. MüKo, vor § 249, Rn. 76 b.

Begründet wird dies mit der besonderen Verletzlichkeit musikalischer Urheberrechte.[76] Auf andere Vorsorgemaßnahmen ist diese Rechtsprechung jedoch nicht übertragbar. Jedoch ist bei KFZ-Unfällen anerkannt, dass eine geringe Schadenspauschale ersatzfähig ist (grds. bis 25 €).

hemmer-Methode: Das Scheitern des Schadensersatzes wegen fehlender Ursächlichkeit drängt sich meist nicht bei der ersten Sachverhaltslektüre auf. Wichtig ist deshalb, die „Stufen" der Schadenszurechnung (zumindest gedanklich), beginnend bei der äquivalenten Kausalität, Schritt für Schritt zu durchlaufen. Wie der vorangegangene Beispielsfall gezeigt hat, ist *bei mehreren Schadensposten* diese Überlegung *für jeden einzelnen getrennt* anzustellen. Nur so gelingt es, „versteckte" Kausalitätsprobleme zu entdecken und zu lösen. 44

Probleme können auch bei Unfällen hinsichtlich versicherungsrechtlicher Nachteile entstehen. 45

P.: Schadensfreiheitsrabatt

Bsp.: *Aufgrund überhöhter Geschwindigkeit stoßen die Pkw von R und S in einer engen, unübersichtlichen Kurve frontal aufeinander. 80 % des Verschuldens trifft S, 20 % R. Die Haftpflichtversicherung des S reguliert den Schaden des R zu 80 %, woraufhin S seinen Schadensfreiheitsrabatt einbüßt. S verlangt von R 20 % der Prämiensteigerung ersetzt.*

Mitverschulden

(1) Haftungsgrundlage sind die §§ 823 I, 823 II BGB i.V.m. § 3 I S. 2 StVO und die §§ 7, 18 StVG. Unter Berücksichtigung des Mitverursachungsbeitrags (§ 17 II StVG) muss R 20 % vom Schaden des S ausgleichen.

Kausalität: unterscheide Haftpflicht

(2) Zweifelhaft ist, ob dazu auch der Verlust des Schadensfreiheitsrabatts in der *Haftpflichtversicherung* gehört. Es müsste ein Ursachenzusammenhang zwischen Rechtsgutsverletzung (Eigentumsbeschädigung durch R) und dem Rabattverlust bestehen. Denkt man den Verursachungsbeitrag des R hinweg, so wäre es für S dennoch zu einer Rückstufung in der Schadensfreiheitsklasse gekommen. Denn diese beruht darauf, dass *S* aufgrund seines *eigenen* Verursachungsbeitrags eine Ersatzpflicht für die Beschädigung des Wagens von R trifft und nicht darauf, dass R den Wagen des S beschädigte. Da die Haftpflicht des S nur 80 % des Schadens des R reguliert, verliert S auch nur diesbezüglich den Schadensfreiheitsrabatt. Das Mitverschulden des R ist deshalb hinsichtlich der Haftpflichtversicherung des S unbeachtlich. Es fehlt somit für die Zurechnung schon an der äquivalenten Kausalität. S muss für die Prämiensteigerung selbst aufkommen.

und Kaskoversicherung

Anders verhält es sich für den Rabattverlust in der *Kaskoversicherung*, welche für die Beschädigungen am eigenen Wagen des S aufkommt. Dieser Verlust beruht auf dem infolge der Rechtsgutverletzung durch R erlittenen Schaden am eigenen Pkw des S und ist daher ersatzfähig.[77] Der Geschädigte muss jedenfalls bei einer Teilverantwortlichkeit auch nicht zuwarten, ob die gegnerische Haftpflichtversicherung ihre Regulierungsbereitschaft anzeigt. Es liegt kein Verstoß gegen die Schadensgeringhaltungsobliegenheit vor, weil die Höherstufung in diesen Fällen auf jeden Fall eintritt, d.h. selbst wenn der Geschädigte bezogen auf den Verantwortungsteil der anderen Seite zuwarten würde.[78]

II. Ergänzung der conditio-sine-qua-non-Formel bei alternativer oder Doppelkausalität

Einordnung

Wenn die Schadensursache in *zwei Bedingungen* liegt, von denen *jede allein* bereits den ganzen Schaden verursacht hätte (sog. alternative Kausalität, bzw. Doppelkausalität), stößt die Faustformel der conditio-sine-qua-non an ihre Grenzen. Sie ist deshalb in solchen Fällen ergänzungsbedürftig. 46

76 BGH, NJW 1973, 96 = **juris**byhemmer; str., vgl. Grüneberg (vormals Palandt), § 249, Rn. 64 m.w.N.

77 Vgl. ausführlich Grüneberg (vormals Palandt), § 249, Rn. 55.

78 BGH, NJW 2007, 66 ff. = **juris**byhemmer.

Bsp.: *Aus den Tanks einer Tankstelle der T-GmbH sickert Benzin, obwohl die Behälter regelmäßig gewartet und kontrolliert wurden. Im gleichen Zeitraum leckt das Laugenbecken der benachbarten Gerberei des G, ohne dass diesen hierfür ein Verschulden trifft.*

Beide Vorgänge führen zur Verunreinigung eines naheliegenden Baches, an dem Z eine Krebszucht betreibt. Die Krebse gehen ein. Für den Tod der empfindlichen Krustentiere hätte schon das Benzin oder der Gerbstoff allein ausgereicht. Z verlangt Ersatz. 47

§ 89 I S. 1 WHG

(1) Mangels Verschuldens kommt seitens der T-GmbH und G nur eine Gefährdungshaftung gem. § 89 I S. 1 WHG und gem. § 1 UmweltHG[79] in Betracht.

Ihre Haftung ist auch nicht infolge höherer Gewalt ausgeschlossen (vgl. § 89 I S. 1 WHG, § 4 UmweltHG), da die Verunreinigung im betrieblichen Zusammenhang auftrat und bei äußerster Sorgfalt vermeidbar gewesen wäre.[80]

Haftungsausfüllende Kausalität: Äquivalenz (-)

(2) Nach der Bedingungstheorie wäre aber die haftungsausfüllende Kausalität für beide Schädiger zu verneinen: Denkt man eine der beiden Verschmutzungen fort, bliebe das Krebssterben wegen der anderen Schadstoffbelastung bestehen. G und die T-GmbH wären aufgrund des schädigenden Verhaltens des jeweils anderen entlastet. Es leuchtet ein, dass ein derartiges Ergebnis aus Wertungsgesichtspunkten nicht haltbar ist.

Ergänzung

Um die missliche Konsequenz bei solchen Fällen alternativer Kausalität zu vermeiden, bedarf die conditio-sine-qua-non-Formel einer Ergänzung:

Haben zwei Ereignisse den Schaden herbeigeführt, von denen jedes auch allein den Schaden verursacht hätte, so sind beide ursächlich.[81]

hemmer-Methode: Verwechseln Sie diesen Fall nicht mit dem Fall des § 830 I S. 2 BGB. Dort besteht anders als hier ein Nachweisproblem hinsichtlich der Kausalität, so dass alle Schädiger haften, um zu verhindern, dass der Geschädigte leer ausgeht.

Folglich bleibt es bei der äquivalenten Verursachung sowohl durch die T-GmbH als auch durch G. Adäquanz und Schutzzweck der Norm sind ebenfalls erfüllt.

Z kann demnach von der T-GmbH und G als Gesamtschuldner (vgl. § 89 I S. 2 WHG) Ersatz des ihm entstandenen Schadens verlangen.

Sonderproblem

III. Schadenszurechnung im Falle einer Unterlassung

1. Zurechnungsvoraussetzungen im Haftungstatbestand

Schon bei den Voraussetzungen des Schadensersatzanspruchs ist im Falle des Unterlassens zweierlei zu prüfen: 48

Abgrenzung nach Schwerpunkt der Vorwerfbarkeit

a) Zum einen müssen Sie untersuchen, ob auf Seiten des Schädigers wirklich ein Unterlassen gegeben ist. Ein Unterlassen im Gegensatz zum Tun liegt erst dann vor, wenn der Schwerpunkt des dem Schädiger vorwerfbaren Verhaltens im reinen Untätigbleiben liegt. Oft ist nach dieser Abgrenzung festzustellen, dass es gar nicht um ein Unterlassen geht, so dass sich weitere Ausführungen dazu erübrigen.

Handlungspflicht

b) Zum anderen wird ein schlichtes Untätigbleiben erst dann rechtlich relevant, wenn eine *Rechtspflicht zur Abwendung der* jeweiligen *Rechts- oder Rechtsgutsverletzung* besteht.

79 Siehe Hemmer/Wüst, Deliktsrecht II, Rn. 401 ff.

80 Vgl. Grüneberg (vormals Palandt), § 651j, Rn. 3.

81 BGH, NJW 1988, 2882 = jurisbyhemmer.

Im Fallaufbau gehört diese Frage ebenfalls schon zu den Voraussetzungen der Haftungsnorm. Besteht eine solche Pflicht nicht, haftet der Unterlassende erst gar nicht für den Schaden. Denn nur bei einer rechtlichen Verpflichtung zum Handeln steht das Unterlassen einem verletzenden Tun gleich (vgl. § 13 StGB).

Solche Handlungspflichten beruhen entweder auf Gesetz, Vertrag, vorangegangenem gefährlichen Tun oder der Aufnahme von Vertragsverhandlungen. Gesetzliche Handlungspflichten ergeben sich v.a. aus den Verkehrssicherungspflichten und aus den Fürsorgepflichten des Familienrechts.

2. Zurechnungsvoraussetzung i.R.d. haftungsausfüllenden Kausalität

Zurechnung über wertende Betrachtung

Ein schlichtes Unterlassen setzt keine Ursachenkette in Gang. Es ermöglicht lediglich den Fortlauf eines bereits in Gang gesetzten Kausalverlaufs bis hin zum Schadenseintritt. Die Zurechnung kann daher nicht an einer vom Schädiger gesetzten Bedingung anknüpfen. Kriterium muss stattdessen eine *rechtliche Wertung* sein, welche an der Verpflichtung zur Verhinderung des Verletzungserfolges anknüpft: 49

Hinzudenken unterbliebener Handlung

Der Unterlassende hat den Schaden verursacht, wenn pflichtgemäßes Handeln den Schaden *mit an Sicherheit grenzender Wahrscheinlichkeit* verhindert hätte (hypothetischer Kausalzusammenhang).[82]

Es muss also festgestellt werden, ob der Schaden entfiele, wenn man sich die unterbliebene Handlung hinzudenken würde.[83]

Bsp.: *Grün will sich ein kleines Häuschen auf dem Land kaufen. Er vereinbart einen Besichtigungstermin mit dem Bauern Bräsig, der eines seiner Altenteilhäuser veräußern will. Als G bereits mit B auf dem benachbarten Hof über den Preis verhandelt, stürmt dessen bissiger Schäferhund Nero aus seiner Hütte und beißt den G in den Arm. B hatte vergessen, dem Nero dessen Maulkorb anzulegen. G will das Haus nicht mehr kaufen und verlangt Ersatz der Heilungskosten für die Bisswunde.* 50

Vorvertragliches Schuldverhältnis

(1) B könnte dem G aus §§ 280 I, 241 II, 311 II BGB zum Schadensersatz verpflichtet sein.

(a) Das erforderliche vorvertragliche Schuldverhältnis liegt in der Aufnahme von Vertragsverhandlungen, § 311 II BGB.

Pflichtverletzung

(b) Seitens des B müsste eine Pflichtverletzung vorliegen, § 241 II BGB.

Abgrenzung

(aa) Als Pflichtverletzung kommt sowohl ein Tun (Halten eines bissigen Hundes), als auch ein Unterlassen (Nichtanlegen des Beißkorbs) in Betracht.

Das Halten eines scharfen Wachhundes ist auf einem Bauernhof nicht nur üblich, sondern häufig zum Schutz des Hofes auch notwendig. Der Schwerpunkt des vorwerfbaren Verhaltens liegt also vielmehr in der Nichtvornahme der erforderlichen Sicherungsmaßnahmen.

Handlungspflicht

(bb) Ein Unterlassen führt jedoch nur dann zur Haftung, wenn eine Rechtspflicht zum Handeln bestand.

---

82 BGHZ 34, 206 (215) = **juris**byhemmer.

83 BGHZ 65, 51 = **juris**byhemmer.

Eine solche Rechtspflicht ergibt sich im Fall aus dreierlei Gesichtspunkten: Zum einen aus vorangegangenem gefährdendem Tun, nämlich dem Halten eines bissigen Hundes (vgl. auch die drohende Haftung für den Tierhalter gem. § 833 BGB). Weiter hat B hierdurch eine Gefahrenquelle eröffnet, zu deren Sicherung er verpflichtet ist. Insoweit besteht eine Verkehrssicherungspflicht dahingehend, die Gefahren, die für Besucher von dem Hund ausgehen, möglichst einzudämmen.

Schließlich begründet das vorvertragliche Schuldverhältnis eine solche Rechtspflicht: Wer andere zu Vertragsverhandlungen bestellt, ist verpflichtet, die Rechtsgüter der Verhandlungspartner vor aus seinem Gefahrenbereich erwachsenden Gefährdungen ihrer Rechtsgüter zu schützen.

Verschulden

(c) Als B es trotz fremden Besuchs unterließ, Nero anzuketten und ihm dessen Maulkorb anzulegen, ließ er die im Verkehr erforderliche Sorgfalt vermissen.

Haftungsausfüllende Kausalität

(d) Der geltend gemachte Schaden müsste kausal durch die Pflichtverletzung entstanden sein (haftungsausfüllende Kausalität): Dies wäre der Fall, wenn bei Hinzudenken der unterlassenen Handlung der Schaden des G mit an Sicherheit grenzender Wahrscheinlichkeit entfallen wäre. Da G nicht von dem Hund des B gebissen worden wäre, wenn dieser einen Maulkorb getragen hätte und/oder angekettet gewesen wäre, ist dem B die Verletzung des G zuzurechnen.

Da die Unterlassung des B auch schuldhaft geschah, erhält G die Heilungskosten demnach erstattet (§ 249 II S. 1 BGB).

(2) B haftet daneben auch aus § 833, § 823 I BGB und aus § 823 II BGB i.V.m. § 229 StGB.

hemmer-Methode: Beachten Sie, dass i.R.d. § 823 I BGB die Erwägungen zum hypothetischen Wahrscheinlichkeitsurteil („... an Sicherheit grenzende Wahrscheinlichkeit ...") bereits in der haftungsbegründenden Kausalität anzustellen sind. 51
Für die haftungsausfüllende Kausalität kann dann (sofern überhaupt) auf die entsprechenden Ausführungen im Haftungstatbestand verwiesen werden.

C. Begrenzung der Zurechnung durch die Adäquanztheorie

I. Bedeutung der adäquaten Kausalität

Einordnung

Der äquivalente Kausalzusammenhang ist zwar unbedingt notwendiges, aber allein nicht ausreichendes Kriterium der Schadenszurechnung.[84] Anderenfalls wäre der Bedingungszusammenhang nahezu uferlos. 52

Bsp.: *So haben letztlich auch die Eltern eines bei einem Verkehrsunfall verletzten Kindes eine Bedingung i.S.d. conditio-sine-qua-non-Formel für dessen Verletzung gesetzt: Wäre das Kind nicht geboren worden, wäre es später nicht verletzt worden.*

Die Ursachenkette kennt kein Ende. Aus einer Verletzung können in der Zukunft immer weitere schädliche Folgen erwachsen. Irgendwo muss aber die rechtliche Verantwortlichkeit des Schädigers enden. Es geht also um eine *Eingrenzung der Ersatzpflicht*.

„Zweiter Filter"

Um eine unerträgliche Ausweitung der Ersatzpflicht zu vermeiden, müssen gleichsam durch einen weiteren Filter solche Schadensfolgen ausgeschieden werden, die dem Schädiger billigerweise nicht mehr zuzurechnen sind.[85]

84 Grüneberg (vormals Palandt), vor § 249, Rn. 26 f.

85 Vgl. BGH, NJW 1981, 983 = **juris**byhemmer.

Zu den billigerweise nicht mehr zurechenbaren Schadensfolgen zählen diejenigen, die einem *gänzlich unwahrscheinlichen Kausalverlauf* entspringen. Es geht also nicht um den realen Ursachenzusammenhang, sondern um *eine (erste) rechtliche Wertung*.

II. Formel zur Umschreibung der Adäquanz

Aussonderung außergewöhnlicher Kausalverläufe

Es sind nur solche Bedingungen adäquat, die im Allgemeinen und nicht nur unter besonders eigenartigen, unwahrscheinlichen und nach dem gewöhnlichen Lauf der Dinge außer Betracht zu bleibenden Umständen geeignet sind, einen Erfolg dieser Art herbeizuführen.[86] 53

> **Kurz**: „Die Möglichkeit des Schadenseintritts aufgrund der gesetzten Bedingung darf nicht außerhalb aller Wahrscheinlichkeit liegen!"

Bsp.: *Beim Ausfahren aus einer Tiefgaragenauffahrt fährt Voß dem Passanten Paulig aus Unachtsamkeit über den Fuß. P, der nicht mehr ausweichen konnte, kann aufgrund der erlittenen Quetschung nicht mehr weiterlaufen und wird mit dem Krankenwagen abtransportiert. Auf dem Weg in die Unfallaufnahme ereignet sich gerade beim Durchqueren eines Tunnels ein lokal eng begrenztes Erdbeben. Der Tunnel stürzt ein. Keiner der Krankenwageninsassen überlebt. Die Hinterbliebenen des P verlangen von V Zahlung einer Geldrente.*

Haftungsbegründung

(1) § 823 I BGB: V hat den P rechtswidrig und schuldhaft am Fuß verletzt. Er haftet den Angehörigen des P aus § 823 I BGB i.V.m. § 844 II BGB (daneben auch aus §§ 7, 18 StVG i.V.m. § 10 II StVG) auf Zahlung einer Geldrente, wenn ihm der Tod des P als Schadensfolge zugerechnet werden kann.

Haftungsbegründende Kausalität

(2) Haftungsbegründende Kausalität:

hemmer-Methode: Lassen Sie sich nicht irritieren. Die Kriterien für die Bejahung der haftungsausfüllenden Kausalität wären dieselben.[87]

Conditio-sine-qua-non

(a) Die Fußverletzung beruht zweifelsohne auf einem Verhalten des V. Fraglich ist, ob sein Verhalten auch kausal für den Tod geworden ist. Ohne die Fußverletzung wäre P nicht im Tunnel verschüttet worden (Ursächlichkeit i.S.d. Äquivalenztheorie).

Mitwirkende Ursache

Dass daneben auch das Erdbeben eine Bedingung für den Tod des P gesetzt hat, schließt die Zurechnung i.R.d. Äquivalenz nicht aus. Der Kausalzusammenhang wird grundsätzlich nicht dadurch unterbrochen, dass außer dem zum Ersatz verpflichtenden Ereignis noch andere Ursachen zur Entstehung des Schadens beitragen.[88] Etwas anderes gilt nur dann, wenn ein völlig neuer Kausalverlauf in Gang gesetzt wird.

Adäquanz

(b) Eine andere Frage ist, ob die von V herbeigeführte Verletzung als adäquate Ursache für den Tod des P anzusehen ist. Die Möglichkeit des Schadenseintritts aufgrund der gesetzten Bedingung darf nicht außerhalb aller Wahrscheinlichkeit liegen (s.o.).

Obj. nachträgl. Prognose

Offen blieb bisher allerdings, nach welchen Kriterien man den Grad der Wahrscheinlichkeit einschätzt.

---

86 BGHZ 57, 137, 141 = **juris**byhemmer; BGH, NJW 1986, 1331 = **juris**byhemmer.

87 Vgl. zur a.A. Rn. 59.

88 BGH, NJW 1990, 2883 = **juris**byhemmer.

Auszugehen ist von einer *objektiv nachträglichen Prognose*: Alle dem Verletzten bekannten und einem optimalen Betrachter[89] im Zeitpunkt des Verletzungsereignisses erkennbaren Umstände sind in das Wahrscheinlichkeitsurteil einzuführen. Es kommt nicht auf eine logisch-statistische, sondern eine wertende Betrachtungsweise an.[90]

hemmer-Methode: Durch diese weiten Kriterien für die Wahrscheinlichkeitsprognose wird die Adäquanz- in die Nähe der Äquivalenztheorie gerückt: Welcher Kausalverlauf ist schon vom Standpunkt eines optimalen Betrachters aus als völlig unwahrscheinlich anzusehen? So hat der BGH beispielsweise die Wahrscheinlichkeit in einem Impffall nicht verneint, obwohl die Schadenswahrscheinlichkeit geringer als 0,01 % war.[91] Zur Verneinung der Adäquanz gelangt man also nur unter hohen Voraussetzungen. Dementsprechend selten bleiben Examensklausuren, in denen die Zurechnung hieran scheitert.[92] Der Schwerpunkt der Prüfung liegt letztlich immer auf der dritten Kausalitätsstufe und damit auf der Wertungsebene. Dort ist Argumentationsfähigkeit gefragt. Dafür werden die meisten Punkte vergeben, weil Sie sich hier von anderen Bearbeitungen absetzen können. Dazu später.

Für den Fall bedeutet dies: Es besteht zwar eine geringe statistische Wahrscheinlichkeit, dass infolge eines Erdbebens der Tunnel einstürzt, durch welchen der P infolge der von V zugefügten Fußverletzung gerade transportiert wird. Eine wertende Betrachtung muss jedoch zu dem Ergebnis kommen, dass ein derartiger Bedingungszusammenhang auch für einen optimalen Betrachter außerhalb aller nach der Lebenserfahrung erkennbaren Wahrscheinlichkeit liegt. V hat somit für den Tod des P keine adäquate Bedingung gesetzt, so dass eine Haftung des V ausscheidet.

hemmer-Methode: Würde der Tod des P demgegenüber bei einem „normalen" Verkehrsunfall stattfinden, müsste die Adäquanz bejaht werden. Dann müsste aber auf der Ebene der Zurechenbarkeit diskutiert werden, ob eine Haftung besteht (dazu weiter unten ab Rn. 60).

III. Besonderheiten i.R.d. Adäquanz

Für einige Fallgruppen ist eine Modifikation der Adäquanz-Theorie erforderlich, will man unbillige Folgen vermeiden. *54*

1. Vorsätzliche Schädigung

Vorsatz

Wenn der Handelnde die verwirklichte Schadensfolge in seinen Willen aufgenommen hat, braucht die Zurechnung durch das Kriterium der Adäquanz nicht eingeschränkt zu werden. *Soweit der Vorsatz reicht, haftet der Schädiger für gewollte Folgen*, mag deren Eintritt auch noch so unwahrscheinlich sein.[93] Deshalb ist bspw. i.R.d. § 826 BGB die Adäquanz kein relevantes Prüfungsmerkmal.

Bsp.: *S will den G „zu Tode erschrecken". Deswegen legt er ihm eines Tages auf seinen Frühstücksteller eine Vogelspinnen-Attrappe. Als G dies sieht, stirbt er tatsächlich vor Schreck. Die Nachkommen des G verlangen von S Erstattung der Beerdigungskosten.*

Der Anspruch wäre gem. § 844 I BGB begründet, wenn dem S der Tod des G zurechenbar ist.

89 BGHZ 3, 266 = **juris**byhemmer.

90 BGH, NJW 1976, 1143 (1144) m.w.N = **juris**byhemmer.

91 BGH, NJW 1955, 1876 = **juris**byhemmer.

92 Fälle, in denen die Wahrscheinlichkeit fehlt, werden daher meist sehr eindeutig erkennbar sein. So wurde die Haftung eines nächtlichen Anrufers verneint, der auf die Behandlungskosten einer Katze in Anspruch genommen wurde. Hintergrund: der Angerufene ist schreckhaft aus dem Bett gesprungen, wodurch auch die Katze erschrak und von ihrem Katzenbaum gefallen ist; AG Regensburg, NJW 2000, 1047.

93 BAG, NJW 1990, 3228 = **juris**byhemmer.

Zweifellos hat S eine Bedingung für den Tod des G im Sinne einer conditio sine qua non gesetzt. Fraglich ist jedoch die Adäquanz, da es nach allgemeiner Lebenserfahrung völlig unwahrscheinlich ist, dass der Anblick einer Spinnenattrappe zum Tode führt. Folglich wäre hier die Adäquanz zu verneinen.

Hier ist jedoch zu beachten, dass das den Tod verursachende Ereignis von S vorsätzlich herbeigeführt worden ist. Deshalb wird ihm der Tod des G zugerechnet, auch wenn dessen Eintritt noch so unwahrscheinlich war.

Die Nachkommen können somit von S Ersatz für die Beerdigungskosten gem. § 844 I BGB verlangen.

hemmer-Methode: § 844 BGB ist eine Ausnahme davon, dass nur dem unmittelbar Verletzten selbst ein deliktischer Anspruch zusteht. Eine weitere Ausnahme regelt § 845 BGB. Lesen Sie hierzu Hemmer/Wüst, Deliktsrecht II, Rn. 288 ff.

2. Gefährdungshaftung

Spezifische Sach- oder Betriebsgefahr

Bei den Gefährdungshaftungstatbeständen stellt sich nur die Frage, ob der eingetretene Schaden eine spezifische Auswirkung der Sach- oder Betriebsgefahr ist, derentwegen nach dem Sinn der Haftungsvorschrift ein Ersatzanspruch gewährt werden soll.[94] 55

Ist das der Fall, kommt es darauf, ob der Kausalzusammenhang zwischen dem die Haftung auslösenden Vorgang und dem dadurch hervorgerufenen Schaden ein „adäquater“ ist, nicht mehr an: Die Gefährdungshaftung ist Pendant für die erlaubte Schaffung einer Gefahr für den Verkehr. Realisiert sich diese Gefahr, so kommt es auf die Wahrscheinlichkeit dieses Schadenseintritts nicht mehr an, solange sich der Schaden als spezifische Auswirkung der geschaffenen Gefahrenlage darstellt.

hemmer-Methode: Der Sache nach entspricht dieses Kriterium dem Schutzzweck der Norm, welcher seinerseits bereits die Adäquanz voraussetzt. Gleichwohl hält die h.M. an der Prüfung dieser 2. Stufe fest.[95] Merken Sie sich dennoch, dass sich Ausführungen zur Adäquanz i.R. von Gefährdungshaftungstatbeständen regelmäßig erübrigen. 56

Bsp.:[96] *H hat dem S seinen Wagen überlassen. Als S auf einer Spazierfahrt G, den jetzigen Ehemann seiner Ex-Frau, entdeckt, steuert er auf ihn zu und verletzt diesen erheblich. Da S insolvent ist, verlangt G von H Schadensersatz.*

Zweckentfremdung des Pkw

G könnte von H als Halter des Kfz gem. § 7 I i.V.m. III S. 1 und S. 2 StVG Schadensersatz verlangen. Dabei ist allein darauf abzustellen, ob die Verletzung des G noch innerhalb des Gefahrenbereichs liegt, der durch den Betrieb des Kfz von H eröffnet worden ist. Auf die Frage, ob eine derartige Verletzung innerhalb der Wahrscheinlichkeit liegt (Adäquanz), kommt es nicht an.

Die Verwendung eines Kfz als Waffe ist eine Folge der Einsatzmöglichkeiten, die das Kfz aufgrund seiner Beschaffenheit bietet, auch wenn es nicht dazu bestimmt ist. Daher hat der Halter auch das Risiko eines entsprechenden Missbrauchs zu tragen. Folglich ist der Anspruch des G gegen H aus § 7 I StVG begründet.

94 BGHZ 79, 262 = **juris**byhemmer.

95 Grüneberg (vormals Palandt), vor § 249, Rn. 28.

96 Vgl. BGHZ 37, 311 = **juris**byhemmer; siehe auch BGH, NJW 1981, 983 = **juris**byhemmer.

3. Schadensanlagen

Zum Schaden neigende Konstitution

Wenn ein Schaden nur deshalb eintritt oder wesentlich höher ausfällt als gewöhnlich, weil der Geschädigte krank, schwach oder besonders anfällig war, ändert das nichts an der Adäquanz der vom Schädiger gesetzten Bedingung. 57

Wer einen Kranken oder Schwachen verletzt, kann nicht verlangen, so gestellt zu werden, als habe er einen Gesunden verletzt.[97] Nur in ganz extremen Fällen – bspw. einer Hirnblutung als Folge einer geringfügigen Ehrverletzung[98] – kann i.R.d. Adäquanz bzw. des Schutzzwecks der Norm eine andere Beurteilung geboten sein.

Bsp.: *S verletzt den G. Während der anschließenden Auseinandersetzung erregt sich G, der chronisch hohen Blutdruck hat, dermaßen, dass er einen Herzinfarkt erleidet. Die Ärzte stellen fest, dass G bei normalem Blutdruck den Herzinfarkt mit an Sicherheit grenzender Wahrscheinlichkeit nicht erlitten hätte. G verlangt von S u.a. Ersatz der Heilungskosten.* 58

Der Anspruch des G wäre aus §§ 823 I, 823 II BGB i.V.m. § 229 StGB begründet, wenn dem S der Herzinfarkt zugerechnet werden kann.

Hier ist es nach Auskunft der Ärzte nur aufgrund der schadensbegünstigenden Anlage des G (Bluthochdruck) zum Herzinfarkt gekommen.

Die Tatsache, dass die verletzte Person an Hypertonie leidet und sich infolgedessen bis zum Herzinfarkt erregt, liegt jedoch nicht außerhalb aller Wahrscheinlichkeit, so dass die Adäquanz bejaht werden kann. Es liegt auch nicht außerhalb des Schutzzwecks des Deliktsrechts, den S auch für solche weiterreichenden Folgen seines Handelns haften zu lassen.

Somit ist der Ersatzanspruch des G begründet.

hemmer-Methode: Merken Sie sich schon jetzt: Die Schadensanlage kann sich dennoch auf den *Umfang* der Ersatzpflicht auswirken. Wäre der gleiche Schaden aufgrund der Schadensanlage später sowieso eingetreten, bekommt der Geschädigte nur den sog. „Verfrühungsschaden" ersetzt. Er erhält also nur die durch den frühen Schadenseintritt bedingten Nachteile ersetzt.[99] Dazu im Einzelnen weiter unten.[100]

IV. Ergänzung: Adäquanz bei haftungsbegründender Kausalität

Einordnung

Ebenso wie i.R.d. Schadenszurechnung muss auch bei der *haftungsbegründenden* Kausalität das Verhalten des Schädigers eine adäquate Bedingung für die Rechtsgutsverletzung sein: Rechtsgutsverletzungen, die als gänzlich ungewöhnliche Folge der Verletzungshandlung erscheinen, sind nicht zurechenbar.[101] 59

Gegenansicht

Eine Gegenansicht[102] hält derartige Einschränkungen der Bedingungstheorie i.R.d. Haftungsbegründung für überflüssig, da hier die Ersatzpflicht bereits durch die Voraussetzungen der Rechtswidrigkeit und Schuld eingegrenzt ist.

97 BGHZ 20, 139; NJW 1974, 1510; NJW 1996, 2425 f. = **juris**byhemmer.

98 BGH, NJW 1976, 1143 = **juris**byhemmer.

99 BGH, NJW 1985, 676 = **juris**byhemmer.

100 Vgl. Rn. 185 ff.

101 BGHZ 41, 123, 125 = **juris**byhemmer; NJW 1964, 136 = **juris**byhemmer.

102 Huber, JZ 1969, 677 (680 f.).

Diese Ansicht ist jedoch abzulehnen, da keinerlei Gründe dafür ersichtlich sind, bei der Prüfung eines Schadensersatzbegehrens zwei unterschiedliche Kausalitätsbegriffe zu verwenden. Dies lässt sich auch nicht dadurch begründen, dass i.R.d. Haftungsbegründung anderweitige Korrektive vorhanden sind.[103]

Beantworten Sie die Fragen 16 - 27!

D. Begrenzung der Zurechnung nach dem Schutzzweck der Norm

Adäquanz allein nicht ausreichend

Auch wenn mittels der Adäquanztheorie bereits völlig atypische Schadensverläufe von der Ersatzpflicht ausgenommen werden können, verbleiben dennoch Einzelfälle, deren Zurechnung zum Verhalten des Schädigers zu unbilligen Ergebnissen führen würde. *60*

Bsp.: *A will dem B mit der Bahn Getreide schicken. Bei der Einwaage durch die Bahn zur Berechnung der Frachtkosten wird das Gewicht aufgrund eines technischen Defekts der Waage zu niedrig angegeben. A, der das auf dem Frachtbrief vermerkte Gewicht zur Grundlage seiner Preisberechnung für B gemacht hat, verlangt nun von der Bahn Schadensersatz i.H.d. Differenz zum am tatsächlichen Gewicht orientierten Preis.*

A könnte von der Bahn gem. §§ 280 I, 241 II BGB wegen einer Pflichtverletzung i.R.d. Frachtvertrages Schadensersatz verlangen. Die Bahn hat ihre Verpflichtung zur korrekten Einwaage des Getreides schuldhaft (§ 31 BGB i.V.m. § 278 BGB) verletzt. Diese Pflichtverletzung war auch äquivalent kausal für den Schaden des B:

Hätte die Bahn das Gewicht korrekt angegeben, hätte A den Kaufpreis auch dem tatsächlichen Gewicht entsprechend berechnet.

Fraglich ist, ob dieser Schaden der Bahn auch zurechenbar ist. Da ein Kausalverlauf wie der vorliegende nicht außerhalb jeder Wahrscheinlichkeit liegt, ist der Schaden des A adäquate Folge der Pflichtverletzung.

Würde die Prüfung der Zurechenbarkeit an dieser Stelle beendet, so müsste die Ersatzpflicht der Bahn bejaht werden. Es liegt auf der Hand, dass an diesem Ergebnis „etwas nicht stimmt".

Schutzzweck der Norm

Deshalb bedarf die Adäquanztheorie einer *Ergänzung* durch eine wertende Beurteilung: Eine Schadensersatzpflicht besteht nur, wenn der geltend gemachte Schaden nach Art und Entstehungsweise unter den *Schutzzweck der verletzten Norm* fällt.[104] Es muss sich also um Nachteile handeln, die aus dem Bereich der Gefahren stammen, derentwegen die verletzte Norm erlassen wurde.[105] *61*

Folglich muss der Schaden auch in den Schutzbereich der verletzten Vertragspflicht fallen, um der Bahn zurechenbar zu sein. Sinn der Verpflichtung zur korrekten Einwaage war jedoch lediglich die ordnungsgemäße Berechnung der Frachtkosten. Es liegt jedoch außerhalb des Schutzbereiches, wenn A dadurch einen Schaden erleidet, dass er sich auf die auf dem Frachtbrief vermerkte Gewichtsangabe als Grundlage seiner Preisberechnung verlässt. Daher ist dieser Schaden der Bahn nicht mehr zurechenbar.

Eine Schadensersatzpflicht der Bahn scheidet daher aus.

---

103 Vgl. BGHZ 41, 123, 125 = **juris**byhemmer.

104 Vom BGH bejaht, wenn ein Fußballverein mit einer Verbandsstrafe belegt, weil ein Fan unerlaubt Feuerwerkskörper entzündet hat, und sodann der Verein von dem Fan im Regresswege Erstattung der Strafe begehrt, **Life&LAW 01/2017, 9 ff.** = **juris**byhemmer.

105 BGHZ 27, 140; 35, 315 = **juris**byhemmer; Grüneberg (vormals Palandt), vor § 249, Rn. 29. Das ist vor allem bei den sog. Schockschäden problematisch (vgl. Rn. 73a).

⇨ Rechtswidrigkeitszusammenhang

Die Normzwecklehre wird gleichbedeutend auch mit dem Begriff „Rechtswidrigkeitszusammenhang“ bezeichnet. In der Sache besteht jedoch kein Unterschied.[106]

Anwendungsbereich

Das Kriterium vom Schutzzweck der verletzten Norm ist ursprünglich für Schutzgesetzverletzungen i.S.v. § 823 II BGB entwickelt worden, findet aber jetzt bei allen Schadensersatzansprüchen Anwendung.[107] Die Schutzzwecklehre gilt sowohl im Bereich der haftungsbegründenden als auch der haftungsausfüllenden Kausalität.

„Dritter Filter“

Der Schutzzweck der Norm wirkt nach der äquivalenten und adäquaten Kausalität als „dritter Filter“. An diesem Punkt sind viele Grenz- und Streitfälle entstanden, deren Behandlung mitunter fraglich ist. Stets erforderlich sind dabei Wertung und Argumentation. Denn es gibt keine starre Formel, mit deren Hilfe vom Schutzzweck gedeckte Schadensfolgen von nicht mehr gedeckten zu trennen sind. 62

hemmer-Methode: Viele Klausuren scheitern erst auf der Wertungsebene. Hier ist dann Raum für Begründungsarbeit. Daraus folgt auch die besondere Relevanz dieses Kriteriums für Übungs- und Examensarbeiten: Selbständige Gedanken des Bearbeiters sind gefordert. Das beginnt damit, zu erkennen, dass ein geltend gemachter Schaden möglicherweise nicht vom Normzweck gedeckt ist.

Fallgruppen

In *drei Fallgruppen* liegt dies besonders nahe: 63

- ⇨ **Herausforderungsfälle**: Der Schaden beruht auf einem eigenen Willensentschluss des Verletzten selbst oder dem eines Dritten.
- ⇨ Verwirklichung des **allgemeinen Lebensrisikos**:
Der Schaden steht bloß in zufälliger äußerer Verbindung mit der Verletzungshandlung.
- ⇨ **Folgeschäden**, die auf Handlungen des Verletzten oder Dritter beruhen.

hemmer-Methode: Eine weitere Fallgruppe, in der die Haftung aufgrund des Schutzzwecks der Norm begrenzt wird, ist das rechtmäßige Alternativverhalten, auch Pflichtwidrigkeitszusammenhang genannt. Der Schädiger beruft sich also darauf, dass der gleiche Schaden auch dann eingetreten wäre, wenn er sich pflichtgemäß verhalten hätte. Ob dieser Einwand berechtigt ist oder nicht, ist danach zu entscheiden, ob die verletzte Norm eine Haftung nur für rechtswidriges oder auch für rechtmäßiges Verhalten begründen will. Eine ausführliche Darstellung dieses Problems erfolgt unten.[108]

I. Willensentschlüsse des Verletzten oder Dritter („Herausforderungsfälle“)

Zurechnungsvoraussetzung

1. Eine Ersatzpflicht kann auch dann gegeben sein, wenn der Nachteil auf einem Willensentschluss beruht, den der Verletzte selbst oder ein Dritter gefasst hat. Allerdings wollen Haftungstatbestände regelmäßig nur vor Fremdschädigungen und nicht vor Selbstschädigungen schützen.

106 Grüneberg (vormals Palandt), vor § 249, Rn. 29.

107 Grüneberg (vormals Palandt), vor § 249, Rn. 30.

108 Vgl. Rn. 195 ff.

Diese Konstellationen werden häufig auch als Fälle der sog. psychisch vermittelten Kausalität bezeichnet. Es geht also um die Frage, ob Geschehnisse, die nicht unmittelbar auf einem Verhalten des Schädigers beruhen, sondern durch diesen nur heraufbeschworen wurden, noch zugerechnet werden können.

Der Schaden fällt deshalb nur dann unter den Schutzzweck der Norm, wenn: 64-65

⇨ die Handlung des Verletzten oder Dritten durch das haftungsbegründende Ereignis herausgefordert worden ist und

⇨ keine ungewöhnliche Reaktion auf dieses darstellt, d.h. der Verletzte sich gerade zu diesem Verhalten herausgefordert fühlen durfte, und

⇨ sich der Schaden als Realisierung des herausforderungstypischen Risikos darstellt.[109]

hemmer-Methode: In den Herausforderungsfällen wird die 2. Stufe der Adäquanz auf 3. Stufe durch die etwas unscharfe Formulierung „durfte sich herausgefordert fühlen" ergänzt. Dadurch wird ermöglicht, den eigenen Willensentschluss des Verletzten oder Dritten auf seine Vernünftigkeit zu untersuchen und das von dem Herausgeforderten eingegangene Risiko einer Erforderlichkeitsprüfung zu unterziehen.[110] Gleichzeitig findet eine Verlagerung der Zurechnungsfrage auf die subjektive Komponente statt: Während Maßstab für die Adäquanz ein objektiver Betrachter aus der „ex-post"-Perspektive ist, muss i.R.d. Herausforderung auf den Verletzten oder Dritten in der jeweiligen Situation abgestellt werden. Hier lässt sich eine Parallele zur Putativ-Gefahr im Polizeirecht ziehen: Dort kommt es auch auf die Sichtweise eines pflichtgetreuen Durchschnittsbeamten „ex ante et ex situatione" an.

Bsp.: S ist Bauträger und will den G zum Kauf eines seiner Mietshäuser bewegen. Deshalb täuscht er diesen über die erzielbaren Mieterträge. Tatsächlich liegt das Haus so ungünstig, dass nicht einmal zu günstigeren Mietzinsen alle Wohnungen vermietet werden können. G, der in Erwartung hoher Mieteinnahmen für den Kauf einen hochverzinsten Kredit aufgenommen hat, verlangt von S Freistellung von der Zinsverpflichtung. 66

S schuldet dem G Schadensersatz aus §§ 280 I, 241 II, 311 II BGB, § 823 II BGB i.V.m. § 263 StGB, § 826 BGB.

Deshalb kann G gem. § 249 I BGB Aufhebung des Vertrages und Rückzahlung des Kaufpreises verlangen. Fraglich ist jedoch, ob auch die Zinsverpflichtung zum ersatzfähigen Schaden des G zu rechnen ist. Die Kreditaufnahme beruhte auf dem Willensentschluss des G. Aufgrund des günstigen Verkaufsangebotes durfte sich aber G zur Aufnahme des Kredites herausgefordert fühlen. Die Belastung mit der Zinsverpflichtung für das Darlehen stellt auch eine typische Folge einer derartigen Herausforderung dar. Somit kann G von S als Schadensersatz auch Freistellung von der Zinsverpflichtung gegenüber der Bank verlangen. Sofern die Kreditzinsen außergewöhnlich hoch sein sollten, wäre dies eine Frage des Mitverschuldens gem. § 254 I BGB.

Nothilfe-Schäden

2. Eine Ersatzpflicht kommt auch für Schäden Dritter in Betracht, wenn diese i.R. einer *Nothilfe* oder *sittlich gebotenen Handlung* entstanden sind, sofern sich der Dritte zur Nothilfe herausgefordert fühlen durfte und der erlittene Schaden die Realisierung eines nothilfetypischen Risikos ist.[111] 67

109 BGHZ 57, 25; 63, 189; NJW 1978, 1006; NJW 1995, 127; **Life&LAW 08/2009, 511 ff.**; 2012, 853 ff.; 2016, 457(Abschleppfälle) = **juris**byhemmer; vgl. zu den Herausforderungsfällen auch Medicus, BR, Rn. 653 ff.

110 Vgl. hierzu zuletzt OLG Hamm, NJW-RR 1998, 815 = **juris**byhemmer und die examenstypische Aufbereitung dazu in **Life&LAW 09/1998, 567 ff.**

111 Vgl. auch BGH, NJW 1987, 2925 = **juris**byhemmer zur Organspende einer Mutter für ihr Kind, dem der Arzt irrtümlich die einzige Niere entfernt hat.

hemmer-Methode: Lernen im Zusammenhang! Hier gibt es eine Parallele zu dem Ersatz von typischen Begleitschäden i.R.d. GoA nach § 670 BGB. Auch dort wird Ersatz nur geschuldet, sofern sich der Schaden als Verwirklichung des der Geschäftsführung immanenten, freiwillig übernommenen Risikos darstellt.

Bsp.: D beobachtet, wie S der Passantin P die Handtasche aus der Hand reißt. Unverzüglich nimmt D die Verfolgung auf. Dabei lässt er seine Aktentasche mit 300 € stehen. Während der Verfolgung stürzt D und verstaucht sich den Fuß. Erfolglos zurückgekehrt muss D feststellen, dass nicht nur S, sondern auch seine Aktentasche verschwunden ist. 68

Hier könnte D von S gem. § 823 I BGB Schadensersatz verlangen. Zu beachten ist dabei, dass sowohl die Verfolgung als auch das Zurücklassen der Aktentasche auf einem eigenen Willensentschluss des D beruhten. Deshalb könnte die Zurechnung der Rechtsgutsverletzung zum Verhalten des S fraglich sein. Hinsichtlich der bei der Verfolgung erlittenen Verstauchung liegt jedoch eine erlaubte Herausforderung vor und die Verletzung ist auch Realisierung eines verfolgungstypischen Risikos. Somit kann D diesbezüglich Ersatz der Heilungskosten verlangen.

Sog. doppelte Herausforderung

Fraglich ist, ob auch die entwendeten 300 € von S zu ersetzen sind. Verletztes Rechtsgut wäre hier das Eigentum an Aktentasche und Inhalt. Hier beruht die Rechtsgutsverletzung auf dem vorsätzlichen Eingreifen eines Vierten. Die Ersatzfähigkeit wäre jedoch zu bejahen, wenn ein Fall doppelter bzw. gestaffelter Herausforderung vorläge:

Das Zurücklassen der Aktentasche war Folge dessen, dass sich D erlaubterweise zur Nothilfe herausgefordert fühlte. Durch dieses Zurücklassen der Tasche hätte sich wiederum der Vierte zum Diebstahl derselben herausgefordert fühlen müssen.

Wann dem Erstschädiger das vorsätzliche Verhalten eines Dritten (hier im Fall des Vierten) zugerechnet wird, ist - wie die Fälle der Herausforderung des Verletzten selbst - in wertender Betrachtung zu beantworten. Hier muss der Entschluss des Dritten ebenfalls durch den Erstschädiger herausgefordert sein und noch in den Schutzbereich der verletzten Norm fallen.[112] Beispielsweise haftet derjenige, der einen Weidezaun beschädigt, wenn entlaufenes Vieh schließlich von einem Dritten entwendet wird, dem Eigentümer auch für den Diebstahl des Viehs.[113] Denn in diesem Fall hat die Sachbeschädigung den Diebstahlsentschluss mit motiviert, und die beschädigte Umzäunung sollte gerade vor Verlusten wie dem eingetretenen schützen.

hemmer-Methode: Schlecht und oft falsch sind daher zu sehr vereinfachende Merksätze wie z.B. „Vorsatz Dritter unterbricht die Kausalität".[114] Wer so etwas in einer Klausur behauptet, macht keinen guten Eindruck. Vernichtendes Urteil des Korrektors: „Auswendiglerner!". Versuchen Sie daher, jeden Einzelfall mit wertender Betrachtung zu lösen! 69

Hier war zwar der Diebstahlsentschluss des Vierten durch die erlaubte Verfolgung und das dadurch bedingte Zurücklassen der Tasche herausgefordert. Fraglich ist jedoch, ob dies auch in den *Schutzzweck der Norm* fällt: Wenn sich der D hier zur Verfolgung herausgefordert fühlen durfte und ihm der Erstschädiger S dabei für alle verfolgungstypischen Schäden Ersatz schuldet, so muss dies auch für den Diebstahl der Tasche gelten, sofern das Zurücklassen auf keinem unvernünftigen Willensentschluss beruht: Hier durfte D davon ausgehen, dass der Wert der Handtasche den seiner Aktentasche übersteigt, so dass das Zurücklassen seiner Tasche zur Wiedererlangung der Handtasche nicht außer Verhältnis zum angestrebten Erfolg stand. 70

112 Vgl. Grüneberg (vormals Palandt), vor § 249, Rn. 47.

113 BGH, NJW 1979, 712 = jurisbyhemmer sowie BGH, NJW 1997, 865 = jurisbyhemmer (Diebstahl aus beschädigtem Pkw am Unfallort).

114 Vgl. dazu auch Grüneberg (vormals Palandt), vor § 249, Rn. 49.

Daher durfte sich D auch zum Zurücklassen seiner Tasche „herausgefordert“ fühlen. Wenn nun dies durch den Diebstahl zu einer weiteren Beeinträchtigung seiner Rechtsgüter führt, so ist diese nicht anders zu behandeln als die erlittene Verstauchung. In beiden Fällen liegt eine Realisierung des verfolgungstypischen Risikos vor. Somit ist der S auch zum Schadensersatz wegen des Diebstahls der Tasche verpflichtet.

hemmer-Methode: Anknüpfungspunkt für die Zurechnung des Diebstahls muss auch hier das Verhalten des Verletzten sein. Die Schwierigkeit liegt darin, dass nicht der Verletzte selbst sich den Schaden zufügt, sondern eine weitere Person.
Sofern aber die Herausforderung der Rechtsgutverletzung durch den Vierten auf einem vernünftigen Willensentschluss des Verletzten beruht, welcher sich durch die Handlung des Erstschädigers seinerseits zu diesem Willensentschluss herausgefordert fühlen durfte, muss auch diese Rechtsgutverletzung dem Erstschädiger zugerechnet werden: Hier liegt dann ebenfalls die Realisierung eines verfolgungstypischen Risikos vor.

3. Eine untypische (und daher examensrelevante) Einkleidung dieser Problematik findet sich in folgendem Beispiel:[115] *71*

Der Pkw-Fahrer B zeigt dem an der Ampel neben ihm stehenden A den „Effe“ und fährt mit quietschenden Reifen los. A fühlt sich dadurch „herausgefordert“ und verfolgt den B. In einer Kurve kommen die Fahrzeuge von der Fahrbahn ab. Während B ohne Probleme zum Stehen kommt, prallt A mit voller Wucht gegen eine Hauswand. Die Versicherung des A begleicht die am Haus entstandenen Schäden und verlangt von der Versicherung des B hälftigen Ersatz.

In Betracht kommt ein Anspruch aus § 426 I S. 1, II BGB.

Voraussetzung dafür wäre, dass die Versicherungen Gesamtschuldner sind. Haftpflichtversicherer sind wegen des gesetzlichen Schuldbeitritts nach § 115 I S. 1 VVG neben ihren Versicherungsnehmern schadensersatzpflichtig. Die Versicherungen wären demnach Gesamtschuldner, wenn auch A und B Gesamtschuldner wären. Dann müssten beide für den Schaden am Haus verantwortlich sein.

hemmer-Methode: Verschachteltes Denken lernen! Zwar ist nicht nach Ansprüchen des Hausbesitzers gegen A und B gefragt. Trotzdem müssen Sie einen Weg finden, die im SV angelegte Problematik in der Klausur unterzubringen. „Aufhänger“ ist hier § 115 I S. 1 VVG!

Fraglich ist, ob das Verhalten des B überhaupt kausal für die Schäden war. Äquivalenz und Adäquanz sind zu bejahen.

Problematisch ist hingegen die wertungsmäßige Zurechnung. Hier liegt nur psychisch vermittelte Kausalität vor, denn zur Schadensverwirklichung war noch ein weiterer Entschluss des A erforderlich.

Anders als in herkömmlichen Verfolgerfällen liegt hier jedoch **kein billigenswertes Motiv des Verfolgenden** vor! Daher ist es auch nicht erforderlich, A von den Folgen seines *eigenen* Tuns zu entlasten. Eine Zurechnung kommt daher nicht in Betracht.

hemmer-Methode: Anders hat der BGH in einem Fall entschieden, in dem Polizeibeamte im Rahmen einer Verfolgung vorsätzlich das Fahrzeug des Fliehenden gerammt haben, weil dieser sich anders nicht stoppen ließ. Der Fliehende musste für den Schaden an den Polizeifahrzeugen aufkommen.[116] Beachten Sie also stets die Umstände des konkret zu beurteilenden Falles!

115 LG Köln, NJW-RR 1999, 463 = **juris**byhemmer; **Life&LAW 06/1999, 356 ff.**

116 BGH, **Life&LAW 07/2012, 478 ff.** = **juris**byhemmer.

4. Einen ähnlichen Fall stellt die folgende Konstellation dar:

Fall: *A und B sind Schüler der 8. Klasse. Im Chemieunterricht planen beide unbeaufsichtigt den Bau einer Rakete. A leistet gewisse Vorarbeiten und verlässt daraufhin den Raum, um zur Toilette zu gehen. In der Zwischenzeit baut B an der Rakete weiter. Es kommt zur Explosion. B erleidet schwere Schäden und verlangt von A hälftigen Ersatz. Er habe die Situation immerhin „mit herausgefordert", in der es zur Explosion gekommen sei.*

Der BGH hat die entsprechende Klage abgewiesen.

Er verwendet dabei aber letztlich nicht die Diktion der Herausforderungsfälle, sondern argumentiert mit allgemeinen Erwägungen, die aber exakt zu den Herausforderungsfällen passen.

Es gibt keine Regel, nach der eine Verantwortung dafür besteht, andere vor einer Selbstgefährdung zu schützen. Etwas anderes kann nur dann gelten, wenn die Selbstgefährdung **ansatzweise durch billigenswerte Motive herausgefordert** wurde. Die bloße Teilnahme an der Bastelei reicht dafür aber nicht aus. Es ist auch nicht ersichtlich, dass A eine übergeordnete Rolle bekleidet hat und damit letztlich Herr des Geschehens war.

Die Begründung des BGH könnte man in diesem Fall auch in der Herausforderungsdiktion formulieren. Wenn die Parteien einen gemeinsamen Beschluss fassen, fehlt es bereits an einem Fall der psychisch vermittelten Kausalität.

Fall des Zweitunfalls

5. Ebenfalls abgelehnt wurde die psychisch vermittelte Kausalität in folgender Entscheidung des BGH:

hemmer-Methode: Wenn hier mehrere Konstellationen aneinandergereiht werden, geht es nicht darum, Sie zum Auswendiglernen vieler Einzelfälle „herauszufordern". Sie haben so die Gelegenheit, selbst Argumente zu entwickeln, bevor Sie die Lösung nachlesen. So schärfen Sie Ihr Problembewusstsein und können überprüfen, ob Sie die entscheidenden Wertungen verstanden haben.

Bsp.: *A und B stoßen mit ihren Kfz bei Dunkelheit zusammen. Die Fahrzeuge standen quer auf einer dreispurigen Autobahn und versperrten den mittleren und rechten Fahrstreifen. X erkannte die Situation und hielt etwa 20m vor der Unfallstelle auf dem mittleren Fahrstreifen an. Er schaltete Fernlicht und Warnblinkanlage ein, aktivierte die Rückfahrleuchten und stellte in 150m Entfernung ein Warndreieck auf. S fuhr gleichwohl ungebremst in den Wagen des X und verlangt von A anteilig Schadensersatz wegen Verursachung des Erstunfalls.*

Der Zweitunfall hätte zwar ohne den Erstunfall nicht stattgefunden, der Zurechnungszusammenhang wurde jedoch verneint.

Zwar besteht ein örtlich und zeitlich enger Zusammenhang zu dem Folgeunfall. Die Unfallstelle sei jedoch gut abgesichert gewesen. Für den Zweitunfall ist irrelevant, ob dieses gut gesicherte Hindernis auf einem früheren Unfall beruht oder auf anderen Gründen.

Auch wenn kein vorsätzliches Verhalten eines Dritten vorliegt, kann der Zurechnungszusammenhang unterbrochen sein. Dies ist der Fall, wenn das eigenständige Verhalten des Dritten (hier des Geschädigten) gegenüber dem durch den Erstunfall gesetzten Risiko für den Zweitunfall von völlig untergeordneter Bedeutung ist.

Anders gesagt: Der Zweitunfall wurde durch A nicht herausgefordert.

6. Abschließend zu dieser Fallgruppe ein „kurioser“ Fall des BGH:[117]

B und E leben getrennt. Die E ging zwischenzeitlich eine neue Beziehung mit G ein, den B jedoch nicht kannte. Eines Abends hielt die E sich mit dem Bruder des G, L, in der Wohnung des G auf. B, der mittlerweile von der Beziehung erfahren hatte, kam zur Wohnung des G und begehrte lautstark Einlass, da er seine Frau sprechen wollte. Nachdem niemand öffnete, trat der B sowohl die Wohnungstür als auch die Tür zum Wohnzimmer, in dem sich L und E aufhielten, ein. In diesem Moment riss L das Fenster auf und sprang aus dem Fenster ca. 10 m in die Tiefe. Anspruch des L gegen B auf Ersatz der Heilbehandlungskosten?

Problematisch ist i.R.d. § 823 I BGB der haftungsbegründende Tatbestand. Die Verletzungen des L müssten auf einer Handlung des B beruhen bzw. diesem zurechenbar sein.

Äquivalenz (+)

Ein Kausalzusammenhang im Sinne der Äquivalenztheorie besteht. Ohne das Eintreten der Tür wäre L nicht aus dem Fenster gesprungen und hätte sich demnach keine Verletzungen zugezogen.

Adäquanz (+), da keine unwahrscheinlichen Umstände

Die Adäquanztheorie fragt einschränkend danach, ob die Verletzungshandlung ganz allgemein und nicht nur unter unwahrscheinlichen Umständen geeignet ist, den Verletzungserfolg herbeizuführen. Außerhalb der Wahrscheinlichkeit liegende Umstände sollen aus der deliktischen Verantwortlichkeit herausgefiltert werden.[118] Der BGH bejahte im vorliegenden Fall die Verantwortlichkeit:

Das Eintreten der Wohnzimmertür war geeignet, Personen, die sich im Wohnzimmer aufhielten, im Allgemeinen und nicht nur unter besonders eigenartigen Umständen zu verängstigen und zum Sprung aus dem Fenster zu veranlassen.

Ob in dem Zeitpunkt des Sprunges bereits ein Angriff auf die Gesundheit des L unmittelbar bevorgestanden hatte, ist nicht relevant. Das vorausgegangene Verhalten des B hat Anlass zu der Befürchtung gegeben, ein Angriff stehe unmittelbar bevor. Dies insbesondere deshalb, da der B, der den G nicht kannte, den L selbst für den neuen Partner der E halten konnte.

P.: Zurechnung (Schutzzweck der Norm)

Allerdings könnte der deliktischen Verantwortlichkeit des B entgegenstehen, dass die Verletzungen auf einem eigenen Willensentschluss des L beruhen und er diese damit selbst mit herbeigeführt hat.

Gleichwohl scheidet eine Zurechnung an denjenigen, der die Kausalkette in Gang gesetzt hat, dann nicht aus, wenn für die Handlung des Geschädigten ein rechtfertigender Anlass bestand oder die Handlung durch den Schädiger herausgefordert wurde.

Das Verhalten des Schädigers erhöht in diesen Fällen das Risiko des Verletzungseintritts, wenn der Willensentschluss des Geschädigten zumindest im Ansatz auf einer billigenswerten Motivation beruht.

Im vorliegenden Fall handelt es sich nicht um eine sog. Verfolgervariante (dazu ausführlich oben). Die eben genannten Grundsätze gelten jedoch im Rahmen einer wertenden Betrachtung ganz allgemein. Der BGH bejaht das Vorliegen dieser Grundsätze im vorliegenden Fall.

Der B hat mit seinem Verhalten in vorwerfbarer Weise eine gesteigerte Gefahrenlage für den L geschaffen. L musste und durfte davon ausgehen, dass der B ihn körperlich angreifen würde. Der Sprung aus dem Fenster erfolgte vor diesem Hintergrund, weil der L einem solchen Angriff von vorneherein entgehen wollte. Diese Reaktion war verständlich und billigenswert und stellt daher eine zurechenbare Folge des Verhaltens des B dar.

117 BGH, **Life&LAW 10/2002, 663 ff.**

118 BGHZ 137, 11 (19) = **juris**byhemmer.

hemmer-Methode: Der BGH hat im Folgenden noch diskutiert, ob der B auch schuldhaft gehandelt hat. Dieser hatte sich darauf berufen, die für die Bejahung der Fahrlässigkeit erforderliche Vorhersehbarkeit habe gefehlt. Er (der B) habe nicht damit rechnen müssen, gerade bei L, den er nicht kannte und von dessen Anwesenheit in der Wohnung er nichts gewusst habe, eine solche Reaktion auszulösen. Der BGH tritt dieser Argumentation überzeugend entgegen: Es kommt nicht darauf an, dass der Schädiger die Verletzung einer bestimmten Person in Betracht ziehen musste. Eine Verwechslung des Tatopfers ist unbeachtlich. Ausreichend für den Fahrlässigkeitsvorwurf ist daher allein, dass bei dem Vorgehen des B für diesen vorhersehbar eine Person zu Schaden kommen konnte.
Die Entscheidung bringt im Ergebnis nichts Neues. Sie ist aber ein gutes Beispiel dafür, wie wichtig es ist, die Wertungsgrundsätze der Zurechnung zu beherrschen. Dann nämlich ist eine Anwendung auf den atypischen (= examenstypischen) Fall mit guter Argumentation möglich. Lernen Sie daher die Entscheidung nicht auswendig, sondern versuchen Sie, die Wertungen, die dahinter stehen, nachzuvollziehen und zu verstehen.

II. Verwirklichung des allgemeinen Lebensrisikos

Um einen bloß zufälligen, rein äußerlichen Zusammenhang zwischen dem haftungsbegründenden Ereignis und erlittenen Nachteilen geht es bei Schäden, die lediglich eine Verwirklichung des *allgemeinen Lebensrisikos* darstellen.[119] 72

Einordnung

Ein Schaden fällt nicht mehr unter den *Schutzzweck der verletzten Norm*, wenn der Schaden in *keinem inneren Zusammenhang* mit der vom Schädiger geschaffenen Gefahrenlage steht.

Insbesondere wenn der erlittene Nachteil *bloß zufällig und rein äußerlich* mit dem Schadensereignis verbunden ist, entfällt die Ersatzpflicht, da eine solche Einbuße zu dem *allgemeinen Lebensrisiko* gehört, welches jeder selbst zu tragen hat.

Bspe.: 73

⇨ *Bei der Behandlung einer Verletzung wird gleichzeitig eine zur Berufsunfähigkeit führende Krankheit entdeckt.*[120]

⇨ *Anlässlich einer Unfalloperation erhält das Opfer eine der allgemeinen Vorbeugung dienende Impfung und stirbt dabei an einem anaphylaktischen Schock.*[121]

⇨ *Bei Abtransport der beschädigten Sache zieht sich der Eigentümer einen Hexenschuss zu.*[122]

⇨ *<u>In Kenntnis</u> eines absolut überzogenen Kaufpreises schließt der Käufer den Kaufvertrag trotzdem ab. Ansprüche auf Schadensersatz gegen den Gutachter, der den Wert des Kaufobjektes schuldhaft höher abgab, wurden vom BGH abgelehnt.*[123]

⇨ *Nichtverwendbarkeit von Flugtickets infolge eines durch den Gegner fahrlässig verursachten Verkehrsunfalls*[124]

119 Vgl. Grüneberg (vormals Palandt), vor § 249, Rn. 54.

120 BGH, NJW 1968, 2287 = **juris**byhemmer.

121 Vgl. BGH, NJW 1963, 1671 = **juris**byhemmer; VersR 1965, 349.

122 OLG Karlsruhe, OLGZ 81, 123 = **juris**byhemmer.

123 BGH, NJW 2001, 512 und 514 = **juris**byhemmer = **Life&LAW 05/2001, 299 ff.**

124 AG Menden, NJW-RR 2005, 1337 = **juris**byhemmer.

Exkurs: Die sog. Schockschäden

Schockschäden

Einen wichtigen Unterfall innerhalb der Fallgruppe „allgemeines Lebensrisiko“ stellen die sog. *Schockschäden* dar. 73a

Das ist dann problematisch, wenn ein nur mittelbar an einem Geschehen Beteiligter einen Schock erleidet. Sofern der Primärverletzte (= unmittelbar Betroffener) einen Schock erleidet, werden die u.g. strengen Voraussetzungen nicht relevant![125]

Wichtig i.R.d. Problematik ist insbesondere ein sauberer Prüfungsaufbau!

Eine Gesundheitsverletzung liegt in diesen Fällen nur dann vor, wenn eine ärztliche Behandlung notwendig wird und die Beeinträchtigung diagnostizierbar ist (pathologischer Zustand). Schmerz und Trauer scheiden insoweit bereits aus.

I.R.d. haftungs*begründenden* Kausalität stellt sich dann die Frage, ob der Schock dem Schädiger i.R.d. Schutzzwecks der Norm überhaupt zurechenbar ist.

Grundsätzlich ist ein Schock, den jemand durch den Tod oder die Verletzung eines anderen erleidet, dem allgemeinen Lebensrisiko zuzuordnen.[126]

Unter folgenden kumulativen Voraussetzungen ist ein Schockschaden jedoch ausnahmsweise ersatzfähig:

⇨ es handelt sich um einen **nahen Angehörigen**[127] des Verletzten oder Toten,

⇨ das **Ausmaß des Schocks** geht nach Art und Schwere **über** das **übliche Maß** dessen **hinaus**, was Nahestehende in derartigen Fällen als Beeinträchtigungen erleiden und

⇨ der **Schock muss** im Hinblick auf seinen Anlass **verständlich** sein, hierfür ist nicht erforderlich, dass der Angehörige den Unfall selbst miterlebt; eine telefonische Benachrichtigung reicht aus.[128]

Ist nach dem oben Gesagten die Kausalität zu bejahen, ist der durch den Schock erlittene Schaden (haftungsausfüllende Kausalität), welcher insbesondere in Aufwendungen für eine ärztliche Behandlung steht, ersatzfähig.

Der BGH hat diese Rechtsprechung ausgedehnt auf Fälle, in denen Auslöser für den Schock nicht ein Unfall, sondern ein ärztlicher Behandlungsfehler ist aufgrund dessen ein naher Angehöriger einen Schock erleidet.

125 Der BGH hatte diese Differenzierung zu treffen bezogen auf einen Polizisten, der zu einem Amoklauf in einer Schule gerufen worden war, dort mit Kollegen den Amokläufer stellte und sodann ein leichtes posttraumatisches Belastungssyndrom erlitt. Hier ist der BGH von einer unmittelbaren Beteiligung des Polizisten ausgegangen (obwohl der Amokläufer es auf die Tötung von Lehrern abgesehen hatte) und hat die Ersatzfähigkeit unproblematisch bejaht, BGH, **Life&LAW 08/2018, 536 ff.** = **juris**byhemmer. Bestätigt hat der BGH diese Sichtweise in einem Fall, in dem ein Polizist zu einer Kneipenschlägerei gerufen worden war und infolge der Auseinandersetzungen eine Schockreaktion zeigte, BGH, **Life&LAW 05/2021, 308 ff.** = **juris**byhemmer. Hier stellt der BGH auch klar, dass eine Einschränkung der Grundsätze wegen eines berufstypischen Risikos jedenfalls bei unmittelbarer Beteiligung nicht in Betracht kommt.

126 Zu den Voraussetzungen der Ersatzpflicht vgl. Grüneberg (vormals Palandt), vor § 249, Rn. 40.

127 Beachten Sie, dass auch der Partner einer Liebesbeziehung hierunter subsumiert wird. Wegen Tötung eines „nahestehenden“ Tieres können Herrchen und Frauchen allerdings keinen Ersatz verlangen, BGH, **Life&LAW 06/2012, 464 f.** = **juris**byhemmer.

128 Dies hat der BGH bestätigt in **Life&LAW 05/2015, 325 ff.** = **juris**byhemmer.

Eine Ausdehnung des allgemeinen Lebensrisikos sei in solchen Fällen nicht gerechtfertigt.[129]

hemmer-Methode: Sie sehen: Das Schlagwort „Schockschaden" trügt. Der eigentliche Schwerpunkt liegt im Bereich der haftungsbegründenden Kausalität. Da die Problematik aber weithin unter dem Aspekt „allgemeines Lebensrisiko" behandelt wird, soll sie hier nicht fehlen. Lesen Sie zur Vertiefung die Beispielsfälle in Life&LAW 04/1998, 223 ff.

Der Schockschaden als psychisch vermittelter Schaden ist von den sog. mittelbaren Schäden abzugrenzen. Der Ersatzanspruch gründet nicht in der Verletzung oder dem Tod des anderen, sondern in der infolge des Schocks erlittenen *eigenen* Gesundheitsbeeinträchtigung. 74

Exkurs Ende

III. Auf Handlungen des Verletzten oder Dritter beruhende Folgeschäden

Einordnung

Dem Schädiger sind grundsätzlich auch Folgeschäden zuzurechnen, die dadurch entstehen, dass dem Verletzten oder Dritten insbesondere bei der Schadensbeseitigung ungewollt Fehler unterlaufen, und sich dadurch der Schaden vergrößert. Aber auch außerhalb der Schadensbeseitigung können Fehler Dritter den Schaden vergrößern. 75

1. Schadensvergrößerung bei Beseitigung und Abwicklung des Schadens

Grundsatz

Der Schädiger hat gem. § 249 I BGB grds. auch für Folgeschäden einzustehen, die durch *ungewollte* Fehler dritter Personen entstehen, die der Geschädigte zur Abwicklung und Beseitigung des Schadens hinzuzieht, sofern sich dieser weitere Schaden als adäquate Folge der Erstschädigung darstellt.[130] 76

So haftet der Schädiger beispielsweise für die Folgen „normaler" (vgl. Rn. 78) ärztlicher Kunstfehler, die bei der Behandlung des Verletzten auftreten.[131]

Entsprechendes gilt für Folgeschäden aus Fehlern der Kfz-Werkstatt, die den beschädigten Wagen instand setzen soll.[132]

hemmer-Methode: Die Zurechnung erfolgt dabei bereits i.R.d. haftungsbegründenden (schuldhaften) Handlung des Erstschädigers! Eine Verschuldenszurechnung gem. § 278 BGB wäre in diesen Konstellationen daher falsch. Sofern z.B. der Fehler bei der Kfz-Reparatur von einer durch den Geschädigten beauftragten Werkstatt gemacht worden ist, wäre diese auch nicht als Erfüllungsgehilfe des *Schädigers* anzusehen, so dass eine Verschuldenszurechnung gem. § 278 BGB nicht in Betracht käme. 77

Grenze der Einstandspflicht

Allerdings können dem Erstschädiger nicht alle erdenklichen Fehler Dritter anzulasten sein. Bei *ungewöhnlich grobem Fehlverhalten* des Dritten soll nach Ansicht der Rspr. die Zurechnung bereits mangels adäquaten Kausalverlaufs zu verneinen sein.[133] 78

129 BGH, **Life&LAW 08/2019, 513 ff.**

130 Grüneberg (vormals Palandt), vor § 249, Rn. 47.

131 BGHZ 3, 268 = **juris**byhemmer.

132 BGHZ 63, 138 = **juris**byhemmer.

133 BGH, NJW 1989, 768 = **juris**byhemmer.

Doch liegt es nicht unbedingt außerhalb aller Wahrscheinlichkeit, dass bei der Schadensbeseitigung grob fahrlässiges bzw. vorsätzliches Fehlverhalten Dritter vorkommt.

hemmer-Methode: Lesen Sie nochmals Rn. 68 bis 70. Allein der Vorsatz des Dritten genügt für die Unterbrechung des Kausalverlaufs nicht.

Der Zurechnungsausschluss lässt sich jedoch auch aus einem anderen Gesichtspunkt aufrechterhalten: Bei grob fahrlässigem bzw. vorsätzlichen Fehlverhalten überwiegt in der Regel (also nicht zwingend) die Verantwortung des Dritten diejenige des Erstschädigers so weit, dass sie dessen Beitrag zum Kausalverlauf als unbeachtlich erscheinen lässt.

Für besonders grobe ärztliche Kunstfehler beispielsweise trifft den Schädiger also keine Ersatzpflicht.[134] Gleiches gilt für Schäden aufgrund grob fahrlässiger Fehler bei der Reparatur eines zuvor beschädigten Kfz.[135]

hemmer-Methode: Insoweit besteht eine Parallele zur Zurechnungsproblematik im Strafrecht („Unterbrechung des Kausalverlaufs"): Auch hier wird eine Unterbrechung des Zurechnungszusammenhanges nur dann angenommen, wenn das Dazwischentreten des Dritten so sehr außerhalb der allgemeinen Lebenserfahrung liegt, dass mit diesem vernünftigerweise nicht zu rechnen war.[136] Aber nochmals: Wurde dieses (auch vorsätzliche) Verhalten quasi herausgefordert, so ist der Schaden dem Schädiger zurechenbar. Lesen Sie dazu BGH, NJW 1997, 865. 79

Eigene Aufwendung des Geschädigten

Eine Schadensvergrößerung kann auch dadurch entstehen, dass der Geschädigte selbst zur Schadensbeseitigung eigene Aufwendungen erbringt. Schwierigkeiten bei der Erstattung von Aufwendungen können dabei auftauchen, wenn der Schadensersatz grds. in anderer Form zu leisten ist. 80

Bsp.:[137] *S stiehlt dem G eines Nachts das gesamte Familiensilber. Um dieses wiederzuerlangen, beauftragt G einen Privatdetektiv. Diesem gelingt es nach intensiven Bemühungen, den Aufenthaltsort von S zu ermitteln. So erhält G nicht nur sein Familiensilber zurück, sondern obendrein von der Detektei noch eine Rechnung über 12.450 €. Diese verlangt G von S ersetzt.*

G kann von S für den Diebstahl gem. § 823 I, II BGB i.V.m. § 242 StGB Schadensersatz verlangen.

Dieser geht gem. § 249 I BGB auf Herausgabe des Familiensilbers. Fraglich ist, ob daneben gem. § 249 II S. 1 BGB auch Geldersatz für die zur Ermittlung des S gemachten Aufwendungen verlangt werden kann. Dass G diese Aufwendungen „freiwillig" erbracht hat, nimmt ihnen nicht den Charakter als Schaden, da sie adäquat durch den Diebstahl verursacht und zur Behebung der Diebstahlsfolgen erbracht worden sind (sog. „Herausforderungsfall").[138]

Der Zurechnungszusammenhang zwischen Diebstahl und den Detektivkosten ist ebenfalls nicht dadurch unterbrochen, dass diese auf einem eigenen Willensentschluss des G beruhen: Zum ersatzfähigen Schaden gehören auch solche tatsächlich gemachten Aufwendungen, die der Schadensbeseitigung oder Verhinderung seiner Ausbreitung dienen sollen.

134 BGH, NJW 1989, 768 = jurisbyhemmer.

135 BGH, VersR 1977, 519 = jurisbyhemmer.

136 Vgl. Hemmer/Wüst, Strafrecht AT I, Rn. 99 ff.

137 Vgl. zu einem Fall der Verletzung des elterlichen Sorgerechts BGH, NJW 1990, 2060 ff.

138 Vgl. dazu Rn. 64 ff.

hemmer-Methode: Die Ähnlichkeit mit den Herausforderungsfällen ist hier offensichtlich. Wichtig ist jedoch nicht, ob Sie das Problem der Aufwendungen zur Schadensbeseitigung unter dem Punkt „Herausforderung" oder „Schadensvergrößerung" behandeln, da beides gleich vertretbar erscheint. 81
Dem Korrektor kommt es letztlich nur darauf an, dass Sie das Problem erkennen, die entscheidenden Gesichtspunkte herausarbeiten und zu einem vertretbaren Ergebnis kommen. Stures Auswendiglernen und Abspulen von Schemata hilft Ihnen dabei nicht.

Mit der Bejahung der generellen Ersatzfähigkeit der Aufwendungen ist jedoch noch nicht beantwortet, in welcher Höhe die Detektivkosten erstattet werden müssen. Aus § 249 II S. 1 BGB ergibt sich für den Fall der Körperverletzung oder Sachbeschädigung das Merkmal der Erforderlichkeit als Maßstab der Ersatzpflicht. Dieses ist auch auf die im vorliegenden Fall gegebene Ersatzverpflichtung gem. § 249 I BGB entsprechend anzuwenden. 82

Danach kann der geschädigte G seine Aufwendungen insoweit ersetzt verlangen, als diese ein wirtschaftlich denkender Mensch bei einer ex-ante-Betrachtung für notwendig halten durfte.[139]

Denkbar wäre auch eine (entsprechende) Anwendung des § 254 II BGB für den Fall unangemessen hoher Aufwendungen. Dies würde jedoch dazu führen, dass der Schädiger hinsichtlich der Unangemessenheit der Aufwendungen beweispflichtig wäre. Im anderen Fall müsste der Geschädigte die Notwendigkeit der Aufwendungen als Anspruchsvoraussetzung beweisen.

hemmer-Methode: Hier ist es eine Wertungsfrage, welche Begründung man für die Begrenzung des Aufwendungsersatzes heranzieht. Die Rechtsprechung will verhindern, dass der Geschädigte bei der Schadensbeseitigung verschwenderisch vorgeht, und verlangt daher vom Geschädigten den Nachweis der Notwendigkeit. Die Gegenansicht berücksichtigt mehr die mangelnde Schutzwürdigkeit des Schädigers und verlagert das Risiko unangemessener Aufwendungen auf diesen. 83

2. Schadensvergrößerung außerhalb der Schadensbeseitigung

Einordnung

Der Schaden kann durch hinzutretende Fehlleistungen Dritter noch vergrößert werden. Aber auch wenn diese Fehlleistungen nicht bei der Schadensbeseitigung erfolgt sind, erstreckt sich die Einstandspflicht auf diese, soweit sich in dem hinzugetretenen Schaden die vom Erstschädiger geschaffene Gefahrenlage verwirklicht hat. In diesen Fällen hat der Erstschädiger dann auch den durch das Fehlverhalten des Dritten entstandenen Schaden in zurechenbarer Weise mitverursacht.[140] 84

Wer z.B. einen Unschuldigen durch falsche Verdächtigung ins Gefängnis bringt, haftet nicht nur aus § 823 I BGB, § 823 II BGB i.V.m. § 164 StGB, § 826 BGB und möglicherweise aus § 824 I, § 823 II BGB i.V.m. §§ 186, 187 StGB für die aus dem verschuldeten Freiheitsentzug entstandenen Nachteile (z.B. Verdienstausfall, § 252 BGB).

Er muss darüber hinaus auch für Schäden einstehen, die dem Inhaftierten erst dadurch entstehen, dass ihm von seiner Bank aufgrund des Haftaufenthalts unberechtigterweise Kredite gekündigt werden.

Ebenso haftet bei einem sog. Kettenunfall derjenige, der als erster den Unfall verursacht hat, für die Schäden, die durch das Auffahren weiterer Kfz entstanden sind. Dass die Fahrer und Halter dieser weiteren Kfz ihrerseits ersatzpflichtig sein können, ändert an der Schadenszurechnung zum Erstschädiger nichts. Insoweit kommt dann allerdings eine gesamtschuldnerische Haftung in Betracht.[141]

139 Vgl. BGHZ 66, 192 = **juris**byhemmer; BGH, NJW 1990, 2061 = **juris**byhemmer; Grüneberg (vormals Palandt), § 249, Rn. 63.

140 Vgl. Grüneberg (vormals Palandt), vor § 249, Rn. 47.

141 Vgl. BGHZ 43, 181; NJW 1972, 1804 = **juris**byhemmer.

§ 5 ART, INHALT UND UMFANG DER ERSATZPFLICHT NACH DEN §§ 249 - 253 BGB

„Wie“ des Schadensersatzes

Der Regelungsinhalt der §§ 249-253 BGB betrifft nicht die Frage, ob, 85
sondern wie Schadensersatz zu leisten ist. Sie konkretisieren die Rechtsfolge des Schadensersatzanspruchs, indem sie Art, Inhalt und Umfang der Ersatzpflicht bestimmen.

Ergänzende Normen

Neben den §§ 249 ff. BGB greifen dafür aber auch ergänzend verschiedene Spezialnormen ein. Beispiele sind: die §§ 842 ff. BGB für Personenschäden aus unerlaubter Handlung oder die §§ 10 ff. StVG für die Straßenverkehrsgefährdungshaftung, §§ 7 ff. ProdHaftG für den Bereich der Produkthaftung und §§ 12 ff. UmweltHaftG bei Schäden durch von einer Anlage ausgehende Umwelteinwirkungen.

Schadensersatz statt der Leistung und negatives Interesse

Darüber hinaus ergeben sich Besonderheiten, wenn das Gesetz anordnet, dass bei Verletzung von Schuldnerpflichten „Schadensersatz statt der Leistung“ (sog. positives Interesse) zu leisten ist (z.B. §§ 280 I, III, 281, 282, 283 BGB). Dann kann der Gläubiger in Abweichung zu § 249 I BGB anstelle der Naturalrestitution Schadensersatz in Geld verlangen.[142]

Wird i.R. einer Haftung aus den §§ 122, 179 II BGB *Ersatz des Vertrauensschadens* (als Unterfall des sog. negativen Interesses) geschuldet, so ist der Gläubiger vom Schuldner dann so zu stellen, wie er stünde, wenn er nicht auf die Gültigkeit des Rechtsgeschäfts vertraut hätte. Dabei bildet jedoch das Erfüllungsinteresse die Obergrenze für den Schadensersatzanspruch, vgl. § 122 I HS 2 BGB.[143]

A. Systematik der §§ 249 ff. BGB

Systematik

Die in ihrer Schwierigkeit vom Anfänger häufig unterschätzte Syste- 86
matik der §§ 249 ff. BGB basiert auf einer strengen Unterscheidung zweier verschiedener Arten von Schadensersatz: der *Naturalherstellung* (oder -restitution) und der *Schadenskompensation*.

Naturalrestitution

Die *Naturalrestitution* bedeutet die konkrete Schadensbehebung. 87
Hierbei ist unerheblich, ob es sich um einen materiellen oder um einen immateriellen Schaden handelt.[144]

Die Naturalrestitution ist in den §§ 249 und 250 BGB geregelt und ihrerseits auf zwei Arten möglich:

§ 249 I BGB

(a) Durch Behebung des Schadens in Natur gem. § 249 I BGB und

§ 249 II S. 1 BGB

(b) im Falle von Personen- und Sachschäden gem. § 249 II S. 1 BGB nach Wahl des Gläubigers durch Ersatz der für die *Behebung* nötigen Geldmittel.

§ 250 BGB

§ 250 BGB ergänzt beide Formen der Naturalrestitution durch eine zusätzliche Handhabe des Gläubigers, gegen einen zur Wiederherstellung unwilligen Schuldner einen (leichter durchsetzbaren) Zahlungsanspruch zu erlangen, um den Schaden selbst zu beheben.

142 Vgl. Rn. 100c f.

143 Vgl. auch Rn. 182.

144 Vgl. Rn. 94.

Schadenskompensation

Die *Schadenskompensation* nach den §§ 251, 253 BGB bedeutet eine Ausgleichszahlung für *nicht (zumutbar) behebbare* Schäden. Sie stellt sich wie im Falle der Restitution nach § 249 II S. 1 BGB oder § 250 BGB als Zahlungsanspruch in Geld dar.[145] *88*

Ausgleich statt Behebung

Inhaltlich ist sie aber von der Naturalrestitution grundsätzlich verschieden: Sie dient nicht der Schadensbehebung, sondern dem Ausgleich, (nur) wenn eine Behebung nicht möglich, nicht genügend (§ 251 I BGB) oder nur mit unverhältnismäßigen Mitteln zu realisieren ist (§ 251 II S. 1 BGB). Während § 249 BGB das Integritätsinteresse schützt, gleicht § 251 BGB lediglich das Wertinteresse aus. *89*

hemmer-Methode: Bedeutsam ist die Unterscheidung zwischen Restitution und Kompensation insbesondere durch die Regelung des (*allein*) den Anwendungsbereich des § 251 BGB einschränkenden § 253 I BGB. Der häufig zitierte Satz: „Schadensersatz für immaterielle Schäden gibt es nur in den durch Gesetz bestimmten Fällen" ist nicht richtig. Das betrifft nur den Ersatz in Geld – vgl. Wortlaut des § 253 I BGB. Naturalrestitution kann auch bei immateriellen Schäden verlangt werden. Sie muss im Einzelfall nur möglich sein.

Danach kommt - anders als bei der Schadensbehebung nach den §§ 249, 250 BGB - ein Schadens*ausgleich* nach § 251 BGB *grds.*, d.h. soweit keine gesetzlichen Sonderregeln bestehen, nur im Fall von materiellen Schäden in Betracht.

B. Schadensersatz durch Naturalherstellung, § 249 I BGB

I. Inhalt der Naturalherstellung

Naturalherstellung

Eine Schadensersatzpflicht ist grundsätzlich durch Naturalherstellung zu erfüllen: Gem. § 249 I BGB hat der Schädiger den Zustand herzustellen, wie er ohne das schädigende Ereignis bestehen würde. Der Schuldner muss Ausgleich in Natur leisten. Der Ersatzpflichtige schuldet also die Herbeiführung eines tatsächlichen Erfolges, z.B. die Beschaffung einer neuen Sache oder die Reparatur einer beschädigten Sache. *90*

Inhalt der Naturalherstellung

Die Pflicht zur Herstellung in Natur nach § 249 I BGB kann - je nach Schaden - einen sehr unterschiedlichen Inhalt annehmen.

Bspe.:

Verbindlichkeiten als Schaden

(1) Liegt der Schaden in der Belastung mit einer Verbindlichkeit, so hat der Belastete gemäß § 249 I BGB einen Freistellungsanspruch gegen den Schädiger, d.h. der Geschädigte kann vom Schädiger verlangen, bei Inanspruchnahme durch den (Dritt-)Gläubiger die geforderte Leistung statt seiner an diesen zu erbringen.[146] *91*

hemmer-Methode: Den Anspruch kann der Geschädigte wiederum an seinen Gläubiger abtreten (§ 398 BGB). Der Schadensersatzanspruch auf Schuldbefreiung wandelt sich dann mit der Abtretung in einen Zahlungsanspruch des neuen Gläubigers gegen den Schädiger um.[147] Dem steht auch § 399 Alt. 1 BGB nicht entgegen, da sich bei der Abtretung an den (Dritt-)Gläubiger der gegen den Schädiger gerichtete Anspruch nicht seinem Inhalt nach ändert: Denn auch schon vor der Abtretung bestand in der Person des Schädigers eine Verpflichtung zur Zahlung einer Geldsumme an den (Dritt-)Gläubiger. Anders wäre es nur bei einer Abtretung an einen Vierten. Dieser stünde dann § 399 Alt. 1 BGB entgegen.

145 Im Einzelnen unten, Rn. 129 ff.

146 BGH, NJW 1989, 1216 = **juris**byhemmer.

147 BGHZ 71, 170 = **juris**byhemmer.

Ehrkränkende Äußerungen

(2) Bei unwahren, ehrkränkenden Behauptungen tatsächlicher *Art, die weiter fortwirken, kann der Verletzte als Schadensersatz nach § 249 I BGB* Widerruf *verlangen.*[148] 92

Ausgleich auch für Nichtvermögensschäden

Wie das letzte Beispiel zeigt, besteht der *Anspruch auf Naturalherstellung auch bei immateriellen Schäden.* 93

Zur Wiederholung

§ 253 I BGB ist auf § 249 BGB nicht anwendbar. § 253 I BGB beschränkt den Ersatz nur für den Fall der *„Entschädigung in Geld"*. Die Vorschrift bezieht sich also nur auf die Geldentschädigung nach § 251 I BGB, nicht auf die Naturalherstellung nach § 249 I BGB.

Die Abgrenzung zwischen Vermögens- und Nichtvermögensschäden spielt demnach für den Ersatz nach § 249 I BGB grundsätzlich keine Rolle, auch wenn Naturalherstellung bei immateriellen Schäden oft nicht möglich ist.

Ausnahmsweise ist aber auch i.R.d. § 249 I BGB ein Vermögensschaden erforderlich, nämlich dann, wenn dies wegen der Abgrenzung zu anderen Ansprüchen erforderlich ist. 95

Durch Betrug bewirkter Vertragsschluss

(3) Hat der Schädiger einen Vertragsschluss durch Täuschung erschlichen, richtet sich der Schadensersatzanspruch gemäß § 249 I BGB auf Aufhebung des Vertrages.[149]

Dieser Anspruch auf Vertragsaufhebung steht dann neben einer eventuellen Anfechtungsmöglichkeit nach § 123 BGB.[150]

Ausnahmsweise Vermögensschaden erforderlich

Hier hat der BGH wiederholt[151] klargestellt, dass ein Anspruch auf Vertragsaufhebung infolge einer Pflichtverletzung im vorvertraglichen Bereich (c.i.c., §§ 280 I, 241 II, 311 II BGB) gem. § 249 I BGB nur dann gegeben ist, wenn ein Vermögensschaden vorliegt.

Wegen Abgrenzung zu § 123 BGB

Diese Ausnahme begründet der BGH mit dem Konkurrenzverhältnis zwischen § 123 BGB und der Haftung für vorvertragliche Pflichtverletzungen: „Entscheidend für das Nebeneinander von Anfechtung und Schadensersatz sind ... deren unterschiedliche Voraussetzungen:

Die Anfechtung schützt die freie Selbstbestimmung auf rechtsgeschäftlichem Gebiet gegen unerlaubte Mittel der Willensbeeinflussung, und zwar unabhängig vom Eintritt eines Schadens; die Rückgängigmachung nach c.i.c.-Grundsätzen verlangt auf Tatbestandsseite den Eintritt eines Schadens.

Die Anwendbarkeit der c.i.c. hängt dabei nicht davon ab, ob es um einen Fall der arglistigen Täuschung oder einen Fall der widerrechtlichen Drohung geht.[152]

Will man diese Unterschiede nicht verwischen und zudem die für Schadensersatzansprüche anerkannten Grundsätze nicht aufgeben, so wird man an der Voraussetzung festhalten müssen, dass die Rückgängigmachung des Vertrages von einem ... Vermögensschaden abhängt."

Ein Vermögensschaden ist insoweit gegeben, wenn der Abschluss des Vertrages wirtschaftlich nachteilig ist.

148 BGH, WM 1977, 653 = **juris**byhemmer; vgl. i.E. Grüneberg (vormals Palandt), vor § 823, Rn. 26-32.

149 BGH, NJW 1962, 1196; 1974, 851.

150 Vgl. dazu Medicus, BR, Rn. 150.

151 Z.B. BGH, NJW 1998, 302 = **juris**byhemmer, aufbereitet in **Life&LAW 03/1998, 146 ff.**

152 BGH, **Life&LAW 07/2013, 481 ff.** = **juris**byhemmer.

hemmer-Methode: Lesen Sie hierzu die examenstypische Aufbereitung der BGH-Entscheidung in Life&LAW 07/2013, 481 ff.! Zwingend erscheint diese BGH-Rechtsprechung nicht; denn die begehrte Rechtsfolge auf Vertragsaufhebung resultiert aus § 249 I BGB. Für die Anwendbarkeit dieser Vorschrift genügt jedenfalls generell ein Nichtvermögensschaden (Umkehrschluss aus § 253 I BGB). Das Verlangen nach einem Vermögensschaden ist daher zumindest systemwidrig.

II. Vorrang der Naturalherstellung

Vorrang

Das Gesetz gibt der Naturalherstellung den Vorrang (vgl. § 251 I BGB). 96

Zum Inhalt und zum Vorrang der Naturalherstellung ein Beispielsfall:

Der Fahrradhändler Effner (E) entwendete dem mit ihm befreundeten Radprofi Vieth (V) „zu Probezwecken" ein neues Mountainbike. Bei E wurde das Rad auf seinem Firmenhof gestohlen, obwohl er es mit einer schweren Fahrradkette gesichert hatte. E bot dem V nun ein neues Mountainbike der gleichen Marke und gleichen Typs an, da er es aufgrund der „positiven Testfahrt" nunmehr in seinem Sortiment führt und auf Lager hat. V aber besteht auf Ersatz des Wertes in Höhe von 2.798 €. Hat er damit Recht? 97

(1) E haftet aus § 823 I, II BGB i.V.m. § 242 StGB bzw. aus § 826 BGB auf Schadensersatz. Der Anspruch ist auf Wiederherstellung gerichtet, d.h. grundsätzlich auf Herausgabe. E ist allerdings zur Rückgabe des Rades nicht in der Lage, da es gestohlen wurde.

Art und Inhalt der Ersatzleistung

(2) Dies hat zwar auf die Ersatzpflicht als solche keinen Einfluss, vgl. § 848 BGB, allerdings stellt sich die Frage, wie sich dies auf den Inhalt des Anspruchs auswirkt.

§ 251 I BGB?

(a) Grundsätzlich ist bei Unmöglichkeit der Wiederherstellung der Anspruch auf Geldentschädigung gerichtet.

Ersatz bei Verlust vertretbarer Sachen

(b) Bei dem gestohlenen Fahrrad handelte es sich um eine vertretbare Sache (§ 91 BGB), denn es war neu und nicht benutzt. Beim Verlust (oder der Zerstörung) vertretbarer Sachen ist Naturalherstellung nach § 249 I BGB in der Weise möglich, dass E eine andere neue Sache gleicher Art zur Verfügung stellt.[153]

Ersatz bei Verlust unvertretbarer Sachen

hemmer-Methode: Die Rechtsprechung des BGH geht schon seit längerer Zeit auch bei unvertretbaren Sachen, d.h. insbesondere bei gebrauchten Sachen, von der Anwendung des § 249 BGB aus. Danach ist die Beschaffung einer vergleichbaren Ersatzsache eine Form der Naturalrestitution.[154] Diese Rechtsprechung wurde anhand des Kfz-Unfallrechts entwickelt und entspricht heute nahezu einhelliger Ansicht. Das hängt insbesondere mit der Einfügung des § 249 II S. 2 BGB zusammen. Eine vergleichbare Vorschrift gibt es bei der Geldkompensation nicht. Es wäre aber bei der fiktiven Berechnung nicht gerechtfertigt, i.R.d. § 249 BGB die Umsatzsteuer herauszurechnen, bei § 251 BGB aber nicht. Z.T. wird sogar behauptet, der Gesetzgeber sei mit der Schadensersatzrechtsreform dem BGH gefolgt.[155] 98

Deshalb wird man dies auch für die Beschädigung bzw. Zerstörung anderer Sachen so sehen müssen. § 251 BGB kommt daher nur noch dann in Betracht, wenn nach Durchführung der Reparatur ein Minderwert verbleibt oder die Beschaffung einer vergleichbaren Ersatzsache nicht möglich ist (z.B. bei Unikaten).

153 Grüneberg (vormals Palandt), § 249, Rn. 2.

154 Verwechseln Sie diese Frage bitte nicht mit jener, ob im Rahmen der Nacherfüllung beim Stückkauf auch Nachlieferung verlangt werden kann. Hier geht der BGH bei ersetzbaren Sachen von einem entsprechenden Anspruch aus. Gebrauchte Sachen sind aber gerade nicht ersetzbar in diesem Sinne, weil die Kaufentscheidung bei der Stückschuld stark individualisiert, d.h. zugeschnitten auf die ausgewählte Sache, ist.

155 Auch die Kommentierung im Grüneberg (vormals Palandt) folgt dem seit 2002. So wurden dort zuvor die Kosten für die Ersatzbeschaffung eines Pkw immer unter § 251 BGB subsumiert. Mittlerweile wird die gesamte Kommentierung bei § 249 BGB verortet, vgl. ausführlich § 249, Rn. 20 ff.

(c) Geldersatz nach § 249 II S. 1 BGB

§ 249 II S. 1 BGB; Problem: Verlust, nicht Beschädigung!

Gem. § 249 II S. 1 BGB kann V von E statt der Naturalherstellung Schadensersatz in Geld verlangen, sofern es sich hier um die Beschädigung einer Sache handelt. Hier ist aber das Fahrrad nicht beschädigt, sondern gestohlen worden. Fraglich ist, ob in diesem Fall § 249 II S. 1 BGB analog anwendbar ist. § 249 II S. 1 BGB will verhindern, dass der Geschädigte dem Schädiger die Sache zwecks Reparatur erneut aushändigen muss, und trägt somit dem gestörten Vertrauensverhältnis zwischen beiden Rechnung. Bei Zerstörung oder Diebstahl ist die Sachlage jedoch anders, zumal hier ein erneutes Anvertrauen der Sache ausscheidet. 99

Gleichwohl anwendbar

Gleichwohl ist von einer Anwendung des § 249 II S. 1 BGB auszugehen: Wenn die Wiederbeschaffung einer vergleichbaren Sache eine Form der Naturalrestitution i.S.d. § 249 I BGB darstellt, muss auch Absatz 2 für die Zerstörung gelten. Denn eine Wiederbeschaffung wird gerade in den Fällen vorgenommen, in denen die Sache zerstört wurde. Es ist aber mittlerweile unstreitig möglich, den für eine Wiederbeschaffung erforderlichen Geldbetrag (sog. Wiederbeschaffungswert) über § 249 II S. 1 BGB verlangen zu können.[156] Dementsprechend muss V sich nicht dem Angebot des E beugen, sondern kann den für die Ersatzbeschaffung erforderlichen Geldbetrag verlangen.

§ 251 I BGB (-)

hemmer-Methode: Beachten Sie aber: Auch § 249 II S. 1 BGB ist eine Form der Naturalrestitution. Auch wenn es hier um die Zahlung einer Geldsumme geht, ist dieser Fall von § 251 BGB strikt abzugrenzen.

III. Ausschluss der Naturalherstellung

In bestimmten Situationen scheidet die Naturalrestitution von vorneherein aus, und zwar aus unterschiedlichen Gründen. Für Sie sind folgende Fälle wichtig:

1. Amtshaftung nach Art. 34 GG i.V.m. § 839 BGB

Amtshaftungsanspruch

Bei der Amtshaftung nach Art. 34 GG i.V.m. § 839 BGB kann *nur Schadensersatz in Geld* gefordert werden. Eine Naturalherstellung nach § 249 I BGB beispielsweise in Gestalt eines Anspruchs auf Aufhebung eines schädigenden Verwaltungsaktes kommt nicht in Betracht.[157] 100

Dies ergibt sich aus der Konstruktion der Amtshaftung als kombinierte Beamtenhaftung/Staatshaftung: Über Art. 34 GG wird die Schadensersatzverpflichtung des Beamten auf den Staat übergeleitet.

Vom Staat kann daher nach Art. 34 GG nur gefordert werden, was auch vom persönlich haftenden Beamten nach § 839 BGB gefordert werden könnte. Der Beamte als Privatmann kann aber keine Amtshandlung erlassen.[158] Die Naturalrestitution ist ihm damit regelmäßig unmöglich i.S.d. § 251 I BGB.

2. Direktanspruch gegen Versicherer, §§ 3, 3a PflVG i.V.m. § 115 I S. 3 VVG

Direktanspruch gegen den Haftpflichtversicherer

Gemäß § 1 PflVG muss sich jeder Kraftfahrzeughalter haftpflichtversichern. Im Schadensfall kann der Geschädigte seinen Ersatzanspruch dann gemäß § 115 I Nr. 1 VVG direkt gegen den Versicherer des Schädigers geltend machen. Nach § 115 I S. 3 VVG haftet der Versicherer aber lediglich auf Geldersatz. 100a

156 Grüneberg (vormals Palandt), § 249, Rn. 15, 22 ff.

157 Grüneberg (vormals Palandt), § 839, Rn. 78.

158 Maurer, Allg. VerwR, § 25, Rn. 44.

3. Schadensersatz aus §§ 280 I, III 283 BGB

Unmöglichkeit schlägt auf § 249 I BGB durch

Bei einem Anspruch aus §§ 280 I, III, 283 BGB lässt sich der Ausschluss damit begründen, dass dieser bereits tatbestandlich voraussetzt, dass die geschuldete Leistung unmöglich ist. Damit scheidet denknotwendigerweise auch eine Naturalrestitution aus. Der Schadensersatz ist nach § 251 I BGB zu berechnen. **100b**

4. Schadensersatz aus §§ 280 I, III, 281 BGB

§ 281 IV BGB

Im Fall der Leistungsstörung der Nichtleistung trotz Fälligkeit wäre zwar eine Leistungserbringung nach Fristablauf grundsätzlich noch möglich; verlangt jedoch der Gläubiger Schadensersatz statt der Leistung, ist die Leistung gem. § 281 IV BGB ausgeschlossen. Insoweit ist § 281 BGB lex specialis zu § 249 BGB. Der Anspruch auf Schadensersatz bestimmt sich dann nach § 251 BGB. **100c**

Insbesondere im Mängelrecht hat sich hier in der Folge eine interessante Folgediskussion ergeben: Der Schaden besteht grundsätzlich entweder in dem Ersatz der Kosten, die der Gläubiger z.B. für die Behebung eines Mangels aufwenden musste (Deckungsgeschäft), oder in der konkreten Werteinbuße, die durch die mangelhafte Leistung verursacht wurde.

Wie aber steht es um die Möglichkeit des Gläubigers, Schadensersatz auch auf Basis fiktiver Mängelbeseitigungskosten verlangen zu können?[159]

Wäre § 249 II S. 1 BGB anwendbar, könnte dies (unter Abzug der Umsatzsteuer) problemlos dogmatisch begründet werden. Wenn § 249 I BGB nicht anwendbar ist, gilt das aber auch für § 249 II BGB.

VII. Senat: keine fiktive Abrechnung von Mängelbeseitigungskosten beim Werkvertrag

Der für das Werkvertragsrecht zuständige VII. Senat des BGH hat in Abkehr von jahrzehntelanger Rechtsprechung die Möglichkeit des Ersatzes fiktiver Mängelbeseitigungskosten abgelehnt.[160]

Arg. u.a.: Besteller durch § 637 III BGB ausreichend geschützt

Der für das Kaufrecht zuständige V. Senat hatte sodann beim VII. Senat angefragt, ob er an seiner Rechtsauffassung festhalte, denn der V. Senat hielt die Argumentation des VII. Senats nicht für stichhaltig. Insbesondere sei jahrzehntelange Rechtsprechung ohne zwingende Gründe nicht einfach „über Bord zu werfen."

Wie zu erwarten war, hielt der VII. Senat an seiner Auffassung fest, begründete diese aber nun mit Besonderheiten des werkvertraglichen Mängelrechts. Insbesondere habe der Besteller ohnehin ein Selbstvornahmerecht und diesbezüglich auch einen Vorschussanspruch gem. § 637 III BGB.[161]

V. Senat: für KV bleibt fiktive Abrechnung möglich

Der V. Senat hat sich daraufhin mit dieser Entscheidung begnügt, bleibt aber dabei, sie nicht auf das kaufrechtliche Mängelrecht zu übertragen.[162]

---

159 Verwechseln Sie diese Frage bitte nicht mit jener, ob Schäden, die z.B. im Rahmen eines Verkehrsunfalls an einem Pkw entstanden sind, fiktiv abgerechnet werden können. Hier ist zwingend eine Trennung der Problemkreise erforderlich, vgl. dazu Rn. 111 sowie OLG Frankfurt, **Life&LAW 04/2020, 219 ff. = juris**byhemmer.

160 **Life&LAW 10/2018, 657 ff. = juris**byhemmer.

161 **Life&LAW 01/2021, 16 ff. = juris**byhemmer.

162 **Life&LAW 06/2021, 371 ff. = juris**byhemmer.

Arg u.a.: anderenfalls faktisch Vorleistungspflicht des Käufers

Insbesondere sei im Kaufrecht kein genereller Vorschussanspruch geregelt, so dass ein Käufer in Vorleistung treten müsste, wenn er nicht eine fiktive Abrechnung von Mängelbeseitigungskosten vornehmen dürfe.

Faktisch besteht daher bezogen auf diese Frage nun eine gespaltene Rechtslage!

C. Geldersatz bei Verletzung einer Person oder Beschädigung einer Sache, § 249 II S. 1 BGB

Ersetzungsbefugnis

§ 249 II S. 1 BGB weicht von dem Grundsatz ab, dass der Schädiger die Herstellung als einen von ihm selbst zu bewirkenden Erfolg schuldet. Die Vorschrift schafft für den Geschädigten die Möglichkeit, wahlweise Geldersatz zu fordern (Wortlaut: „... *kann* der Gläubiger *statt* der Herstellung ..."), sog. Ersetzungsbefugnis. 101

Zweck: kein (erneutes) Anvertrauen an den Schädiger

Das gilt aber *nur* im Fall der *Verletzung einer Person* und im Fall der *Beschädigung bzw. Zerstörung einer Sache*. Der Geschädigte soll dann die erforderliche Heilbehandlung oder die notwendige Reparatur selbst veranlassen dürfen. Das ermöglicht einen Schadensausgleich, *ohne dass das verletzte Rechtsgut dem Schädiger zur Naturalherstellung anvertraut werden muss.*[163]

I. Ersatz nach § 249 II S. 1 BGB bei immateriellen Schäden

Unterschied zu § 251 BGB

§ 249 II S. 1 BGB folgt dem Gedanken der Herstellung in Natur des verletzten Rechts oder Rechtsguts (Wortlaut: „statt der Herstellung"). Mit dem *erforderlichen Geldbetrag* ist es dem Geschädigten möglich, selbst die Herstellung zu veranlassen. 102

hemmer-Methode: Die *Entschädigung in Geld* nach § 251 BGB orientiert sich im Gegensatz dazu am erlittenen Vermögensverlust. Er dient zum Ausgleich einer Vermögenseinbuße.

Geltung des § 253 I BGB

§ 249 II S. 1 BGB ist also ebenso wie § 249 I BGB auf Herstellung gerichtet. § 253 I BGB, der sich nur auf die Fälle der Geldentschädigung nach § 251 BGB bezieht, schließt daher den Anspruch aus § 249 II S. 1 BGB nicht aus.[164] Ein ideelles Interesse kann durch die Herstellung nach § 249 II S. 1 BGB mitbefriedigt werden.[165]

***Bsp.:** Kleingärtner Laube hing sehr an seinem Kaninchen Kleemann, mit dem er mehrere Zuchtpreise gewonnen hatte, obwohl es schon grauhaarig, alt und blind war. Eines Tages bemerkte der 12-jährige Bastian das friedlich mümmelnde Kaninchen im benachbarten Garten des L. Er bewarf es mit einem Stein, wodurch das Kaninchen einen Vorderlaufbruch erlitt. L verlangt Ersatz der Tierarztkosten i.H.v. 190 € von den Eltern des Jungen.* 103

Diese wussten von der Neigung ihres Sohnes zur Tierquälerei, ermahnten ihn deswegen aber niemals, um die kindliche Entwicklung nicht zu stören. Die Eltern weigern sich, die Tierarztkosten zu ersetzen. Sie meinen, bei dem alten, wertlosen Tier wäre allein eine Einschläferung sinnvoll.

(1) Die Eltern haften aus § 832 I BGB. Obwohl Anlass dazu bestand, haben sie ihrem Kind Tierquälereien nicht verboten.

---

163 Grüneberg (vormals Palandt), § 249, Rn. 5.

164 Grüneberg (vormals Palandt), § 253, Rn. 3.

165 Grüneberg (vormals Palandt), § 251, Rn. 6.

§§ 249 II S. 1, 90a S. 3 BGB

(2) Grundsätzlich kann L gemäß den §§ 249 II S. 1, 90a S. 3 BGB von den Eltern Ersatz der Behandlungskosten verlangen.

(a) Wegen der Arztrechnung über 190 € liegt auch problemlos ein materieller Schaden vor, so dass es vorliegend auf § 253 I BGB nicht ankommt.

§ 251 II BGB

(b) Gemäß § 251 II S. 1 BGB kann aber der Ersatzpflichtige den Gläubiger in Geld entschädigen, wenn die Herstellung einen unverhältnismäßigen Aufwand erfordert.

Unverhältnismäßigkeit

Die Unverhältnismäßigkeit ergibt sich aus einem Vergleich zwischen dem Herstellungsaufwand gem. § 249 II S. 1 BGB und dem nach § 251 BGB geschuldeten Ersatz.[166] Rein wirtschaftlich betrachtet wären bei dem wertlosen Kaninchen Behandlungskosten i.H.v. 190 € unangemessen.

Berücksichtigung ideeller Interessen

Bei der Abwägung i.R.d. § 251 II S. 1 BGB ist aber zudem auch ein etwaiges Affektionsinteresse des Geschädigten zu berücksichtigen.[167] Für den Fall der Verletzung von Tieren stellt dies § 251 II S. 2 BGB ausdrücklich klar:

Die Kosten sind nicht bereits dann unverhältnismäßig, wenn sie den Wert des Tieres erheblich übersteigen. Das bedeutet im Umkehrschluss natürlich nicht, dass die Kosten unbegrenzt erstattet werden. Vielmehr bedarf es einer wertenden Betrachtung im Einzelfall, ob die Grenze erreicht ist.[168]

Der Herstellungsaufwand von 190 € erscheint gegenüber dem Liebhaberwert des Kaninchens nicht unangemessen. Damit sind die Voraussetzungen des § 251 II S. 1 BGB nicht erfüllt.

Die Eltern haben dem L also gem. §§ 832 I, 90a S. 3, 249 II S. 1 BGB die Tierarztkosten zu ersetzen. Der Anspruch ist nicht auf eine Entschädigung in Geld gem. § 251 BGB begrenzt.

hemmer-Methode: Sollte die Grenze der Unverhältnismäßigkeit einmal überschritten sein, wäre die grundsätzliche Folge eine Entschädigung in Geld. Diese würde sich am Wert der Sache orientieren. In Ausnahme dazu hat der BGH bzgl. der hier relevanten Verletzung eines Tieres entschieden, dass zumindest der Betrag zu zahlen ist, der gerade noch als verhältnismäßig anzusehen ist.[169] So muss der „Tierliebhaber" nur den Betrag selbst tragen, der oberhalb der Unverhältnismäßigkeitsgrenze liegt.

II. Verwendung und Bemessung des nach § 249 II S. 1 BGB geschuldeten Geldbetrages bei Sachschäden

1. Verwendung

Verwendung des Geldersatzes nicht vorgeschrieben!

Bei *Sachschäden* ist der Geschädigte in der Verwendung des zur Herstellung erforderlichen Geldbetrages frei. Er kann also die Herstellung unterlassen und das Geld für andere Zwecke verwenden.[170] 104

Dies wird von folgender Überlegung getragen: Zur Schadensberechnung wird auf eine Saldierung der gesamten Vermögenslage des Geschädigten abgestellt. Die unterlassene Reparatur bewirkt dann nur eine Vermögensumschichtung.

166 BGHZ 102, 326 = **juris**byhemmer.

167 H.M., Oetker, NJW 1985, 347 m.w.N.; Grüneberg (vormals Palandt), § 251, Rn. 6.

168 BGH, **Life&LAW 02/2016, 87 ff.** = **juris**byhemmer.

169 BGH, a.a.O. = **juris**byhemmer.

170 Ganz h.M. BGHZ 66, 239; 81, 391 BGH, NJW 1979, 712; Grüneberg (vormals Palandt), § 249, Rn. 6; a.A. Köhler, FS Larenz (1983), S. 349.

Das Geldvermögen mehrt sich, das Sachvermögen ist mit der Beschädigung um den gleichen Posten vermindert. Die Vermögensdispositionen des Geschädigten gehen den Schädiger insoweit nichts an (sog. *Dispositionsfreiheit*).

Geldersatz bei unterbliebener Reparatur (+)

Daraus folgt: Selbst wenn der Geschädigte *von vorneherein auf die Instandsetzung verzichtet*, kann er als Schaden die *fiktiven Reparaturkosten* ersetzt verlangen. 105

hemmer-Methode: Diese Dispositionsfreiheit erfährt beim berechtigten Besitzer hinsichtlich des Substanzschadens eine Einschränkung. Ist der Leasingnehmer als berechtigter Besitzer nach dem Leasingvertrag verpflichtet, Substanzschäden zu beheben, kann er gegenüber einem Schädiger nicht fiktiv abrechnen. Das Wahlrecht hinsichtlich der Durchführung der Reparatur liegt hier nicht beim Leasingnehmer.[171] Leider hat der BGH die Entscheidung davon abhängig gemacht, ob der LN gegenüber LG zur Instandsetzung verpflichtet ist. Ob in anderen Fällen die Möglichkeit zur fiktiven Abrechnung besteht, ist offengeblieben.

Geldersatz auch bei Selbstherstellung (fiktive Kosten)

Auch wenn der Geschädigte die Sache *selbst repariert*, erhält er gleichwohl Geldersatz in Höhe der fiktiven Werkstattkosten.[172] Das folgt ebenfalls aus der Dispositionsfreiheit des Geschädigten: Er ist in der Verwendung des nach § 249 II S. 1 BGB geschuldeten Geldbetrages frei. Der Schädiger soll keinen Vorteil daraus ziehen, dass der Geschädigte die Sache mit geringerem Aufwand als den erforderlichen Kosten selbst repariert.

BGH: auch dann, wenn Reparatur hinter SV-Gutachten zurückbleibt

Gleiches gilt, wenn der Geschädigte die Reparatur selbst durchführt, diese aber nicht den Anforderungen des Sachverständigengutachtens entspricht, sondern das Fahrzeug lediglich in einen funktionstüchtigen Zustand versetzt.[173]

Kritik

Nach anderer Ansicht führt der Ersatz *fiktiver* Herstellungskosten aber gerade bei der Selbstreparatur zu einer Bereicherung des Geschädigten auf Kosten des Schädigers. Denn die *tatsächlichen* Herstellungskosten wären in diesem Fall nur mit dem Wert der erbrachten Arbeitsleistung (zu ermitteln anhand der Lohnkosten des jeweiligen Reparaturgewerbes) und den Materialkosten in Rechnung zu setzen. Trotzdem vollen Ersatz zu gewähren, widerspreche dem schadensrechtlichen Prinzip des Ausgleichsgedankens: Nur die erlittenen Einbußen sollen beseitigt werden.

Deshalb verneinen einige eine Dispositionsfreiheit des Geschädigten:[174] § 249 II S. 1 BGB gewähre nur einen zweckgebundenen Vorschuss, über dessen Verwendung später abzurechnen sei.

Nach Ansicht des BGH (a.a.O.) soll hingegen ein Ersatz bis zur Höhe des Wiederbeschaffungswertes möglich sein.[175] Dabei ist der Restwert nicht abzuziehen. Denn wenn der Geschädigte den Wagen selbst repariert, bleibt der Restwert eine fiktive Größe, die sich in der Schadensbilanz nicht niederschlagen darf, da sie eben nicht anfällt, wenn repariert wird. Einzige Voraussetzung ist, dass der Geschädigte den Wagen – ggf. unrepariert – mindestens 6 Monate weiterbenutzt.[176]

171 BGH, **Life&LAW 06/2019, 372 ff.** = **juris**byhemmer.

172 BGH, NJW 1985, 1222 = **juris**byhemmer; Grüneberg (vormals Palandt), § 249, Rn. 14; a.A. Köhler, FS Larenz (1983), S. 352.

173 BGH, NJW 2003, 2085 = **juris**byhemmer.

174 Honsell/Harrer, JuS 1985, 161; Köhler, FS Larenz (1983), S. 349.

175 Der BGH berechnet die Beträge anhand der Bruttoreparaturkosten, **Life&LAW 06/2009, 370 ff.**

176 BGH, NJW 2006, 2179 = **juris**byhemmer.

2. Bemessung

Höhe des erforderlichen Geldbetrags

Der *erforderliche Geldbetrag* bemisst sich allgemein nach den Aufwendungen, die ein verständiger, wirtschaftlich denkender Mensch in der Lage des Geschädigten für zweckmäßig und notwendig halten durfte.[177] 106

Achtung: Umsatzsteuer nur bei Anfall, § 249 II S. 2 BGB

Für die Umsatzsteuer ist gem. § 249 II S. 2 BGB Ersatz jedoch nur zu gewähren, wenn und soweit sie tatsächlich anfällt. Darunter versteht die h.M. einen umsatzsteuerpflichtigen Vorgang i.S.d. § 1 I UStG.[178]

I.R.d. fiktiven Reparaturkostenabrechnung muss die Umsatzsteuer also herausgerechnet werden. Das ist darin begründet, dass in diesem Fall eine Umsatzsteuer gar nicht abgeführt wird. Es würde andernfalls also ein Vermögensvorteil beim Geschädigten eintreten, der ihm nicht zusteht.

Rechnet also der Geschädigte auf Reparaturkostenbasis ab und repariert den Wagen selbst, aber nur notdürftig, kann er den über die tatsächlichen Kosten hinausgehenden Betrag aus dem Gutachten nur abzüglich der Umsatzsteuer verlangen („soweit" i.S.d. § 249 II S. 2 BGB).[179]

Stehen dem Geschädigten mehrere gleichwertige, jedoch unterschiedlich teure Reparaturmöglichkeiten zur Verfügung, so richtet sich der zu ersetzende Betrag nach der preisgünstigeren Herstellungsweise. Nur diese Kosten bekommt der Geschädigte ersetzt, auch wenn er tatsächlich die teurere Reparatur gewählt hat. Dies ist Ausfluss des Rechtsgedankens des § 254 II S. 1 BGB.[180]

Keine Pflicht zur Selbstherstellung

Dies bedeutet aber nicht, dass der Geschädigte verpflichtet wäre, die Reparatur selbst durchzuführen, um Kosten zu sparen. Selbst wenn er dazu in der Lage ist, kann ihm das nicht abverlangt werden.

III. Verwendung und Bemessung des nach § 249 II S. 1 BGB geschuldeten Geldbetrages bei Personenschäden

Für den Ersatz von Körperschäden gilt grds. das Gleiche wie beim Ersatz für Sachbeschädigungen. Allerdings ist für den Fall sog. fiktiver Wiederherstellungskosten eine entscheidende Besonderheit zu beachten. 107

> **Bsp.:**[181] *Vom seit langem schadhaften Dach eines Mietshauses des S löste sich bei starkem Wind ein lockerer Dachziegel und zerschellte an der Dachrinne. Die herabfallenden Splitter verletzten die Passantin G an der Wange. Die tiefe Schnittverletzung hinterließ eine unschöne Narbe im Gesicht. Durch eine ca. 9.000 € teure Spezialbehandlung ließe sich die Narbe mit einer Wahrscheinlichkeit von 85 % beseitigen. Zunächst wollte die G sich dieser Behandlung auch unterziehen. Zwischenzeitlich hat sie aber aufgrund veränderter persönlicher Umstände davon Abstand genommen. Sie verlangt von S gleichwohl die Behandlungskosten.*

177 BGHZ 61, 349 = **juris**byhemmer.

178 Grüneberg (vormals Palandt), § 249, Rn. 26 ff.

179 Es ist also auch nicht möglich, teils inklusive Umsatzsteuer, teils exklusive Umsatzsteuer zu berechnen, BGH, **Life&LAW 04/2019, 246 f.** = **juris**byhemmer.

180 BGH, NJW 1985, 794 = **juris**byhemmer.

181 Vgl. BGH, NJW 1986, 1538 = **juris**byhemmer.

Haftung des Grundstücksbesitzers

(1) S ist gemäß § 836 I S. 1 BGB verantwortlich. Da das Dach schon lange schadhaft war, er demnach regelmäßige Kontrollen versäumt hat, vermag er den Entlastungsbeweis nach § 836 I S. 2 BGB nicht zu führen. 108

Daneben haftet er bei Verletzung einer Verkehrssicherungspflicht aus § 823 I BGB und aus § 823 II BGB i.V.m. § 229 StGB.

§ 249 II S. 1 BGB

(2) Fraglich ist, ob der G ein Anspruch auf Ersatz der Kosten zur Narbenbeseitigung zusteht. Nach § 249 II S. 1 BGB kann der Geschädigte bei Verletzung des Körpers den zur Herstellung erforderlichen Geldbetrag verlangen.

„Erforderlich"

(a) Der Behandlungserfolg ist aber nicht ganz sicher. Es könnte deshalb daran zu zweifeln sein, ob der verlangte Geldbetrag wirklich i.S.d. § 249 II S. 1 BGB erforderlich ist.

Gesundheit als hochrangiges Rechtsgut

Der hohe Wert der Gesundheit rechtfertigt es, auch solche Kosten für erforderlich zu halten, die zwar keinen Erfolg garantieren, bei denen aber zumindest eine Erfolgsaussicht besteht.[182]

Arg. e. § 254 BGB

Darüber hinaus ist zu berücksichtigen, dass die Nichtvornahme eines erfolgversprechenden Heilungsversuchs i.R.d. § 254 BGB gegen den Geschädigten angeführt werden kann. Er muss sich eine solche Unterlassung u.U. als Mitverschulden anrechnen lassen. Dann kann man aber auf der anderen Seite die Unsicherheit eines solchen Versuchs nicht gegen dessen Vornahme anführen.[183]

Konsequenterweise hat der Schädiger deshalb auch bei Fehlschlagen der Operation zu zahlen; er trägt also das sog. Prognoserisiko.[184]

Die Kosten der Narbenbehandlung sind daher als erforderlich i.S.d. § 249 II S. 1 BGB anzusehen.

§ 251 II S. 1 BGB

(b) Der Geltendmachung der Herstellungskosten gemäß § 249 II S. 1 BGB (Integritätsinteresse) könnte allerdings § 251 II S. 1 BGB entgegenstehen, wenn die Beseitigung der Narbe nur mit *unverhältnismäßigem Aufwand* möglich wäre. § 251 II S. 1 BGB bezieht sich sowohl auf den Herstellungsanspruch aus § 249 I BGB als auch auf den Geldersatzanspruch aus § 249 II S. 1 BGB.[185]

Ideelles Interesse

Bei der Abwägung i.R.d. § 251 II S. 1 BGB ist neben dem Vergleich von Herstellungsaufwand und nach § 251 BGB zu zahlender Geldentschädigung auch das ideelle Interesse des Geschädigten in die Waagschale zu werfen.[186] Das gilt besonders für Gesundheitsschäden. Bei einer nicht schmerzenden, geringfügigen Narbe an versteckter Stelle mag das ideelle Interesse des Geschädigten eine teure Herstellung nicht rechtfertigen.[187] Die Narbe an der Wange der G tritt aber offen im Gesicht zutage.

Besondere Bedeutung der Gesundheit

Außerdem kann bei Gesundheitsverletzungen wegen der besonderen Bedeutung des Rechtsguts für den Geschädigten die Wiederherstellung nur in Ausnahmefällen als unverhältnismäßig angesehen werden.[188] Hohe Kosten genügen dafür i.d.R. nicht.

Ein Extremfall, der die Herstellung als unverhältnismäßig erscheinen lässt, liegt nach alledem nicht vor.

---

182 Grüneberg (vormals Palandt), § 249, Rn. 8.

183 Grunsky, JuS 1987, 441 f.

184 Grüneberg (vormals Palandt), § 249, Rn. 8.

185 Grüneberg (vormals Palandt), § 251, Rn. 5.

186 Siehe oben Fn. 103.

187 Vgl. BGHZ 63, 295 = **juris**byhemmer.

188 Grunsky, JuS 1987, 441 f.

Behandlungskosten ohne Behandlung?

(c) Allerdings könnte die Tatsache, dass die G eine Behandlung nicht durchgeführt hat, der Ersatzfähigkeit der Kosten entgegenstehen. Entscheidend ist, ob die Geschädigte in der Verwendung des geschuldeten Geldbetrages völlig frei ist oder ob sie ihn tatsächlich zur Wiederherstellung einsetzen muss. Im einen Fall muss sie das Geld auch ohne Behandlung erhalten, im anderen nur, wenn die Behandlung abgeschlossen oder unmittelbar beabsichtigt ist.

Verwendungsfreiheit bei Sachschäden

Bei Sachschäden ist der Geschädigte in der Verwendung des Ersatzbetrages frei. Dort liegt in der Verwendung des Geldersatzes eine reine Umschichtung des Vermögens, die den Schädiger nichts angeht (sog. Dispositionsfreiheit).[189]

Unterschied zwischen Sach-/Personenschaden

Die Argumentation der bloßen Vermögensumschichtung lässt sich aber auf den Personenschaden nicht übertragen:

Personenschäden sind (solange keine Behandlungskosten angefallen sind) Nichtvermögensschäden. Würde der Geschädigte den Geldbetrag für andere Zwecke als zur Genesung verwenden, würde keine Umschichtung innerhalb des Vermögens vorgenommen, sondern das Vermögen um einen zusätzlichen Posten aufgestockt, um den ein anderes - immaterielles - Rechtsgut, nämlich die Gesundheit, vermindert ist.

Statt der bloßen Transponierung eines Vermögenspostens in eine andere Form wäre damit eine Möglichkeit für den Geschädigten geschaffen, für den ideellen Wert Gesundheit Bargeld zu kassieren.

§ 253 I BGB

Gerade das will aber § 253 I BGB ausdrücklich verhindern.

Bei Personenschäden Zweckbindung

Personenschäden als Nichtvermögensschäden sind danach wegen der Wertung des § 253 I BGB nicht ersatzfähig, solange nicht tatsächlich eine Überleitung in einen konkreten Vermögensschaden, nämlich in Form der Vornahme einer Operation, stattgefunden hat.[190]

Die G kann also nicht Ersatz der „fiktiven" Behandlungskosten verlangen.

hemmer-Methode: Ebenso entschied das OLG Hamm[191] in einem Fall, in dem der Geschädigte auf den nach dem Unfall erforderlich gewordenen behindertengerechten Umbau seiner Wohnung verzichtete.

IV. Umfang und Grenzen des Anspruchs aus § 249 II S. 1 BGB bei Sachschäden

Der Geschädigte kann nicht stets nach § 249 II S. 1 BGB vorgehen und den zur Herstellung erforderlichen Geldbetrag verlangen. Bei Unmöglichkeit oder Unverhältnismäßigkeit der Herstellung ist er damit ausgeschlossen. 109

1. Unmöglichkeit der Herstellung, § 251 I BGB

Herstellung muss möglich sein

Der Anspruch aus § 249 II S. 1 BGB setzt voraus, dass die Herstellung objektiv möglich ist (arg. e. § 251 I BGB). Die Herstellungskosten können also nicht verlangt werden, wenn die beschädigte Sache inzwischen untergegangen oder eine Reparatur überhaupt nicht durchführbar ist.[192] 110

189 Siehe oben Rn. 104.

190 BGHZ 97, 15 = jurisbyhemmer; Grunsky, JuS 1987, 441 f.; Medicus, BR, Rn. 821.

191 OLG Hamm, VersR 2003, 780 = jurisbyhemmer.

192 Grüneberg (vormals Palandt), § 249, Rn. 7 m.w.N.

Dabei entspricht der *Unmöglichkeits*begriff des § 251 I BGB dem des § 275 BGB.[193] Da jedoch auch die Beschaffung einer vergleichbaren Ersatzsache eine Form der Naturalrestitution ist,[194] ist der Anwendungsbereich des § 251 I BGB relativ gering.

Unvermögen zur Herstellung

Allerdings ist zweifelhaft, ob der Anspruch aus § 249 II S. 1 BGB im Fall zwischenzeitlicher *subjektiver* Unmöglichkeit ausgeschlossen ist.

Diese Frage stellt sich, wenn z.B. *die beschädigte Sache unrepariert veräußert* worden ist und eine Ersatzbeschaffung nicht möglich ist: Soll dann der Geschädigte gleichwohl nach § 249 II S. 1 BGB die „fiktiven" Reparaturkosten verlangen können, oder ist nach § 251 I BGB Geldersatz in Form einer Ausgleichszahlung zu leisten, weil der Geschädigte wegen der Veräußerung zur Herstellung der Sache unvermögend ist?

Bsp.:[195] *G gehörte ein mit einem Einfamilienhaus bebautes Grundstück, das unmittelbar an der Landstraße lag. G hatte das Grundstück mit notariellem Vertrag vom 21.04. an den V verkauft und aufgelassen. Kurz danach kam der betrunkene S nachts mit seinem Wagen von der Fahrbahn ab und prallte gegen die südliche Hauswand. Die Wand erlitt dabei tiefe Risse, die aus statischen Gründen alsbald zu beheben waren. Am 02.05. einigten sich G und V beim Notar wegen der Rissschäden auf einen Preisnachlass um 35.000 €. V wurde am 01.07. als neuer Eigentümer eingetragen. Erst jetzt stellte sich heraus, dass die Instandsetzung der Wand Baukosten i.H.v. 48.000 € verursachen würde. Als S wieder das Krankenhaus verlassen hat, findet er zu Hause ein Schreiben des G vom 29.7. vor, in welchem er von S diese 48.000 € als Schadensersatz verlangt.* 111

Haftungsnormen

(1) S haftet dem G gem. § 823 I BGB, § 823 II BGB i.V.m. § 315c StGB und §§ 7 u. 18 StVG.

„Fiktive" Reparaturkosten

(2) Die Reparaturkosten belaufen sich auf 48.000 €. Da es sich hier um die Beschädigung einer Sache handelt, kann G diesen Betrag nach § 249 II S. 1 BGB ersetzt verlangen, auch wenn er die Reparatur nicht durchführen lässt; bei Sachschäden ist der Ersatzberechtigte in der Verwendung des geschuldeten Geldbetrages frei.[196] Daher besteht keine Verpflichtung des G, die Reparatur tatsächlich durchführen zu lassen. G könnte das Geld auch für völlig andere Zwecke verwenden.

Möglichkeit der Herstellung

(a) Voraussetzung für den Anspruch aus § 249 II S. 1 BGB ist jedoch, dass die Herstellung noch möglich ist. Dies ergibt sich aus § 251 I BGB. Wenn die beschädigte Sache also zwischenzeitlich untergegangen oder eine Reparatur nicht durchführbar ist, können die Herstellungskosten nicht eingefordert werden.

Unvermögen

Allerdings ist die Reparatur der Wand nicht objektiv unmöglich. Lediglich G ist zur Vornahme der Reparatur unvermögend, da er nach der Veräußerung die Herstellung nicht mehr ohne Mithilfe des V vornehmen kann. Es liegt somit allenfalls subjektive Unmöglichkeit vor (vgl. § 275 I BGB).

hemmer-Methode: Interessant (und überzeugend) ist in diesem Zusammenhang die Rechtsprechung des BGH in den „Dieselskandalfällen". Hier hat der BGH VW grundsätzlich als ersatzpflichtig gem. §§ 826, 249 I BGB angesehen, mit der Folge, dass der Geschädigte von VW die Rückabwicklung des Vertrages verlangen kann, und zwar dergestalt, dass der Kaufpreis abzüglich Nutzungsersatz[197] zurückzuzahlen ist, wobei im Wege der Vorteilsanrechnung der PKW herauszugeben ist.[198]

---

193 Grüneberg (vormals Palandt), § 251, Rn. 3., wobei § 251 II BGB dem § 275 II BGB vorgeht.

194 BGH, NJW 2004, 1943 = **juris**byhemmer.

195 Vgl. BGHZ 81, 392 = **juris**byhemmer.

196 Grüneberg (vormals Palandt), § 249, Rn. 6; s.o., Rn. 104.

197 Dazu BGH, **Life&LAW 07/2021, 439 ff.** = **juris**byhemmer.

198 BGH, **Life&LAW 07/2020, 445 ff.** = **juris**byhemmer.

Veräußert nun der Käufer den PKW, bleibt ja die Naturalrestitution (= Rückzahlung des Kaufpreises abzüglich Nutzungsersatz) möglich, es wird vielmehr die „Vorteilsanrechnung in Natur" unmöglich. Das aber wirkt sich auf den Anspruch an sich nicht aus, führt vielmehr nur dazu, dass der Weiterveräußerungserlös anstelle des PKW selbst als Vorteil auszugleichen ist.[199]

Ob der Herstellungsanspruch aus § 249 II S. 1 BGB gem. § 251 I BGB auch im Fall bloßen Unvermögens entfällt, ist zweifelhaft.

Trotz Veräußerung Abrechnung nach § 249 II S. 1 BGB

(aa) Einerseits kann man sich auf den Standpunkt stellen, dass es keinen Unterschied macht, ob der Geschädigte selbst oder sein Rechtsnachfolger die Reparatur vornehmen lässt. Auch wenn der Ersatzberechtigte die Sache weiterveräußert, bleibt die Reparatur objektiv möglich.[200] Zwar steht das Unvermögen grds. der Unmöglichkeit gleich, doch schließt dieses nur den Herstellungsanspruch nach § 249 I BGB, nicht den Geldersatzanspruch nach § 249 II S. 1 BGB aus.[201] Deshalb soll der Geschädigte auf Basis der fiktiven Reparaturkosten auch dann abrechnen dürfen (§ 249 II S. 1 BGB), wenn er die Sache unrepariert weiterveräußert.[202]

Bei Veräußerung Abrechnung nach § 251 I BGB

(bb) Dagegen ist einzuwenden, dass § 249 II S. 1 BGB seinem Zweck nach ermöglichen soll, dass der Geschädigte die Herstellung selbst in die Hand nimmt.[203] Der Herstellungsanspruch aus § 249 II S. 1 BGB muss deshalb enden, wenn die Herstellung in eigener Regie nicht mehr durchführbar ist. Dabei ist es gleichgültig, ob dies auf objektiver oder subjektiver Unmöglichkeit beruht.

Der Fall der Veräußerung der beschädigten Sache (Unvermögen) muss daher dem Fall des zwischenzeitlichen Untergangs (objektive Unmöglichkeit) gleichstehen.[204] Nach der Veräußerung können dem G keine Herstellungskosten mehr entstehen.

Dem Geschädigten bleibt dann nur der Anspruch auf Geldentschädigung für die etwaige Vermögenseinbuße nach § 251 BGB.[205]

hemmer-Methode: Wird hingegen gleichzeitig mit der Veräußerung der Schadensersatzanspruch an den Käufer abgetreten, so soll die Geltendmachung der Naturalrestitution nach § 249 II S. 1 BGB *durch den Käufer* nach neuer Rechtsprechung des BGH möglich bleiben.[206] **Früher setzte der Geldersatz nach § 249 II S. 1 BGB voraus, dass die Wiederherstellung des beschädigten Rechtsguts *gerade durch den Geschädigten* möglich war.**
Nach neuer Rechtsprechung kommt es also darauf an, dass dem *Inhaber des Anspruchs* die Wiederherstellung möglich ist.[207]
Ganz anders wiederum beurteilt der BGH die Rechtslage, wenn die Anspruchsgrundlage keine deliktische, sondern eine vertragliche ist, die auf Schadensersatz statt der Leistung gem. § 281 I BGB gerichtet ist. Hier sei gem. § 281 IV BGB nach Schadensersatzbegehren die Leistung und damit § 249 BGB von vorneherein ausgeschlossen. Der Anspruch richte sich bereits ursprünglich nach § 251 I BGB. Daher habe die Veräußerung auf diesen Anspruch auch keinen Einfluss.[208] **Die Reparaturkosten könnten daher nach wie vor gem. § 251 I BGB ersetzt verlangt werden.**

199 BGH, Urteile vom 20.07.2021, AZ VI ZR 533 sowie 575/20. Zahlt der Käufer des „Schummeldiesels" noch eine Wechselprämie, wird dieser Vorteil jedoch nicht angerechnet, da es insoweit zu einer unbilligen, weil unverdienten Entlastung des Schädigers käme! Hat der Geschädigte den Pkw indes im Lotto gewonnen, hat er überhaupt keinen Schaden erlitten, dann spielt die Weiterveräußerung erst recht keine Rolle mehr, OLG Düsseldorf, **Life&LAW 07/2021, 439 ff.**

200 Grüneberg (vormals Palandt), § 249, Rn. 5.

201 Grüneberg (vormals Palandt), § 251, Rn. 3.

202 BGH, NJW 1987, 645 = **juris**byhemmer.

203 BGHZ 63, 184 = **juris**byhemmer.

204 Grüneberg (vormals Palandt), § 251, Rn. 3.

205 BGHZ 81, 392; NJW 1993, 1793 = **juris**byhemmer.

206 Vgl. BGH, NJW 2001, 2250 = **juris**byhemmer = **Life&LAW 10/2001, 675 ff.**; das gilt nach einer neuen Entscheidung des BGH auch dann, wenn die beschädigte Sache zu einem über dem Verkehrswert in unbeschädigtem Zustand liegenden Preis veräußert wurde, **Life&LAW 07/2002, 448 ff.**

207 Lesen Sie zu diesem Problem unbedingt die kommentierte Entscheidung in der **Life&LAW** a.a.O.!

208 BGH, **Life&LAW 07/2016, 443 ff.** = **juris**byhemmer. Das muss wiederum alles im Zusammenhang mit der unter Rn. 100c dargestellten Problematik gesehen werden, ob (unabhängig von einer Veräußerung der Sache) eine fiktive Abrechnung überhaupt möglich sein soll. Hier gilt nun eine "gespaltene" Rechtslage, weil die zuständigen Senate die Frage für Kauf- und Werkvertrag unterschiedlich beantworten, vgl. Rn. 100c.

Betragsmäßiger Unterschied

(cc) Folgt man der ersten Ansicht, kann G nach § 249 II S. 1 BGB 48.000 € beanspruchen, folgt man der Gegenansicht, stehen ihm nach § 251 I BGB nur 35.000 € zu.

Uneinheitliche Rspr.

Die Rspr. zu dieser Frage ist uneinheitlich. Nach *Weiterveräußerung eines beschädigten Kfz* soll der Ersatzberechtigte gleichwohl nach § 249 II S. 1 BGB Ersatz der fiktiven Reparaturkosten verlangen können.[209] 112

Wie im obigen Beispielsfall gesehen, entfällt dagegen mit der Übertragung des deliktisch geschädigten Hausgrundstücks der Anspruch des Voreigentümers aus § 249 II S. 1 BGB zugunsten der Geldentschädigung nach § 251 I BGB.

hemmer-Methode: Die Frage, ob § 251 I BGB auch auf Fälle subjektiver Unmöglichkeit anwendbar ist, wird sich Ihnen regelmäßig erst am Ende Ihrer Klausurlösung stellen. Daher sind Sie in Ihrer Entscheidung völlig frei, zumal es diesbezüglich auch keine zwingend „richtige" Lösung gibt. Wichtig ist nur, dass Sie dem Korrektor Problemverständnis und Argumentationsfähigkeit signalisieren. Das Ergebnis, zu dem Sie dann kommen, ist dann - wie so oft - nur noch „Beiwerk" Ihrer juristischen Argumentation. Leider sind die Entscheidungen des BGH zu dieser Frage nicht stimmig. Das Ergebnis dürfte daher auch in der Klausur kaum maßgeblich sein.

2. Ersatz weiterer Schäden nach § 249 II S. 1 BGB

Nicht nur die Reparaturkosten

Neben den Reparaturkosten können auch andere Aufwendungen zum ersatzfähigen Schaden zählen. 113

a) Kosten für die Miete einer Ersatzsache

Miete einer Ersatzsache

Der Ersatzberechtigte kann die beschädigte Sache während der Dauer der Reparaturzeit nicht nutzen. Mietet er deshalb als Ersatz eine gleichwertige Sache an, sind die Kosten dafür nach § 249 II S. 1 BGB zu erstatten.[210] 114

Miete eines Ersatzwagens

Praktisch am bedeutsamsten ist dies bei Schäden an Kfz. Der geschädigte Kfz-Halter darf sich grds. einen Wagen gleichen Typs mieten und erhält dafür die Kosten ersetzt.[211] Nur muss er sich dann im Wege der Vorteilsausgleichung ersparte Eigenaufwendungen (keine Abnutzung des eigenen Fahrzeugs, verringerte Unterhaltskosten) anspruchsmindernd anrechnen lassen.[212] Dabei ist etwa von 10 % der Mietkosten auszugehen.[213]

hemmer-Methode: Die Praxis behilft sich in diesen Fällen, indem ein Pkw aus einer niedrigeren Klasse gemietet wird. Unter diesen Voraussetzungen verzichten die Versicherer auf den Abzug für ersparte Eigenaufwendungen. Im Rahmen seiner Schadensminderungsobliegenheit muss der Geschädigte insbesondere bei länger dauernder Anmietung dennoch einen Preisvergleich anstellen, ob nicht die zeitweise Anschaffung eines (gebrauchten) Ersatzwagens preisgünstiger ist. 115

Problem: Unfallersatztarif

Problematisch ist der Ersatz der Mietwagenkosten dann, wenn der Vermieter einen sog. Unfallersatztarif ansetzt, d.h. von den gewöhnlichen Mietpreisen aufgrund der Unfallsituation nach oben abweicht. 115a

209 BGHZ 66, 244 = **juris**byhemmer.

210 BGH, GrZS 98, 220 = **juris**byhemmer.

211 BGH, NJW 1982, 1519 = **juris**byhemmer.

212 BGH, NJW 1967, 552 = **juris**byhemmer.

213 Grüneberg (vormals Palandt), § 249, Rn. 36.

Muss durch Besonderheiten gerechtfertigt sein

Nach der Rechtsprechung des BGH sind die Kosten eines Unfallersatztarifs nur dann „erforderlicher Aufwand" i.S.d. § 249 II S. 1 BGB, wenn die Besonderheiten dieses Tarifs einen gegenüber dem Normaltarif höheren Preis rechtfertigen, weil sie auf Leistungen des Vermieters beruhen, die durch die besondere Unfallsituation veranlasst und daher erforderlich sind.[214]

Das kann etwa dann der Fall sein, wenn der Vermieter Autos nur für Unfallsituationen vorhält, also gar nicht an „normale" Mieter vergibt, oder besondere Serviceleistungen, etwa die Anlieferung des Wagens an die Unfallstelle, in dem Tarif enthalten sind.

Einen *ungerechtfertigt* erhöhten Unfallersatztarif kann der Geschädigte nur dann ersetzt verlangen, wenn er beweisen kann, dass ihm unter zumutbaren Anstrengungen in der konkreten Unfallsituation auf dem relevanten Markt kein wesentlich günstigerer Tarif zugänglich war.

hemmer-Methode: Mit anderen Worten: Wenn alle örtlich und zeitlich nah erreichbaren Händler mit überhöhten Tarifen arbeiten, bleibt dem Geschädigten letztlich nichts anderes übrig, als den Tarif zu akzeptieren. Dieses Risiko soll also nach BGH nicht dem Geschädigten zufallen. Er darf aber dann auch nicht gleich den erstbesten Tarif akzeptieren, sondern muss in zumutbarem Rahmen nach günstigeren Tarifen Ausschau halten. Macht er dies nicht, muss er sich unter dem Blickwinkel der Schadensminderungspflicht eine Kürzung entgegenhalten lassen.[215]
Es stellt sich sodann die Frage für den Geschädigten, ob er hinsichtlich der Kürzung wiederum Regress beim Vermieter nehmen kann. Daran wäre unter dem Aspekt der Aufklärungspflichtverletzung zu denken. Der Vermieter muss den Mieter darauf hinweisen, dass ggf. ein voller Ersatz durch die gegnerische Versicherung nicht stattfindet![216]

Keine „fiktiven Mietkosten" nach § 249 BGB

Der Anspruch aus § 249 II S. 1 BGB besteht aber nur, wenn der Geschädigte durch Anmietung tatsächlich für Ersatz sorgt.[217]

Allerdings kann dem Geschädigten nach § 251 I BGB ein *Anspruch wegen entgangener Gebrauchsvorteile* zustehen, wenn er auf die Anmietung verzichtet: 116

Mietet der Geschädigte keine Ersatzsache an, ist nach Beendigung der Reparatur Naturalherstellung (nach § 249 I oder II S. 1 BGB) in Form der Stellung einer Ersatzsache nicht mehr möglich.

Dann kann der Ersatzberechtigte nach § 251 I BGB den Wert der entgangenen Gebrauchsvorteile der beschädigten Sache für die Dauer des Entzugs als Schadensersatz verlangen, wegen § 253 I BGB aber nur, wenn es sich beim Verlust der Gebrauchsvorteile um einen Vermögensschaden handelt.

Inwieweit solchen Gebrauchsvorteilen ein in Geld messbarer Vermögenswert zukommt oder nicht, ist ein zentrales Problem des Schadensrechts, auf das an späterer Stelle noch genauer eingegangen wird.[218]

hemmer-Methode: In der Falllösung müssen Sie genau zwischen der tatsächlichen Anmietung einer Ersatzsache und der Geltendmachung von Nutzungsausfall unterscheiden. Nur in letzterem Fall greift § 253 I BGB. Das Folgeproblem der Ersatzfähigkeit entgangener Gebrauchsvorteile macht den Verzicht auf die Anmietung einer Ersatzsache zu einem beliebten Problem in Übungs- und Examensarbeiten.

214 BGH, **Life&LAW 09/2005, 588 ff.**

215 BGH, NJW 2006, 1508 = **juris**byhemmer.

216 BGH, **Life&LAW 11/2006, 734 ff.**

217 Vgl. Grüneberg (vormals Palandt), § 249, Rn. 40.

218 Siehe unten, Rn. 134.

b) Kosten der Rechtsverfolgung

Oft bedarf der Geschädigte zur Geltendmachung und Durchsetzung seines Anspruchs gegen den Schädiger der Hilfe verständiger Dritter. Da auch diese Kosten zu den Herstellungsaufwendungen gehören, sind sie ebenfalls nach § 249 II S. 1 BGB ersatzpflichtig.[219] 117

Bspe.:

Sachverständigengutachten

- *Kosten für ein Sachverständigengutachten gehören zum Schaden, soweit es zur Schadensermittlung und zur zweckentsprechenden Rechtsverfolgung notwendig ist.*[220]

Rechtsanwaltsgebühren

- *Die Gebühren für einen Rechtsanwalt sind zu ersetzen, sofern seine Inanspruchnahme erforderlich war.*[221]

- *Kosten eines Beweissicherungsverfahrens*[222]*, Detektivkosten*[223] *und Belohnungen für die Wiederbeschaffung gestohlener Sachen*[224] *sind ebenfalls ersatzfähig.*

Verhältnis zu den §§ 91 ff. ZPO

Dabei tritt dieser unselbständige *materiell-rechtliche* Kostenerstattungsanspruch neben den *prozessualen* Erstattungsanspruch nach den §§ 91 ff. ZPO. Sofern es nur um die Erstattung der Prozesskosten geht, würde es bei einer klageweisen Geltendmachung des materiell-rechtlichen Kostenerstattungsanspruchs jedoch an dem erforderlichen Rechtsschutzbedürfnis fehlen, da diese Kosten bereits im Kostenfestsetzungsverfahren gem. §§ 106 ff. ZPO tituliert werden. Nicht ausgeschlossen ist dagegen die Geltendmachung von Rechtsverfolgungskosten *vor* Klageerhebung, soweit diese nicht von den §§ 91 ff. ZPO erfasst sind (Geschäftsgebühr des Rechtsanwalts).[225]

c) Schadensberechnung auf Neuwagenbasis

Erhebliche Beschädigung eines neuen Pkw

Die Rspr. geht bei *erheblicher Beschädigung eines fabrikneuen Pkw* in der Schadensbemessung einen besonderen Weg: 118

Der geschädigte Eigentümer kann in diesem Fall nach § 249 II S. 1 BGB den Neupreis für einen entsprechenden Wagen verlangen.[226] Er braucht sich nicht auf die Reparaturkosten verweisen zu lassen.

Die Schadensberechnung auf Neuwagenbasis ist allerdings nur bis zu einer Fahrleistung von 1.000 km anzusetzen;[227] sofern das Kfz eine Gebrauchsdauer von nicht mehr als einem Monat aufweist und im Einzelfall besondere Umstände vorliegen (z.B. Risiko verbleibender Mängel trotz Reparatur), kommt Ersatz auf Neuwagenbasis auch bis zu einer Fahrleistung von 3.000 km in Betracht, wobei dann aber i.d.R. ein gewisser Abschlag vom Neupreis gemacht wird.[228]

---

219 Grüneberg (vormals Palandt), § 249, Rn. 56.
220 BGH, NJW 1974, 35 = **juris**byhemmer.
221 BGHZ 30, 154 = **juris**byhemmer.
222 LG Köln, VersR 1973, 91.
223 BGH, NJW 1990, 2061 = **juris**byhemmer.
224 BGH, VersR 1967, 1169 = **juris**byhemmer; BAG, DB 1970, 500 = **juris**byhemmer.
225 Vgl. dazu BGH, NJW 1990, 2060 (2062) = **juris**byhemmer.
226 Vgl. Grüneberg (vormals Palandt), § 249, Rn. 17.
227 BGH, NJW 1982, 433 = **juris**byhemmer; Grüneberg (vormals Palandt), § 249, Rn. 17.
228 BGH, NJW 1983, 2694 = **juris**byhemmer.

Im Unterschied dazu wird beim Schadensersatz für die Beschädigung von Motorrädern und Wohnwagen nicht auf die Fahrleistung, sondern vielmehr auf die Gebrauchsdauer von unter einem Monat und die Art der Beschädigung abgestellt.[229]

Die Abrechnung auf Neuwagenbasis wird in diesen Fällen in aller Regel teurer sein als die Reparatur, weil der tatsächliche Wagenwert aufgrund des hohen Wertverlusts bedingt durch die Erstzulassung stark unterhalb des Neuwagenwertes liegen wird. Die obigen Voraussetzungen müssen also vorliegen, damit die Wahl der teureren Variante auch gerechtfertigt ist. Spiegelbildlich zur 130 % Grenze für den Fall, dass die Reparatur gewählt wird, obwohl die Wiederbeschaffung günstiger wäre, verlangt der BGH danach, dass die Neuwagenbeschaffung dann auch tatsächlich vorgenommen wird.[230] Anderenfalls dokumentiere der Geschädigte sein Interesse an der teureren Variante nicht hinreichend, so dass er durch das Schadensereignis unbillig bereichert wäre.

Restwert des zerstörten Pkw

Allerdings muss der Geschädigte das Kfz an den Schädiger herausgeben, will er die Anrechnung eines etwaigen Restwerts auf den zu ersetzenden Neupreis vermeiden.[231] Eine Verpflichtung zur Herausgabe besteht jedoch nicht.[232]

hemmer-Methode: Beachten Sie nochmals, dass auch bei der Zerstörung gebrauchter Fahrzeuge die Kosten für die Anschaffung eines Ersatzfahrzeugs nach § 249 II S. 1 BGB zu erstatten sind.[233]

3. Grenze der Erforderlichkeit gem. § 249 II S. 1 BGB

Grenze der unverhältnismäßigen Aufwendungen

Sofern die Herstellung nach § 249 BGB für den Ersatzpflichtigen nur mit unverhältnismäßigen Aufwendungen möglich ist, hat dieser gem. § 251 II S. 1 BGB das Recht, anstelle der Herstellung den Geschädigten in Geld zu entschädigen.[234] § 251 II S. 1 BGB dient also dem Interesse des Schädigers. Daher ist er auch beweispflichtig für die Tatsachen, aus denen sich die Unverhältnismäßigkeit ergeben soll.[235] 119

Dabei gilt § 251 II S. 1 BGB nicht nur gegenüber dem Anspruch auf Naturalrestitution aus § 249 I BGB, sondern auch gegenüber dem auf Geldersatz gem. § 249 II S. 1 BGB.

Nach überzeugender Rechtsprechung deckt sich der Begriff der Unverhältnismäßigkeit i.S.d. § 251 II S. 1 BGB mit dem gem. § 635 III BGB, so dass bei berechtigter Leistungsverweigerung durch den Werkunternehmer auch im Rahmen des Schadensersatzes statt der Leistung nur eine Entschädigung in Geld erfolgt und der Geschädigte nicht den (unverhältnismäßigen) Betrag verlangen kann, der zur Herstellung des vertraglich geschuldeten Zustands erforderlich wäre.[236]

229 OLG Hamm, NJW-RR 1989, 1433 = **juris**byhemmer; OLG Nürnberg, NJW 1972, 2042 = **juris**byhemmer.

230 BGH, **Life&LAW 10/2009, 661 ff.** = **juris**byhemmer.

231 BGH, NJW 1965, 1756, NJW 1992, 903 = **juris**byhemmer.

232 KG, NJW-RR 1987, 16 = **juris**byhemmer.

233 Vgl. m.w.N. oben Rn. 98.

234 S.o. Beispielsfälle bei Rn. 103 u. Rn. 108.

235 BGH, **Life&LAW 05/2009, 305 ff.**

236 BGH, **Life&LAW 01/2013, 9 ff.** = **juris**byhemmer.

Die Bedeutung des § 251 II S. 1 BGB außerhalb der vertraglichen Schadensersatzansprüche ist dabei jedoch sehr gering. Denn da unter § 249 BGB nicht nur der Fall der Reparatur, sondern auch der der Beschaffung einer vergleichbaren Ersatzsache subsumiert wird, müsste schon bei beiden Formen der Naturalrestitution Unverhältnismäßigkeit gegeben sein bzw. eine Art der Wiederherstellung unmöglich sein.

Bsp.: *A fährt einen Oldtimer, von dem es weltweit nur noch 2 Modelle gibt. Der Wagen hat einen Wert von 100.000 €. Bei einem Unfall erleidet der Wagen einen technischen Totalschaden, ist also nicht reparabel. Das führt aber noch nicht zur Unmöglichkeit der Wiederherstellung. Denn diese ist auch durch Beschaffung einer vergleichbaren Ersatzsache denkbar.*

Das wäre vorliegend die Beschaffung des nunmehr einzigen Modells des Oldtimers. Die entsprechenden Aufwendungen könnten gem. § 249 II S. 1 BGB ersetzt verlangt werden. Allerdings kann es sein, dass der Eigentümer dieses Wagens die Situation ausnutzen möchte und 400.000 € fordert. Dann könnte der Schädiger unter Verweisung auf § 251 II S. 1 BGB die Wiederherstellung verweigern und den Geschädigten „lediglich" in Geld entschädigen.

Allerdings kann im Verhältnis der beiden Varianten zueinander einmal ein Problem auftauchen, wenn die Kosten der Reparatur die der Wiederbeschaffung übersteigen. Fraglich ist, inwieweit diese Kosten dann noch als erforderlich im Sinne des § 249 II S. 1 BGB gelten können.

hemmer-Methode: Noch einmal: Diese Frage hat mit § 251 II S. 1 BGB nichts zu tun. Hier geht es nur darum, welche Variante i.R.d. § 249 BGB die günstigere ist. Sollten die Kosten für die Reparatur das Erforderliche übersteigen, wäre immer noch eine Abrechnung auf Wiederbeschaffungsbasis gem. § 249 II S. 1 BGB möglich.

Bsp.:[237] *S konnte bei Rot nicht mehr rechtzeitig bremsen und fuhr deshalb auf den Pkw des G (Baujahr 2009) auf, der an der Ampel wartete. G holte für die Reparatur in seiner Werkstatt einen Kostenvoranschlag ein, der sich auf 6.500 € belief. Obwohl sein Wagen nur noch einen Wiederbeschaffungswert von 5.900 € hatte, will G ihn instand setzen lassen. G fordert deshalb 6.500 €.* 120

1. Abwandlung: *Später entschließt sich G, die Reparatur doch sein zu lassen. Gleichwohl besteht er auf Zahlung der 6.500 €.*

2. Abwandlung: *Die Werkstatt des G führt die Reparatur durch. Erst im Lauf der Arbeiten stellen die Mechaniker fest, dass auch die Motoraufhängung gelitten hat, was bei Erstellung des Kostenvoranschlages nicht erkennbar war. Die erforderlichen Mehrarbeiten treiben die Werkstattkosten auf 8.000 €. S verweigert die Zahlung.*

3. Abwandlung: *Im Ausgangsfall handelt es sich um ein gewerblich genutztes Fahrzeug.*

Ausgangsfall:

(1) S haftet aus § 823 I BGB und § 18 StVG, als Halter des gefahrenen Fahrzeugs zudem aus § 7 StVG. 121

§ 249 II S. 1 BGB

(2) G kann grds. den Herstellungsanspruch nach § 249 II S. 1 BGB geltend machen und als Schadensersatz die Reparaturkosten verlangen. Allerdings bestehen diesbezüglich gewisse Einschränkungen:

237 Vgl. zusammenfassend zur Schadensabwicklung beim Verkehrsunfall auch d'Alquen, **Life&LAW 05/2005, 346 ff.**

Zerstörung unvertretbarer Sachen: § 251 I BGB

(a) Wenn ein gebrauchtes Auto so sehr beschädigt wird, dass eine Instandsetzung aus tatsächlichen, technischen Gründen undurchführbar ist (sog. *technischer Totalschaden*), richtet sich der Ersatz eigentlich nach § 251 I BGB.[238] Die *Herstellung* ist dann *unmöglich*: Eine Reparatur (§ 249 II S. 1 BGB) kann nicht durchgeführt werden.

Anders bei PKW der BGH

Anders sieht der BGH dies jedoch jedenfalls bei der Zerstörung von PKW. Danach ist die Beschaffung eines gleichartigen und gleichwertigen Ersatzfahrzeuges ein Fall der Naturalrestitution, wird also über § 249 II S. 1 BGB gelöst. Der Wiederbeschaffungsaufwand ist dann nach § 249 II S. 1 BGB zu ersetzen (= Wiederbeschaffungswert abzüglich Restwert).

hemmer-Methode: Noch einmal zu Wiederholung: Dem hat sich auch der Gesetzgeber durch die Einführung des § 249 II S. 2 BGB angeschlossen. Würde man obige Fälle über § 251 BGB lösen, käme man zu dem komischen Ergebnis, dass dann die Umsatzsteuer mit ersetzt würde (diese ist ja Gegenstand des berechneten Wiederbeschaffungswertes), wenn es um die Zerstörung ginge, bei einer Beschädigung indes dem Wortlaut des § 249 II S. 2 BGB entsprechend nicht. Vom Sinn und Zweck her muss die Vorschrift beide Fälle erfassen. Auch die Literatur schließt sich daher dem BGH mehr und mehr an.[239] Das heißt aber auch: § 251 BGB ist nur anwendbar, wenn die Sache zerstört worden war *und* eine gleichwertige Sache nicht oder nur mit unverhältnismäßigem Aufwand beschafft werden kann (sog. technischer Totalschaden).
Der BGH hat für den Fall des wirtschaftlichen Totalschadens seine Rechtsprechung auf Grundlage der neuen Gesetzeslage bestätigt.[240] Der Kläger schaffte sich kein neues Fahrzeug an, die Versicherung rechnete nur auf Nettobasis ab. Nach BGH zu Recht, da es sich um einen Fall des § 249 II S. 1 BGB handele und die USt eben nicht angefallen sei.

(b) Daraus ergibt sich dann aber Folgendes für die Möglichkeit, die Reparaturkosten verlangen zu können, wenn eine Reparatur noch möglich ist, wie im vorliegenden Fall:

Grundsatz: stets die günstigere Variante der Naturalrestitution

Sind beide Formen der Naturalrestitution möglich, ist der Geschädigte grundsätzlich gehalten, die günstigere Variante zu wählen. Das ergibt sich aus der sog. Schadensminderungspflicht bzw. dem schadensrechtlichen Bereicherungsverbot.[241]

(aa) Ist demnach die Reparatur günstiger als die Wiederbeschaffung, ist der Geschädigte grundsätzlich gehalten, die Reparaturkosten zu verlangen.[242]

(bb) Ist die Reparatur teurer, ist der Käufer grundsätzlich auf die Wiederbeschaffung beschränkt (Ausnahme, siehe sogleich) und kann nach Durchführung der Wiederbeschaffung (!) nur den Wiederbeschaffungsaufwand verlangen, nicht aber auch etwaig höhere fiktive Reparaturkosten.[243]

Der Geschädigte hat sich mit der Wiederbeschaffung für eine Form der Naturalrestitution entschieden. Es besteht kein Bedürfnis dafür, fiktiv auf die andere Form zurückzugreifen.

Hier: Reparatur teurer als Wiederbeschaffung

Vorliegend ist die Reparatur möglich. Sie erfordert aber Instandsetzungskosten, die den Wagenwert übersteigen. Nach dem oben Gesagten könnte der Geschädigte daher vorliegend eigentlich nur den Wiederbeschaffungsaufwand verlangen. Allerdings bejaht der BGH ein besonderes Integritätsinteresse, d.h. der Geschädigte wird in seiner Absicht, den Wagen reparieren zu lassen, besonders geschützt, auch wenn die Kosten über dem Wiederbeschaffungsaufwand liegen.

238 BGH, NJW 1978, 1373 = **juris**byhemmer; Medicus, JuS 1973, 211.

239 Vgl. nur Grüneberg (vormals Palandt), § 249, Rn. 15, der vor der Schadensersatzrechtsreform die Problematik komplett unter § 251 BGB fasste; Wagner, NJW 2002, 2049 (2058).

240 BGH, NJW 2004, 1943 = **juris**byhemmer = **Life&LAW 09/2004, 577 ff.**

241 BGH, NJW 2003, 2086 bzw. 2005, 2541 = **juris**byhemmer.

242 Grüneberg (vormals Palandt), § 249, Rn. 22.

243 BGH, NJW 2005, 2541 = **juris**byhemmer.

(-), da Integritätszuschlag

Bei Schäden an Kfz sieht die Rspr. im Allgemeinen Reparaturkosten dann als nicht mehr erforderlich an, wenn sie den *Wiederbeschaffungswert* um *mehr als 30 %* übersteigen.[244] Dann spricht man von einem wirtschaftlichen Totalschaden. Die Rspr. trägt mit diesem sog. „Integritätszuschlag" dem erhöhten Interesse des Geschädigten am Erhalt seines ihm vertrauten Fahrzeugs Rechnung. Da die 30 % hier nicht überschritten wurden, sind die Kosten noch erforderlich i.S.d. § 249 II S. 1 BGB.

Nach alledem steht fest, dass G im Ausgangsfall die Reparaturkosten in Höhe von 6.500 € gem. § 249 II S. 1 BGB zustehen. Er muss sich nicht mit dem Ersatz des geringeren Wiederbeschaffungsaufwandes begnügen.[245]

Beachten Sie, dass sich die Wahrung der 130 %-Grenze nach objektiven Kriterien richtet. Erhält der Geschädigte bei einem Wiederbeschaffungswert von 10.000 € und gutachterlich festgestellten Reparaturkosten in Höhe von 14.000 € einen nicht näher erläuterten Rabatt von 1.000 €, liegt ein Fall eines wirtschaftlichen Totalschadens vor.[246]

hemmer-Methode: Häufig versuchen Versicherungen bei der Abrechnung auf Gutachtenbasis, den dort angesetzten Kosten zu widersprechen. In einem vom BGH entschiedenen Fall[247] wurde ein Porsche begutachtet und dabei wurden im Gutachten die Stundensätze einer konkreten Porschewerkstatt angesetzt. Die Versicherung argumentierte, der durchschnittliche Stundensatz aller repräsentativen Marken- und freien Fachwerkstätten liege niedriger. Dies hat der BGH als irrelevant abgetan. Für eine konkrete Berechnung können keine abstrakten Daten zugrunde gelegt werden.
Die Rechtsprechung wurde im Laufe der Zeit vom BGH modifiziert. Nicht in allen Fällen sollen die Stundensätze der markengebundenen Fachwerkstatt zugrunde gelegt werden dürfen. Wenn der Geschädigte den Nachweis erbringt, dass die Reparatur in einer anderen Werkstatt gleichwertig erfolgen kann, muss sich der Geschädigte dies entgegenhalten lassen, wenn ihm dies wiederum nicht unzumutbar ist. Von einer Unzumutbarkeit geht der BGH aus, wenn das Fahrzeug nicht älter als 3 Jahre alt ist, weil häufig Garantie- und Kulanzleistungen – die in dieser Zeitspanne erfolgen – davon abhängen, dass alle anfallenden Reparaturen in der markengebundenen Fachwerkstatt durchgeführt werden.[248] Auch bei älteren Fahrzeugen kann Unzumutbarkeit gegeben sein, wenn der Geschädigte darlegt, sein Fahrzeug stets in einer markengebundenen Fachwerkstatt repariert zu haben. Diese Grundsätze hat der BGH auch auf die Abrechnung gegenüber der Vollkaskoversicherung übertragen.[249]

Zur ersten Abwandlung:

„Fiktive" Reparaturkosten

Der Anspruch aus § 249 II S. 1 BGB besteht auch dann, wenn der Geschädigte eine Reparatur nicht beabsichtigt.[250] Sind die Voraussetzungen für den Geldersatzanspruch nach § 249 II S. 1 BGB einmal gegeben, so bleibt dieser Anspruch unabhängig von der tatsächlichen Vornahme der Reparatur bestehen. 122

Es ist jedoch zu berücksichtigen, dass ein Integritätszuschlag hier nicht gewährt werden kann. Denn wenn der Wagen nicht repariert wird, macht der Geschädigte gerade deutlich, dass er dieses Interesse nicht hat. Es sind dann demnach nur die Kosten einer fiktiven Ersatzbeschaffung zu ersetzen.

244 Vgl. BGH, NJW 1985, 2469 = **juris**byhemmer; bei dieser Betrachtung wird der Restwert nicht abgezogen!

245 Hat der Geschädigte zunächst fiktiv auf Wiederbeschaffungsbasis abgerechnet, hindert dies eine spätere Abrechnung auf Basis einer durchgeführten Reparatur nicht, es sei denn, es ist auf eine Nachforderung verzichtet worden, wofür die Abrechnung auf Wiederbeschaffungsbasis allein nicht ausreichend ist, vgl. BGH, NJW 2007, 67 = **juris**byhemmer.

246 BGH, **Life&LAW 06/2011, 392 ff.**

247 BGH, NJW 2003, 2086 f. = **juris**byhemmer.

248 BGH, **Life&LAW 01/2010, 24 ff.** sowie **Life&LAW 08/2010, 593 ff.** = **juris**byhemmer.

249 BGH, **Life&LAW 02/2016, 92 ff.**

250 Siehe oben Rn. 104; a.A. Köhler, FS Larenz (1983), S. 349.

Beachte § 249 II S. 2 BGB

Allerdings ist der Betrag dann um die „fiktive“ Umsatzsteuer zu kürzen, § 249 II S. 2 BGB, wenn eine Ersatzbeschaffung tatsächlich nicht anfällt und auch eine Reparatur nicht durchgeführt wird. Bei der Abrechnung auf Reparaturkostenbasis ist dann die dort ausgewiesene Umsatzsteuer abzuziehen. Kann der Geschädigte nur nach dem Wiederbeschaffungsaufwand abrechnen, stellt sich folgendes Problem:

Exkurs:

Höhe des Abzugs?

Die Höhe dieses Abzugs kann danach variieren, ob das fiktiv zu erwerbende Fahrzeug eines ist, das beim Händler die volle Umsatzsteuerpflicht auslöst (19 %), eines, bei dem es nur zur Differenzbesteuerung gem. § 25a UStG kommt, oder ob es sich um einen Erwerb von privat handelt, bei dem eine Umsatzsteuerpflicht überhaupt nicht ausgelöst wird.

Abhängig von Alter des verunfallten Wagens

Das richtet sich nach überzeugender Ansicht danach, um was für einen Unfallwagen es sich handelt. Für die fiktive Berechnung wird also darauf geschaut, in welcher Höhe durch die Anschaffung eines vergleichbaren Wagens die USt „anfallen“ würde. Folgende Differenzierung kann dabei als „Stand der Dinge“ bezeichnet werden:[251]

⇨ Der verunfallte Wagen war noch ziemlich neu. Der Wagen ist vergleichbar noch beim Händler als Neuwagen bzw. Jahreswagen (ehemaliger Geschäftswagen) erhältlich. Ein solcher Erwerb würde eine USt von 19 % auslösen, so dass bei fiktiver Abrechnung die vollen 19 % abzuziehen wären, § 249 II S. 2 BGB.

⇨ Der verunfallte Wagen war schon älter. Ein solcher Wagen findet sich vergleichbar beim Gebrauchtwagenhändler. Dieser wird ein solches Fahrzeug in der Regel von einem Privatmann erworben haben (Geschäftsleute veräußern aus steuerlichen Gründen spätestens nach 5 Jahren). Für solche Wagen ordnet § 25a UStG nur eine sog. Differenzbesteuerung an, d.h. die Umsatzsteuer fällt nur auf den Gewinnanteil des Händlers an. Das macht in der Regel ca. 2 % des Endverkaufspreises aus. Also sind bei fiktiver Berechnung in diesen Fällen gem. § 249 II S. 2 BGB nur 2 % abzuziehen.

⇨ Schlussendlich gibt es eine Wagenkategorie, die in der Regel bei keinem Händler mehr zu erlangen ist, weil sie zu alt ist (ab ca. 7 Jahren). Solche Wagen sind meist nur noch von privat zu beschaffen. Da aber bei einem Erwerb von privat überhaupt keine Umsatzsteuer anfällt, wird in diesen Fällen bei der fiktiven Berechnung auch nichts i.R.d. § 249 II S. 2 BGB abgezogen.

Der BGH hat sich dieser Sichtweise angeschlossen. Weist das Sachverständigengutachten lediglich pauschal einen Brutto-Wiederbeschaffungswert aus, so besteht für den Tatrichter grundsätzlich Veranlassung zu klären, ob solche Fahrzeuge üblicherweise auf dem Gebrauchtwagenmarkt nach § 10 UStG regelbesteuert oder nach § 25a UStG differenzbesteuert oder von privat und damit umsatzsteuerfrei angeboten werden.[252] Orientiert sich der Tatrichter an der nach überwiegender Wahrscheinlichkeit zu zahlenden Umsatzsteuerhöhe für den Kauf des Erstfahrzeugs auf dem Gebrauchtwagenmarkt, ist dies nicht zu beanstanden.[253]

---

251 Eine interessante Entscheidung des OLG Köln findet sich dazu in ZGS 2004, 38 ff. (= NJW 2004, 1465 f.). Eine Entscheidung des AG Bergisch Gladbach zu dieser Problematik finden Sie in ZGS 2003, 399 f.

252 BGH, NJW 2004, 1943 (1945) = **juris**byhemmer = **Life&LAW 09/2004, 577 ff.**

253 BGH, NJW 2006, 2181 = **juris**byhemmer.

§ 249 II S. 2 BGB aber nur bei fiktiver Berechnung

Der BGH hat in einer weiteren Entscheidung überzeugend klargestellt, dass es zu einem Abzug nach § 249 II S. 2 BGB (in welcher Höhe auch immer) nur bei fiktiver Abrechnung kommt. Der Geschädigte kann aber den zur Herstellung erforderlichen Geldbetrag immer insoweit verlangen, als er zur Herstellung des ursprünglichen Zustandes tatsächlich angefallen ist.[254] Dann kommt es also nicht darauf an, ob diese Ersatzbeschaffung von privat oder vom Händler stattgefunden hat, ob bzw. wie viel Umsatzsteuer in dem aufgewendeten Betrag enthalten war.

Kein Abzug bei tatsächlicher Ersatzbeschaffung

Erwirbt also der Geschädigte ein Ersatzfahrzeug zu einem Preis, der dem in einem Gutachten ausgewiesenen Bruttowiederbeschaffungswert des unfallbeschädigten Fahrzeugs entspricht oder diesen übersteigt, kann er im Wege konkreter Schadensberechnung die Kosten der Ersatzbeschaffung bis zur Höhe des Bruttowiederbeschaffungswertes des unfallbeschädigten Fahrzeugs (unter Abzug des Restwertes) ersetzt verlangen.

War der Kaufpreis für das Ersatzfahrzeug demgegenüber geringer als der Bruttowiederbeschaffungswert, gilt für den nicht zum Erwerb des Ersatzfahrzeugs aufgewendeten Betrag jedoch § 249 II S. 2 BGB.[255]

Beträgt also der Wiederbeschaffungswert eines zerstörten Fahrzeugs 10.000 €, kann der Geschädigte bis zu diesem Betrag wiederbeschaffen, ohne dass es darauf ankäme, ob und in welchem Umfang in dem aufgewendeten Betrag Umsatzsteuer enthalten ist. Betragen die Kosten für die Ersatzbeschaffung aber nur 8.000 € (etwa weil der Geschädigte nun lieber einen kleineren Wagen fahren möchte), muss er sich aus den weiteren 2.000 € die Umsatzsteuer nach den zu Beginn des Exkurses genannten Grundsätzen anrechnen lassen.

Sonderfall: Wählt der Geschädigte die Ersatzbeschaffung, obwohl nach dem Wirtschaftlichkeitsgebot nur ein Anspruch auf Ersatz der Reparaturkosten besteht, steht ihm jedenfalls dann kein Anspruch auf Ersatz von Umsatzsteuer zu, wenn bei der Ersatzbeschaffung keine Umsatzsteuer angefallen ist.[256] Es wäre aber wohl ein Ansatz in Höhe der bei einer Reparatur angefallenen Umsatzsteuer in Betracht zu ziehen, wenn bei der Ersatzbeschaffung Umsatzsteuer angefallen wäre, also immer dann, wenn nicht von privat erworben wird.

EXKURS: Ende

hemmer-Methode: Davon ist die Frage zu trennen, ob dann, wenn eine Reparatur zunächst nicht vorgenommen und dann auf Nettobasis abgerechnet wird, eine Nachforderung der USt denkbar ist, wenn die Reparatur später tatsächlich durchgeführt wird. Hier hat der Geschädigte die Möglichkeit (soweit noch keine Verjährung eingetreten ist), von der fiktiven auf die konkrete Schadensberechnung umzustellen.[257] Eine Kombination in der Berechnung scheidet allerdings aus.[258]

Zur zweiten Abwandlung:

Höhere Kosten als erwartet

In dieser Fallalternative übersteigt der Instandsetzungsaufwand den Wiederbeschaffungswert um mehr als 30 %. Wäre dies von vorneherein klar gewesen, hätte sich G gemäß § 249 II S. 1 BGB mit dem Wiederbeschaffungsaufwand (Wiederbeschaffungswert, 5.900 €, abzüglich Restwert[259]) als Schadensersatz zufrieden geben müssen (vgl. zur 30 %-Grenze oben). 123

254 BGH, NJW 2005, 2220 = **juris**byhemmer.

255 Grüneberg (vormals Palandt), § 249, Rn. 26; siehe auch Heinrich, NJW 2005, 2749.

256 BGH, **Life&LAW 01/2010, 28 ff.**

257 Grüneberg (vormals Palandt), § 249, Rn. 14.

258 BGH, **Life&LAW 04/2019, 246 f.** = **juris**byhemmer.

259 BGH, NJW 2005, 2541 = **juris**byhemmer; realisiert der Geschädigte durch die Veräußerung des beschädigten Pkw dessen Restwert, ist sein Schaden in entsprechender Höhe ausgeglichen. Deshalb wird auch bei Abrechnung nach den fiktiven Reparaturkosten in solchen Fällen der Schadensersatzanspruch durch den Wiederbeschaffungsaufwand begrenzt.

Es läge ein Fall des sog. wirtschaftlichen Totalschadens vor. Es hätten demnach nur die Kosten einer Ersatzbeschaffung verlangt werden können (bei fiktiver Berechnung abzüglich Umsatzsteuer, § 249 II S. 2 BGB).

Anders aber, wenn sich erst nachträglich bei der Herstellung zeigt, dass die Kosten höher ausfallen werden als erwartet. Die Gefahr unvorhergesehener Teuerung den Geschädigten tragen zu lassen, erscheint unangemessen. Das verdeutlicht folgende Überlegung:

Wie wäre es bei § 249 I BGB?

G hätte von S statt des erforderlichen Geldbetrags Naturalherstellung, d.h. Vornahme der Reparatur durch S, verlangen können (§ 249 I BGB).

Auch in diesem Fall hätte S allerdings mangels Erforderlichkeit die Herstellung verweigern und den G auf den Wiederbeschaffungsaufwand verweisen können. Dazu hätte S schon vor Beginn der Herstellung von dem unverhältnismäßig teuren Aufwand wissen müssen. Gerade dies war aber nicht erkennbar. S hätte also wegen der Unvorhersehbarkeit der Teuerung selbst bei Naturalherstellung nicht den für ihn billigeren Weg einschlagen können. Vielmehr hätte er die Reparatur durchführen lassen und auch bezahlen müssen.

Wählt der Geschädigte nun statt der Herstellung gem. § 249 I BGB den dazu erforderlichen Geldbetrag (§ 249 II S. 1 BGB), darf er nicht schlechter stehen. Denn § 249 II S. 1 BGB schafft nur eine Ersetzungsbefugnis zugunsten des Geschädigten.[260]

Prognoserisiko

Folglich trägt S das sog. *Prognoserisiko*: Die Gefahr *unvorhergesehener,* unverhältnismäßiger Teuerung geht zu seinen Lasten.[261]

G kann also von S Ersatz der vollen 8.000 € verlangen.

Zur dritten Abwandlung:

Fraglich ist, ob sich die Ersetzungsbefugnis des § 249 II S. 1 BGB auch bei gewerblich genutzten Pkw auf 130 % des Wiederbeschaffungswertes beläuft. Bedenken könnten diesbezüglich bestehen, da es an einem den Zuschlag von 30 % rechtfertigenden Erhaltungsinteresse des G fehlen könnte.

Der BGH hält diesen Einwand jedoch nicht für stichhaltig:[262]

„Dass dem Wunsch eines Geschädigten auf Erhalt des ihm vertrauten Fahrzeugs ein hoher Stellenwert beigemessen wird, hat seinen tragenden Grund nicht in immateriellen Erwägungen und in der Anerkennung einer eigentlich unsinnigen emotionalen Bindung des Geschädigten an einen technischen Gegenstand. Ein derartiges Affektionsinteresse könnte auch bei dem Eigentümer eines privat genutzten Pkw schadensrechtlich keine Anerkennung finden. Der „Integritätsspritze“ von 30 % liegen vielmehr wirtschaftliche Erwägungen zugrunde.“

So weiß der Eigentümer eines privaten Pkw, wie dieses ein- und weitergefahren, gewartet und sonst behandelt worden ist, ob und welche Mängel dabei aufgetreten sind und auf welche Weise sie behoben wurden.“ Beim Kauf eines Gebrauchtwagens sind diese Umstände, die dem Fahrzeug seine individuelle Prägung geben, nicht bekannt.

Diese Erwägungen gelten grundsätzlich auch für gewerblich genutzte Fahrzeuge, zumindest dann, wenn der Unternehmer Einfluss auf die jeweiligen Fahrer und deren Fahrweise hat. Im Übrigen würde eine unterschiedliche Behandlung von gewerblichen und privaten Fahrzeugen dann zu kaum lösbaren Abgrenzungsschwierigkeiten führen, wenn das Fahrzeug einer gemischten Nutzung unterliegt.

260 Vgl. Grüneberg (vormals Palandt), § 249, Rn. 5.

261 Vgl. Grüneberg (vormals Palandt), § 249, Rn. 13.

262 BGH, NJW 1999, 500 ff. = jurisbyhemmer.

hemmer-Methode: In dieser Entscheidung wiederholt der BGH seine Begründung für die Gewährung der 130 %-Grenze in schulmäßiger Form und überträgt diese auf gewerblich genutzte Pkw. Examenstypisch aufbereitet finden Sie diese Entscheidung in Life&LAW 06/1999, 346 ff.
Wegen der erheblichen Bedeutung des Gebrauchtwagenhandels in Klausur und Praxis sollten Ihnen Begriffe wie „technischer" und „wirtschaftlicher Totalschaden", „Zeit-" und „Wiederbeschaffungswert" und „Prognoserisiko" geläufig sein. In der Klausur gilt es, diese Begriffe klar auseinanderzuhalten.

V. Umfang des Anspruchs aus § 249 II S. 1 BGB bei Personenschäden

Heilungskosten

Bei Verletzung einer Person besteht der zur Herstellung erforderliche Geldbetrag im Wesentlichen in den *Kosten der Heilbehandlung*. Diese hat der Schädiger zu ersetzen. 124

Besuchskosten naher Angehöriger

In Fällen stationärer Behandlung kann darüber hinaus der *Besuch naher Angehöriger* den Heilungserfolg fördern und beschleunigen.[263]

Deshalb können die Kosten, die den nahen Angehörigen für den Besuch im Krankenhaus (Fahrtkosten, eventuelle Übernachtungskosten, Verdienstausfallschaden, Ausfall im Haushalt) erwachsen sind, mit zu den ersatzfähigen Heilungskosten zählen.[264]

Eigener Anspruch des Verletzten

Diese Kosten hat die verletzte Person *als ihren eigenen Schaden* infolge der Gesundheitsbeschädigung zu beanspruchen.[265]

Abgrenzung zu mittelbar Geschädigten

Hier stellt sich allerdings ein Abgrenzungsproblem von einem Grundsatz des Rechts der unerlaubten Handlung: Nur wer in seinen durch die Haftungsnorm geschützten Interessen beeinträchtigt ist, und nur wem daraus selbst Schadensfolgen erwachsen, kann Ersatz verlangen.[266] „Mittelbar" Betroffene erhalten nur in den Ausnahmefällen der §§ 844, 845 BGB einen Ausgleich ihrer Nachteile. 125

Sofern jedoch der Besuch dem Heilungsprozess förderlich ist, sind die Besuchskosten der nahen Angehörigen noch dem Aufwand für die Heilung zuzurechnen. Dieses Ergebnis hält auch einer Überprüfung durch Wertungsgesichtspunkte stand:[267] Die Besuchskosten sollen nicht anders behandelt werden als die übrigen medizinischen Maßnahmen.

Selbst wenn die Kosten für diese Maßnahmen von Dritten getragen werden, würde dies an der Zugehörigkeit derselben zum Schaden des Verletzten nichts ändern, da eine Vorteilsanrechnung nicht stattfindet.[268] Ausnahmsweise sollen deshalb auch Einbußen Dritter, die die Genesung unterstützen, vom Geschädigten geltend gemacht werden können.

hemmer-Methode: Gerade wegen dieses Ausnahmecharakters eignen sich die Besuchskosten ganz besonders für Examensklausuren. Dann gilt es, sich nicht im Dschungel von mittelbar Geschädigten, mittelbarem Schaden und Drittschadensliquidation zu verlieren.

263 Grüneberg (vormals Palandt), § 249, Rn. 9.
264 BGH, NJW 1989, 766 = **juris**byhemmer.
265 BGHZ 106, 30 m.w.N. = **juris**byhemmer.
266 BGH, NJW 1991, 2340 = **juris**byhemmer.
267 BGH, NJW 1989, 766 = **juris**byhemmer.
268 Vgl. unten, Rn. 200 ff.

Wegen der grds. Beschränkung des Deliktsrechts auf den „unmittelbar" Verletzten ist dies jedoch nur in engen Grenzen möglich:[269] 126

(1) Nur die Kosten der *„nächsten"* Angehörigen[270] sind ersatzfähig.

(2) Der Besuch muss auch *medizinisch indiziert*, d.h. nach dem Stand medizinischer Erkenntnis für den Heilungsprozess objektiv förderlich sein.

(3) Die Nachteile, die den Angehörigen durch den Besuch erwachsen, müssen zudem einen quantifizierbaren, *geldwerten Verlustposten* darstellen: Der Verlust bloßer Freizeit ist nicht ersatzfähig.

(4) Fahrtkosten sind nur für die *wirtschaftlichste* Beförderungsart zu erstatten (bei Pkw-Fahrten können ca. 0,25 €/km angesetzt werden).

(5) Übernachtungskosten können nur ersetzt verlangt werden, soweit sie *unvermeidbar* sind.

(6) Ein Verdienstausfallschaden oder ein Ausfall der den Haushalt versorgenden Person durch den Krankenhausbesuch ist *nur* zu ersetzen, *soweit der Ausfall nicht* durch Vor- oder Nacharbeit *aufgefangen werden kann.*

Ein besonderes Problem stellt sich, wenn i.R.d. Geltendmachung von Besuchskosten die Verzögerung des beruflichen Fortkommens des Besuchers geltend gemacht wird: 127

Bsp.:[271] *Der 6-jährige G wurde von S mit dem Fahrrad angefahren und zog sich dabei einen schweren Schädelbasisbruch zu. Während der langwierigen Behandlung besuchten die Eltern den G regelmäßig.*

Unter anderem verlangt G später als Schadensersatz auch den Verdienstausfall seines als Angestellten tätigen Vaters, der aufgrund der zahlreichen Besuche erst verzögert mit der Gründung einer freiberuflichen Existenz als Steuerberater und Wirtschaftsprüfer beginnen konnte. Weiter verlangt G Ersatz für den besuchsbedingten Ausfall seiner Mutter im Haushalt.

G steht gegen S ein Anspruch auf Schadensersatz gem. § 823 I BGB zu.

Im Rahmen dieses Anspruchs kann er auch die Besuchskosten seiner Eltern geltend machen, da diese medizinisch geboten waren und es sich bei den Eltern auch um nahe Angehörige handelt.

Verdienstausfall

Zu den Besuchskosten zählt auch der erlittene Verdienstausfall des Besuchers. Dieser ist insoweit ersatzfähig, als er unvermeidbar war. Dieses Kriterium der Vermeidbarkeit ergibt sich aus der Schadensminderungspflicht gem. § 254 BGB. Sofern V also die Besuche nicht auf Zeiten nach Feierabend bzw. am Wochenende legen konnte, ist der ihm entstandene Verdienstausfall als Angestellter zu ersetzen.

Fortkommensnachteile

Fraglich ist jedoch, ob ihm auch die durch die Verzögerung des beruflichen Fortkommens entstandenen Nachteile zu ersetzen sind. Dies könnte man mit dem Argument bejahen, dass diese Fortkommensnachteile bei einer Verletzung des V selbst ohne weiteres als entgangener Gewinn gem. § 252 BGB zu ersetzen gewesen wären. Dann kann für die Geltendmachung dieser Form des Verdienstausfalls durch G auch nichts anderes gelten.

269 BGH, NJW 1991, 2341 = **juris**byhemmer.

270 Hierzu zählt nach Ansicht des LG Münster, NJW 1998, 1801 = **juris**byhemmer auch der Lebensgefährte. Diese Rspr. verdient Zustimmung.

271 Vgl. BGH, NJW 1991, 2340 = **juris**byhemmer.

Die Rechtsprechung ist zu Recht jedoch gegenteiliger Auffassung: Hier ist zu berücksichtigen, dass der Fortkommensnachteil ein bloßer Drittschaden und als solcher nicht ersatzfähig ist, da anderenfalls die Schadensersatzverpflichtung gegenüber dem Verletzten zu einer Einstandspflicht für den Schaden des nur mittelbar betroffenen Besuchers selbst ausufern würde. Nach dieser Argumentation wären die Fortkommensnachteile somit kein ersatzfähiger Schaden des G.

Die Kosten für den Ausfall der Mutter im Haushalt sind ebenfalls nicht ersatzfähig, da die Hausarbeit durch entsprechende Vor- und Nacharbeit der Mutter erledigt werden konnte, ohne dass eine Kollision mit den Besuchszeiten unvermeidbar war.

Somit ist allein der Verdienstausfall des Vaters, den dieser als Angestellter erlitten hat, gem. § 823 I BGB ersatzfähig.[272]

hemmer-Methode: Der Ersatz der Fortkommensnachteile i.R.d. Geltendmachung von Besuchskosten ist umstritten. Dies bedeutet für Sie, dass Sie in einer Klausur die Argumente für und wider deren Ersatz nennen und sich mit vertretbaren Argumenten einer Ansicht anschließen müssen. Die Motivation der Rechtsprechung, Fortkommensnachteile nicht in den Ersatz der Besuchskosten mit einzubeziehen, ist verständlich: Anderenfalls wäre eine schwer kontrollierbare Ausuferung der Ersatzpflicht des Schädigers die Folge.
Dennoch bleibt *die Argumentation* unklar. Warum soll der Aspekt, dass es sich „eigentlich" um den Schaden eines Dritten handelt, dann erst i.R.d. Begrenzung des Schadensumfangs Berücksichtigung finden? Konsequent wäre unter diesem Gesichtspunkt die generelle Ablehnung eines Schadensersatzanspruchs des Verletzten für Verdienstausfälle seiner Besucher.

D. Ersatz durch Schadenskompensation, §§ 251, 252, 253 BGB

Während sich der Herstellungsanspruch nach § 249 BGB nach den (tatsächlichen oder fiktiven) Herstellungskosten bemisst, orientiert sich der nach §§ 251 ff. BGB zu leistende Schadensausgleich (Kompensation) am *Wert- oder Summeninteresse*.[273] 129

Aufgrund der Regelung des § 253 I BGB setzt eine Schadenskompensation gem. § 251 BGB das Vorliegen eines Vermögensschadens voraus.[274]

I. Bedeutung des Begriffs Vermögensschaden

In der Fallbearbeitung

Da die Pflicht zur Naturalherstellung nach § 249 BGB grds. nicht vom Vorliegen eines Vermögensschadens abhängt,[275] erlangt die Abgrenzung von Vermögens- und Nichtvermögensschaden in der Klausur *erst* Bedeutung, wenn Schadensersatz nach § 251 I BGB zu leisten ist. § 253 I BGB bezieht sich nämlich nur auf die Fälle der Geldentschädigung nach § 251 I BGB. 130

Immaterieller Schaden und § 253 BGB

Für einen immateriellen Schaden, wie z.B. Ärger, Zeitaufwand und Unannehmlichkeiten, kann aber in aller Regel Naturalrestitution nicht geleistet werden. Denn es ist *unmöglich*, verlorene Zeit zurückzuholen oder Ärger und Unannehmlichkeit ungeschehen zu machen. Wegen der Unmöglichkeit der Herstellung bleibt nur Schadensersatz nach § 251 I BGB.

272 Vgl. zu dem gesamten Problem auch den sehr lehrreichen Aufsatz von Grunsky in JuS 1991, 907.

273 Grüneberg (vormals Palandt), § 251, Rn. 10.

274 Vgl. dazu schon Rn. 89.

275 Grüneberg (vormals Palandt), § 253, Rn. 3, zur Ausnahme i.R.d. vorvertraglichen Pflichtverletzung vgl. oben Rn. 95.

Diesen schließt aber § 253 I BGB aus: Voraussetzung für eine Entschädigung in Geld nach § 251 I BGB ist bei Vorliegen immaterieller Schäden eine gesetzliche Regelung. § 251 BGB greift daher nur bei Vorliegen eines Vermögensschadens.

II. Ermittlung des Vermögensschadens

Einordnung

Kernfrage für die Geldentschädigung nach § 251 I BGB ist also die Abgrenzung zwischen Vermögens- und Nichtvermögensschäden. Es gilt zu ermitteln, ob ein Nachteil, für den der Geschädigte Geldersatz beansprucht, eine Vermögenseinbuße nach sich gezogen hat. 131

Diese Aufgabenstellung verbirgt sich als schadensrechtliches Problem in vielen Übungs- und Examensarbeiten.

1. Differenzhypothese

Ausgangspunkt: Differenzhypothese

Die Ermittlung eines Vermögensschadens erfolgt i.d.R. mittels der sog. *Differenzhypothese:* 132

Definition: Ein Vermögensschaden ist gegeben, wenn der jetzige tatsächliche Wert des Vermögens des Geschädigten geringer ist als der Wert, den das Vermögen ohne das die Ersatzpflicht begründende Ereignis haben würde.[276]

2. Ausnahmen von der Differenzhypothese

Grund für die Ausnahmenbildung

Der strikte Ausschluss einer Geldentschädigung für Nichtvermögensschäden durch § 253 I BGB kann zu unbefriedigenden Ergebnissen führen.[277] 133

Aus diesem Grund soll *in Ausnahme zur Differenzhypothese* bei bestimmten Nachteilen ein Vermögensschaden zu bejahen sein, auch wenn sich rein rechnerisch keine negative Vermögensdifferenz ergibt:[278]

a) Ersatz für entgangene Gebrauchsvorteile

Einordnung

Bei Beschädigung einer Sache verliert der Geschädigte bis zur Herstellung, bei Zerstörung bis zur Beschaffung einer neuen Sache die Gebrauchsmöglichkeit. Der Verlust der Gebrauchsmöglichkeit kann wiederum zu einem Vermögensschaden führen, etwa wenn eine beschädigte Maschine nichts herstellt oder ein kaputtes Taxi nicht fährt und deshalb Umsätze ausbleiben (§ 252 BGB). Die Ersatzfähigkeit dieser entgangenen Umsätze begegnet dann keinen Schwierigkeiten.

Fraglich ist aber, inwieweit die Einbuße des Gebrauchsvorteils als solche einen Vermögensschaden darstellt. 134

Ausnahme zur Differenzhypothese

Aus der Differenzhypothese ergibt sich beim Verlust bloßer Gebrauchsmöglichkeit rein rechnerisch keine Vermögenseinbuße. Daher bereitet die Annahme eines Vermögensschadens in diesen Fällen Schwierigkeiten. Das zeigt besonders der praktisch wichtige Fall der Entschädigung für entgangene Gebrauchsvorteile eines Kraftfahrzeugs.

---

276 BGHZ 27, 183; 75, 371; NJW 1994, 2357 = **juris**byhemmer.

277 Vgl. Grüneberg (vormals Palandt), § 253, Rn. 1; Medicus, BR, Rn. 821.

278 Grüneberg (vormals Palandt), vor § 249, Rn. 10 ff.

Ausgangsfall: *Die Autofahrer G und S stoßen an einer Straßeneinmündung zusammen. S trifft die Alleinschuld, was von ihm aber bestritten wird. Der vorsichtige G nimmt sich deswegen für die zweiwöchige Dauer der Reparatur seines Wagens kein Mietauto.*

Nachdem sich später die Alleinschuld des S herausstellt, verlangt G außer den Reparaturkosten auch Ersatz für die entgangenen Gebrauchsvorteile der Wagennutzung für die Dauer von zwei Wochen. 135

Abwandlung: *G erleidet bei dem Unfall erhebliche Verletzungen und muss deshalb zwei Wochen in stationäre Krankenhausbehandlung. Frau G, die sonst immer den Wagen ihres Mannes mitbenutzt hat, ist deshalb für die Krankenhausbesuche und ihre Einkaufsfahrten auf öffentliche Verkehrsmittel angewiesen. G verlangt auch diesmal Entschädigung für den Nutzungsausfall.*

Zum Ausgangsfall:

Haftungsnormen

(1) S ist nach § 823 I BGB, §§ 7 und 18 StVG ersatzpflichtig. 136

Entgangene Gebrauchsvorteile

(2) Zweifelhaft ist, ob die entgangenen Gebrauchsvorteile einen ersatzfähigen Schaden bilden.

Naturalherstellung unmöglich

Bei Anmietung eines Ersatzwagens hätte G die Kosten dafür gem. § 249 II S. 1 BGB verlangen können. G hat darauf aus Vorsicht verzichtet. Nach Ablauf der Reparaturdauer kann aber Naturalherstellung durch Stellung eines Ersatzwagens oder Kostentragung (§ 249 I oder II S. 1 BGB) nicht mehr geleistet werden. Ein dann noch angemieteter Wagen wäre kein Ersatzwagen, sondern ein Zweitwagen.[279]

Ersatz nach § 251 I BGB

Wegen Unmöglichkeit der Herstellung bleibt also nur die Geldentschädigung nach § 251 I BGB. Wegen § 253 I BGB ist dafür allerdings ein Vermögensschaden erforderlich:

Differenzhypothese

(a) Ob ein Vermögensschaden vorliegt, ist anhand der Differenzhypothese zu ermitteln. Dabei wird ein Vergleich angestellt zwischen der Lage des Vermögens, die ohne das schädigende Ereignis bestehen würde, und der tatsächlichen Vermögenslage.

Rechnerisch ergibt sich hierbei kein Unterschied zwischen der Vermögenslage, die die Nutzungsmöglichkeit beinhaltet und der Vermögenslage ohne Nutzungsmöglichkeit. Denn der Entgang der Gebrauchsmöglichkeit für zwei Wochen schafft keine bleibende, messbare Vermögensminderung.

hemmer-Methode: Unterschätzen Sie die bisherigen Ausführungen nicht: Eine mustergültige Problemhinführung ist oft schon die halbe Miete. Gerade i.R.d. Schadensrechts können Sie hier beiläufig zu erkennen geben, dass Sie die Systematik des Gesetzes verstanden haben.

Frustrationsgedanke

(b) Allerdings könnte der Vermögensschaden im fehlgeschlagenen gebrauchsunabhängigen Unterhaltsaufwand liegen (sog. Frustrationstheorie). G hat als Pkw-Halter laufende Aufwendungen (Steuer, Versicherung, Zinsentgang für das investierte Kapital), die für die Dauer des Krankenhausaufenthalts nutzlos waren. Nach dem Frustrationsgedanken bilden die infolge des schädigenden Ereignisses fehlgeschlagenen Aufwendungen einen ersatzfähigen Vermögensschaden.[280] 137

Kritik

Die Frustrationstheorie begegnet jedoch grundlegenden Bedenken.

Das verdeutlicht folgende Überlegung: Dem Frustrationsgedanken entsprechend sind Aufwendungen nicht nur dann vergeblich, wenn die Sache, für die sie getätigt werden, unbenutzbar ist, sondern auch, wenn der Berechtigte sie aufgrund anderer Umstände nicht benutzen kann.

279 Medicus, BR, Rn. 824.

280 Köndgen, AcP 177, 1 ff.

Demnach müsste ein deliktisch an der Gesundheit Geschädigter für die Zeit, in der er beispielsweise während der Genesung im Krankenhaus lag, die vergeblichen Aufwendungen für die Wohnungsmiete mit allen Nebenkosten bis hin zur Fernsehgebühr verlangen können.

Bei aufwendigem Lebensstil (Düsenjet, Butler, mehrere Villen) steigt die Summe der vergeblichen, gebrauchsunabhängigen Aufwendungen ins Unermessliche.[281]

Eine uferlose Ausweitung der Ersatzpflicht wäre die Folge. § 253 I BGB wäre damit weitgehend ausgehöhlt und bloße Handlungsmöglichkeiten würden ohne Anhalt im Gesetz zu einem ersatzfähigen Schaden.

Der Frustrationsgedanke ist deshalb abzulehnen.[282]

Kommerzialisierungsgedanke

(c) Ein Vermögensschaden könnte dennoch unter dem Gesichtspunkt der *Kommerzialisierung* von Lebensgütern zu bejahen sein.[283] *138*

Der Vorteil, einen Wagen gebrauchen zu dürfen, ist kommerzialisiert, d.h. er kann gegen Entgelt erworben werden. Bei Entziehung oder Beeinträchtigung eines solchen vermögenswerten Guts stellt der entstandene, *in Geld messbare Nachteil* auch dann einen Vermögensschaden dar, wenn sich aus der Differenzrechnung keine Vermögensminderung feststellen lässt.[284] Danach hätte G mit der Einbuße der Gebrauchsmöglichkeit einen Vermögensschaden erlitten.

Kritik

Der Ansatz, den der Kommerzialisierungsgedanke verfolgt, ist in seinen Konsequenzen allerdings nicht unbedenklich.

Es gibt heute kaum ein Gut, das nicht gegen Geld erhältlich wäre. Für die allermeisten Lebensgüter lässt sich ein Marktpreis ermitteln. Wenn man in all diesen Fällen über die Kommerzialisierung zur Bejahung eines Vermögensschadens käme, bliebe von § 253 I BGB nicht viel übrig: Die fortschreitende „Vermarktung" würde zu einer wesentlichen und rechtlich unkontrollierten Erweiterung des Geldersatzes führen.

Daher *darf man in der Kommerzialisierung allein noch keinen hinreichenden Grund für die Annahme eines Vermögensschadens sehen.*[285]

hemmer-Methode: Diesen Einwand gegen den Kommerzialisierungsgedanken nehmen einige Autoren zum Anlass, den Ersatz entgangener Gebrauchsmöglichkeiten überall dort zuzulassen, wo § 253 I BGB seinem Sinn nach nicht eingreift: Der wesentliche Grund für § 253 I BGB bestehe darin, die schwierige Umrechnung von Nichtvermögensschäden in Geld zu vermeiden. Ist diese Umrechnung jedoch ohne Schwierigkeiten möglich, wie dies z.B. bei einer Theaterkarte der Fall wäre, soll der infolge Verletzung entgangene Theaterbesuch seinerseits einen ersatzfähigen Schaden darstellen.[286] *139*

(d) Die Rspr. schränkt deshalb den Kommerzialisierungsgedanken ein:

Einschränkung

Geschützt sind nur Lebensgüter, auf deren ständige Verfügbarkeit der Berechtigte für die eigenwirtschaftliche Lebensführung typischerweise angewiesen ist.[287] *140*

Voraussetzung für den Ersatz entgangener Gebrauchsvorteile ist daher:[288]

⇨ Die ständige Verfügbarkeit des beschädigten Gebrauchsgegenstandes ist für die eigenwirtschaftliche Lebensführung von zentraler Bedeutung.[289]

---

281 Medicus, BR, Rn. 825; Grüneberg (vormals Palandt), vor § 249, Rn. 19.

282 BGHZ 55, 151; 99, 196 = **juris**byhemmer; Grüneberg (vormals Palandt), vor § 249, Rn. 19.

283 Grüneberg (vormals Palandt), vor § 249, Rn. 11 ff.

284 BGHZ 40, 347; 45, 218; 65, 170 = **juris**byhemmer.

285 Medicus, BR, Rn. 828.

286 Vgl. dazu im Einzelnen unten, Rn. 150.

287 BGHZ 98, 222 = **juris**byhemmer. Daran fehlt es bei einer rein gewerblich genutzten Sache, BGH, **Life&LAW 03/2019, 157 ff.** = **juris**byhemmer.

288 Vgl. Grüneberg (vormals Palandt), § 249, Rn. 40 ff.

289 Bejaht für das Internet, BGH, **Life&LAW 04/2013, 250 ff.** = **juris**byhemmer; einschränkend für das Mobiltelefon, solange eine Kompensationsmöglichkeit dadurch besteht, dass man das Internet zu Hause über den Festnetzanschluss nutzen kann, LG Hagen, **Life&LAW 04/2018, 242 ff.**

⇨ Es muss ein Eingriff in den Gegenstand des Gebrauchs vorliegen.

⇨ Dieser Eingriff muss zu einer **fühlbaren** Beeinträchtigung geführt haben, d.h. auf Seiten des Geschädigten ist daher Nutzungswille und (hypothetische) Nutzungsmöglichkeit erforderlich. An einer fühlbaren Beeinträchtigung fehlt es bspw. dann, wenn dem Geschädigten ein Zweitwagen zur Verfügung steht.[290]

Diese Voraussetzungen sind beispielsweise bei der Wohnung und dem Auto erfüllt.[291] Nicht dazu gehören der Pelzmantel, die Möglichkeit der Jagdausübung, das Motorboot, das private Schwimmbad[292] sowie das reinen Freizeitzwecken dienende Wohnmobil.[293]

Richterliches Gewohnheitsrecht

(e) Die Berechnung richtet sich bei Pkw nach den Entschädigungstabellen von Sanden/Danner/Küppersbusch/Seifert und Kuhn). Dies wird von der Rechtsprechung akzeptiert.[294] **141**

Der Betrag ergibt sich in etwa durch den Ansatz vom Mietpreis eines gleichwertigen Wagens abzüglich des Vermietergewinns und der ersparten Eigenaufwendungen.[295]

Ein weiterer Grund für die Gewährung von Nutzungsausfallentschädigung für Pkw liegt deshalb woanders: Der auf einen Mietwagen verzichtende, vorsichtige und sparsame Eigentümer soll nicht schlechter gestellt werden als derjenige, der einen Ersatzwagen mietet.[296] Der Geschädigte soll nicht in die Tasche des Schädigers sparen. Das Drittel der fiktiven Mietwagenkosten bedeutet insoweit eine dem Geschädigten für seine Sparsamkeit gewährte Prämie.[297]

Die Ersatzpflicht ist insoweit ein Ergebnis richterlicher Rechtsfortbildung; mittlerweile nach mehr als 3 Jahrzehnten dauernder Praxis bei der Abwicklung von Verkehrsunfällen wohl sogar Gewohnheitsrecht.[298]

Ergebnis

Demnach kann G nach § 251 I BGB Entschädigung für den zweiwöchigen Nutzungsausfall verlangen.

Zur Abwandlung:

Keine Möglichkeit zur Nutzung

G hätte seinen Wagen während der Reparaturdauer gar nicht nutzen können, da er im Krankenhaus lag. **142**

Frustrationsthese

Sieht man den Vermögensschaden in den fehlgeschlagenen Unterhaltsaufwendungen, ist die Ersatzleistung unabhängig davon, ob der Berechtigte die Sache hätte gebrauchen können oder nicht. In jedem Fall sind die Aufwendungen vergeblich. Die Frustrationsthese eignet sich aber nicht zur sachgerechten Grenzziehung zwischen Vermögens- und Nichtvermögensschäden.[299]

„Fühlbare Beeinträchtigung“

Damit der Berechtigte den Verlust der Gebrauchsvorteile entschädigt bekommt, muss nach der Rspr. bei ihm eine Beeinträchtigung fühlbar sein. D.h. Entschädigung gibt es nur, wenn beim Geschädigten ein Nutzungswille und eine hypothetische Nutzungsmöglichkeit bestand.[300] Da G wegen der unfallbedingten Verletzung seinen Wagen gar nicht hätte nutzen können, fehlt es bei ihm an einer fühlbaren Beeinträchtigung. **143**

290 BGH, NJW 1976, 286 = **juris**byhemmer, OLG Jena NJW-RR 2004, 1030; zum Sonderproblem der sog. Vorhaltekosten vgl. oben, Rn. 40 ff.

291 BGHZ 98, 222; 45, 212 = **juris**byhemmer; auch beim Motorrad, soweit dieses als einziges Kfz zur Verfügung steht und nicht reinen Freizeitzwecken dient, BGH, **Life&LAW 08/2018, 530 ff.** = **juris**byhemmer.

292 BGHZ 63, 393; 112, 398; 89, 64; 76, 187 = **juris**byhemmer.

293 BGH, **Life&LAW 09/2008, 600 ff.**

294 BGH, GrZS BJW 1987, 50; NJW 2005, 277, 1044.

295 Vgl. Grüneberg (vormals Palandt), § 249, Rn. 44; bei älteren Fahrzeugen ist ein entsprechender Abschlag vorzunehmen. Der BGH akzeptiert insoweit eine Herabstufung in niedrigere Klassen der Tabellen im Wege tatrichterlicher Schätzungen gem. § 287 ZPO, NJW 2005, 277 bzw. 1044.

296 BGHZ 66, 278; 86, 132 = **juris**byhemmer.

297 Medicus, a.a.O.

298 Grüneberg (vormals Palandt), § 249, Rn. 40 a.E.

299 Siehe oben Ausgangsfall Rn. 137.

300 BGHZ 45, 219; BGH, NJW 1968, 1778 = **juris**byhemmer.

Eine fühlbare Beeinträchtigung ist nach der Rspr. aber auch dann anzunehmen, wenn zwar nicht der Geschädigte selbst, wohl aber Familienangehörige den Wagen hätten gebrauchen können, denen er ihn zu überlassen pflegte.[301] Das gleiche gilt für die Verlobte des Berechtigten.[302]

Ergebnis

Da Frau G das Auto ihres Mannes sonst auch benutzte und da sie es auch nach dem Unfall weiter hätte benutzen wollen, ist eine fühlbare Beeinträchtigung vorhanden. G kann Nutzungsausfallentschädigung verlangen.

b) Ersatz für den Verlust von Freizeit

Freizeit

Mit praktisch jedem Schadensfall ist eine *Einbuße an Freizeit* verbunden: Für die Abwicklung des Schadensfalles und meist auch durch das schädigende Ereignis selbst geht Zeit verloren. 144

Vermögensschaden durch Freizeitverlust?

Da verlorene Zeit nicht zurückgeholt werden kann, wäre dafür nach § 251 I BGB Ersatz zu leisten. Voraussetzung hierfür ist aber wegen § 253 I BGB eine Vermögenseinbuße.

Differenzhypothese

Ausgehend von der Differenzhypothese läge ein Vermögensschaden vor, wenn der Wert des Vermögens ohne Freizeit geringer ist als der hypothetische Wert des Vermögens mit Freizeit. Bei einem Verlust bloßer Freizeit ergibt sich jedoch aus der Differenzhypothese gerade kein Vermögensschaden. Die bloße Freizeit an sich hat keinen messbaren Vermögenswert.

Kommerzialisierungsgedanke

Anders wäre es nur, wenn bloße Freizeit kommerzialisiert und damit doch ein materieller Schaden entstanden wäre. Eine Mindermeinung nimmt dies an: Freizeitverlust sei gleichzusetzen mit dem Verlust der Möglichkeit, in der nutzlos vertanen Zeit Geld zu verdienen, und bedeutet daher einen Geldverlust („Zeit ist Geld").

Dagegen spricht, dass es dadurch zu einer unübersehbaren Ausuferung des Schadensbegriffs käme. § 253 BGB verlöre dann seinen Sinn. Die Abgrenzung zwischen materiellen und immateriellen Schäden wäre vollständig verwischt: Freizeit oder genauer ein Stück Lebenszeit ist durch nichts ersetzbar. Man kann sie nicht „kaufen". Freizeit ist notwendig an die Person gebunden und deshalb ein höchstpersönliches, unvergleichbares, eben ein immaterielles Gut.

Die mit einem Schadensfall verbundene Einbuße an Freizeit stellt also keinen Vermögensschaden dar.[303]

hemmer-Methode: Das Argument der Ausuferung des Schadens kann aber in solchen Fällen nicht greifen, in denen die Freizeitgestaltung in einem unmittelbaren Zusammenhang mit einer versäumten Vertragspflicht steht. Dann ist für diesen Zeitraum die Freizeit kommerzialisiert.[304] Ein Beispiel aus der Rechtsprechung dazu finden Sie in Life&LAW 02/1999, 75 ff. Bei der Kommerzialisierung der bloßen Freizeit handelt es sich um ein im Fluss befindliches Problem. Letztlich sollten Sie sich dennoch „wertkonservativ" entscheiden und den Ersatz für vertane Freizeit ablehnen, da § 253 BGB auch der Gedanke zugrunde liegt, dass nicht jede menschliche Tätigkeit kommerzialisierbar ist.

301 BGH, NJW 1974, 33 = **juris**byhemmer.

302 BGH, NJW 1975, 922 = **juris**byhemmer.

303 BGHZ 69, 36; 106, 32 = **juris**byhemmer.

304 Vgl. BGH, NJW 1983, 1107 = **juris**byhemmer.

c) Ersatz für den Verlust von Urlaubstagen

Verdorbener Urlaub

Schädigungen können auch den Urlaub beeinträchtigen. Wenn durch ein Schadensereignis der mit dem Urlaub verbundene Erholungszweck fehlschlägt, ist fraglich, ob dafür Ersatz verlangt werden kann. 145

Die vertanen Urlaubstage wären, da unwiederbringlich verloren, nach § 251 I BGB zu entschädigen. Ob ein Vermögensschaden Voraussetzung für den Ersatz ist oder nicht, ist fraglich:

§ 651n II BGB

Nach § 651n II BGB ist beim reisevertraglichen Schadensersatzanspruch *Geldersatz für die nutzlos aufgewendete Urlaubszeit* zu leisten. § 651n II BGB bildet neben § 253 II BGB eine weitere gesetzliche Ausnahme zu § 253 I BGB.[305] *Im Bereich des Reisevertrages* (§ 651a BGB) bedarf es also wegen § 651n II BGB keines Vermögensschadens, um dem Geschädigten Geldersatz für vertanen Urlaub zuzusprechen.

Direkt anwendbar ist § 651n II BGB nur beim reisevertraglichen Schadensersatzanspruch, also wenn eine Gesamtheit von Reiseleistungen geschuldet ist. 146

Außerhalb von § 651n II BGB

Im Vertragsrecht außerhalb des Anwendungsbereichs des § 651n II BGB, im Deliktsrecht oder im Recht der Gefährdungshaftung kann vertane Urlaubszeit nur als Folgeschaden auftreten, verursacht etwa durch eine Körperverletzung, durch die Beschädigung oder nicht ordnungsgemäße Reparatur eines Kfz oder durch den Verzug mit einer Geldzahlung.[306] 147

Um in diesen Fällen eine Geldentschädigung für die Beeinträchtigung der Urlaubszeit zu erhalten (§ 251 I BGB), müsste ein Vermögensschaden vorliegen (§ 253 BGB):

Differenzhypothese

Nach der Differenzhypothese ergibt sich rechnerisch kein Unterschied zwischen der Vermögenslage mit erholsam verbrachtem Urlaub und der mit verdorbenem Urlaub.

Kommerzialisierungsgedanke

Vor Einführung des § 651n II BGB hat die Rspr. teilweise den Verlust von Urlaub als Vermögensschaden anerkannt:[307] Der selbständig Tätige muss entweder auf Einnahmen verzichten oder eine Ersatzkraft anstellen, um Einnahmen zu erlangen; für einen Arbeitnehmer sind seine Urlaubstage Teil des ihm gewährten Entgelts. Urlaubstage haben für Erwerbstätige also einen in Geld messbaren Wert. Ihr Verlust bedeutet einen Vermögensschaden.

Rentner, Kinder, Arbeitslose oder Studenten als Nichterwerbstätige erleiden dagegen nach diesem Ansatz bei Beeinträchtigung des Urlaubs keinen Vermögensschaden und bekommen deshalb auch keinen Ersatz.[308]

hemmer-Methode: Hier zeigt sich ein wesentlicher Unterschied zum Ersatz vertaner Urlaubstage im Bereich des Reisevertragsrechts: Im Anwendungsbereich des § 651n II BGB erhalten auch Nichterwerbstätige Geldentschädigung wegen verdorbenen Urlaubs, da es dort auf einen Vermögensschaden nicht ankommt. 148

305 Grüneberg (vormals Palandt), § 253, Rn. 2.

306 Grüneberg (vormals Palandt), § 249, Rn. 71.

307 BGHZ 63, 98 = **juris**byhemmer; vgl. auch Medicus, BR, Rn. 830.

308 BGHZ 77, 124 = **juris**byhemmer.

Urlaub als immaterielles Gut

Nach Einführung des § 651n II BGB lässt sich die Kommerzialisierung der Urlaubszeit nicht mehr vertreten. Mit § 651n II BGB verweist das Gesetz die vertane Urlaubszeit in den nichtvermögensrechtlichen Bereich.[309] Dann ist es widersprüchlich, fehlgeschlagenen Urlaub i.R.d. § 651n II BGB als Nichtvermögensschaden zu behandeln, außerhalb des Anwendungsbereichs der Vorschrift aber von einem Vermögensschaden auszugehen. Die Rspr. zur Kommerzialisierung der Urlaubszeit ist deshalb überholt.[310]

Daraus folgt: Vertane Urlaubszeit ist nicht als Vermögensschaden zu qualifizieren. Die Beeinträchtigung des Urlaubs ist außerhalb des Anwendungsbereichs des § 651n II BGB nicht mit Geld zu entschädigen.[311]

Bei Körperverletzungen kann der „Urlaubsschaden" allerdings i.R.d. § 253 II BGB bei der Bemessung des Schmerzensgeldes Berücksichtigung finden.[312]

d) Ersatz für entgangene Genussmöglichkeiten

Einordnung

Wenn der Geschädigte infolge des schädigenden Ereignisses Genussmöglichkeiten verpasst, die er sich schon vorher verschafft hat, kommt oft nur noch Geldersatz in Betracht (§ 251 I BGB). Fraglich ist aber, ob verpasster Genuss auch mit einem Vermögensschaden verbunden ist (§ 253 I BGB). 149

Bsp.: *Der Musikstudent G war auf dem Weg ins Konzert. Für die Eintrittskarte hatte er Wochen zuvor lange angestanden und 55 € bezahlt. S verletzte den G auf dem Weg so ernst, dass er sofort zum Arzt musste und deshalb das Konzert verpasste. G verlangt neben den Heilungskosten auch den Preis für die Karte ersetzt. Zu Recht?* 150

(1) S ist gemäß den §§ 823 I und 823 II BGB i.V.m. § 229 StGB ersatzpflichtig.

(2) Schaden

Aufgewendeter Kartenpreis als Schaden

(a) Zunächst wäre daran zu denken, Ersatz für das beim Kauf der Karte ausgegebene Geld zu verlangen. Die Verletzung hat die Geldausgabe aber nicht verursacht. G hat das Geld schon vorher ausgegeben. Dafür, den beim Kartenkauf aufgewendeten Betrag als Schaden geltend zu machen, fehlt es an der haftungsausfüllenden Kausalität.

Verpasste Genussmöglichkeit als Schaden

(b) Eingebüßt hat G den Genuss des Konzertbesuchs. Nachdem die Noten verklungen sind, kann dies mangels Nachholbarkeit eines bestimmten Konzertereignisses nur nach § 251 I BGB mit Geld entschädigt werden. § 253 I BGB verlangt dafür einen Vermögensschaden.

Differenzhypothese

Die entgangene musikalische Unterhaltung führt nicht zu einer in Geld messbaren Vermögenseinbuße i.S.d. Differenzhypothese.[313] Mit oder ohne Konzertbesuch ist der Vermögenssaldo gleich.

Nach a.A. soll schon mit der Differenzhypothese ein Vermögensschaden zu bejahen sein: Das schädigende Ereignis entwertet den Anspruch auf die Genussmöglichkeit und vermindert entsprechend den Wert des Vermögens.[314]

Ob allein die persönliche Verhinderung bereits zu einer Entwertung des Vermögens führt, kann dahinstehen, denn jedenfalls ist mit dem Kommerzialisierungsgedanken ein Vermögensschaden anzunehmen:

309 Grüneberg (vormals Palandt), § 249, Rn. 71.

310 BGHZ 86, 213 = **juris**byhemmer.

311 Vgl. BGH a.a.O.

312 Medicus, BR, Rn. 830.

313 Vgl. Medicus, BR, Rn. 822.

314 Grüneberg (vormals Palandt), § 249, Rn. 69.

Kommerzialisierungsgedanke

Der Genuss des Zuhörens bei einem Konzert ist zwar als solcher ein immaterielles Gut, sein Wert ist aber genau durch den Preis der Karte festgelegt. Die nicht wahrgenommene Genussmöglichkeit kann mit einem bestimmten Geldbetrag erkauft werden, ist also kommerzialisiert. Die Bedenken, die sonst gegen die Anwendung des Kommerzialisierungsgedankens sprechen, bestehen nicht. Dies ist nämlich v.a. die Schwierigkeit der Umrechnung von Nichtvermögensgütern in Geld.[315]

Hinter § 253 BGB steht der Gedanke, dass sich ideelle Schäden nicht mit Geld aufwiegen lassen.[316] Da aber der Geldwert des entgangenen (immateriellen) Genusses durch den Preis der Karte genau zu quantifizieren ist, fehlt es an Einwänden, die der Anwendung des Kommerzialisierungsgedankens entgegenstünden.

Ergebnis

G erhält also den Preis für die Konzertkarte ersetzt.

Nicht immer hat eine entgangene Genussmöglichkeit einen festen Preis und damit einen genauen Geldwert. Wenn verpasste Genüsse, für deren Erlangung *kein* fester Preis zu zahlen ist, entschädigt werden sollen, ergeben sich Schwierigkeiten. 151

Bsp.:[317] *Die Eheleute A unternahmen eine 14-tägige Seereise. Die A schickten ihr Gepäck mit der Post nach Genua voraus, da sie sich dort einschiffen wollten. Das Gepäck wurde an der deutschen Grenze rechtswidrig und schuldhaft zurückgehalten. Das Ehepaar verlangt nun von der Bundesrepublik eine Entschädigung dafür, dass es auf dem Schiff keine Wäsche und Kleider zum Wechseln hatte.* 152

Amtshaftungsanspruch

(1) Die Bundesrepublik haftet nach § 839 BGB i.V.m. Art. 34 GG.

Ersatzleistung

(2) Der Amtshaftungsanspruch ist wegen seiner besonderen Konstruktion grds. auf Geldentschädigung gerichtet (§ 251 I BGB).[318] Für Geldentschädigung nach § 251 I BGB ist allerdings ein Vermögensschaden Voraussetzung (§ 253 I BGB).

Differenzhypothese

Der Vergleich der Vermögenslagen nach der Differenzhypothese weist keine Einbuße aus. Aus dem entgangenen Genuss, sich auf der Reise in angemessener Weise umzuziehen, resultiert kein Vermögensverlust.

Kommerzialisierung

In Ausnahme zur Differenzhypothese wäre ein Vermögensschaden zu bejahen, wenn man sich dem Kommerzialisierungsgedanken anschließt: Der durch die Seereise erhoffte Genuss ist mit dem Reisepreis erkauft. Die Seereise hat also einen Vermögenswert. Ihre Beeinträchtigung bedeutet daher einen materiellen Schaden. Folglich müssten die Eheleute für den beeinträchtigten Genuss Geldersatz erhalten.[319] 153

Bedenken

So weit verstanden, verwischt der Kommerzialisierungsgedanke die Abgrenzung zwischen materiellen und immateriellen Schäden, denn die allermeisten Genüsse und Lebensgüter sind mit Geld zu erkaufen, also kommerzialisiert.

Darüber hinaus ist der verpasste Genuss, sich auf der Seereise in angemessener Weise umziehen zu können, weder ein quantifizierbarer Teil des Gesamtgenusses der Reise, noch für sich allein kommerzialisiert, da billigere Reisen ohne Möglichkeit zum Wechseln der Bekleidung gar nicht angeboten werden.[320] Dies mit § 287 ZPO überbrücken zu wollen, ist zweifelhaft. Denn das würde eine Schätzung ermöglichen, die § 253 I BGB gerade verschließt.[321]

315 Grüneberg (vormals Palandt), § 249, Rn. 69; Medicus, BR, a.a.O.

316 Vgl. Grüneberg (vormals Palandt), § 253, Rn. 1.

317 Vgl. BGH, NJW 1956, 1234 = **juris**byhemmer.

318 Siehe oben Rn. 100.

319 BGH, NJW 1956, 1234 = **juris**byhemmer.

320 Medicus, BR, Rn. 823.

321 Medicus, a.a.O.

§ 651n II BGB entsprechend?

Es handelt sich um einen rein immateriellen Schaden, der wegen § 253 I BGB nicht in Geld zu ersetzen ist. § 651n II BGB als Ausnahmevorschrift greift nicht ein. Er beschränkt sich auf das Reisevertragsrecht.[322]

Eine entsprechende Anwendung der Vorschrift auf den deliktischen Amtshaftungsanspruch erscheint nach dem Gesetzeszweck ausgeschlossen. Denn § 651n II BGB rechtfertigt sich nur aus dem Inhalt des Reisevertrages. Der Veranstalter ist verpflichtet, dem Reisenden mittels materieller Leistungen eine sinnvolle und angenehme Verwertung seiner Urlaubszeit zu ermöglichen. Die Zollbehörden der Bundesrepublik hingegen schulden dem Ausreisenden nichts Derartiges.

Allerdings steht der Schutzzweck der von der deutschen Zollverwaltung verletzten Pflicht, Reisegepäck zügig abzufertigen und nicht rechtswidrig zurückzuhalten, durchaus in Zusammenhang mit einem ungetrübten Reisegenuss.

Aus diesem Gesichtspunkt heraus scheint in diesem besonderen Fall die Zubilligung von Schadensersatz gerechtfertigt.[323]

hemmer-Methode: Hier können Sie sich entscheiden, wie Sie wollen. Ob die „Seereiseentscheidung" des BGH nach Einführung des § 651n II BGB so aufrechterhalten werden kann, erscheint eher fraglich!

e) Ersatz bei Verletzung eines haushaltsführenden Familienmitglieds

Einordnung

Eine Korrektur der Differenzhypothese ist geboten für die Fälle der Verletzung des haushaltführenden Familienmitglieds. 154

Bsp.: *Bei einem vom Autofahrer A verschuldeten Unfall wird F, Ehefrau und Mutter von zwei Kindern, schwer verletzt. Während ihres dreiwöchigen Krankenhausaufenthalts musste ihr Mann die Hausarbeit auf Kosten seiner Freizeit nebenher mitverrichten. Kann A hierfür auf Schadensersatz in Anspruch genommen werden? Wenn ja, von wem?*

Anspruch des Ehemannes

(I) Ansprüche des Mannes

Ausnahmebestimmungen von dem Grundsatz, dass nur derjenige Schadensersatzansprüche geltend machen kann, der in seinen Rechten verletzt ist, finden sich in § 844 I, II, III BGB und § 845 BGB.

§ 845 BGB

(1) Dem Mann könnte aus § 845 BGB ein eigener Schadensersatzanspruch zustehen, wenn ihm seine Frau im Hauswesen kraft Gesetzes zur Leistung von Diensten verpflichtet war. Die Haushaltsführung der F stellt aber keine gesetzliche Dienstpflicht dar, sondern ist nach §§ 1356 I S. 2, 1360 S. 2 BGB eine Unterhaltsleistung an die Familie.[324] Die „Hausfrauentätigkeit" ist also nicht Erfüllung einer Dienstverpflichtung, sondern ein eigener Beitrag zum Familienunterhalt seitens der Ehefrau.

hemmer-Methode: Diese familienrechtlichen Bestimmungen sollten Sie im Zusammenhang mit dem Anspruch aus § 845 BGB unbedingt kennen. Praktische Bedeutung hat § 845 BGB nur noch für den Verlust der Dienstleistungspflicht der Kinder gegenüber ihren Eltern nach § 1619 BGB.[325]

§ 844 II BGB

(2) Ansprüche des Ehemanns aus § 844 II BGB scheiden ebenfalls aus, da die F nicht ums Leben kam.

Ansprüche der Ehefrau

(II) Der Ehefrau könnte aber ein eigener Schadensersatzanspruch zustehen.

322 Siehe oben Rn. 145.

323 Grüneberg (vormals Palandt), § 249, Rn. 71.

324 Grüneberg (vormals Palandt), § 845, Rn. 2.

325 Vgl. dazu BGH, NJW 1991, 1226 = **juris**byhemmer.

§§ 823 I BGB

(1) Der Haftungstatbestand des § 823 I BGB ist erfüllt (daneben auch § 18 StVG und § 7 StVG, sofern der A Halter des Fahrzeugs ist). 155

Schaden

(2) Fraglich ist, inwieweit ihr dadurch, dass sie den Haushalt nicht führen konnte, ein Schaden entstanden ist.

Differenzhypothese

(a) Nach der Differenzhypothese ist kein Vermögensschaden festzustellen.

§§ 842, 843 BGB

(b) Möglicherweise führen aber die §§ 842, 843 BGB zu einem Ersatzanspruch:

F war wegen der Verletzung außerstande, ihren Beitrag zum Familienunterhalt zu erbringen. Dabei ist die Unterhaltsleistung durch Haushaltsführung der durch Arbeit gleichzustellen.

Kann ein Unterhaltspflichtiger wegen einer deliktischen Schädigung seine Unterhaltsleistung nicht gewähren, so stellt dies einen Nachteil für den Erwerb i.S.d. § 842 BGB dar.[326]

Die F hat also einen eigenen Schadensersatzanspruch gemäß §§ 823 I, 842, 843 BGB.[327]

Ersatzkraft

(c) Der Anspruch besteht unabhängig davon, ob für die Dauer der Genesung tatsächlich eine Haushaltshilfe eingestellt und bezahlt wird.[328]

Zusätzliche Anstrengung des Ehemannes

Ebenso entfällt der Anspruch der F nicht dadurch, dass ihr Mann den Ausfall durch eigene zusätzliche Arbeitsleistung aufgefangen hat.

§ 843 IV BGB

Beides rechtfertigt sich aus dem Grundgedanken des § 843 IV BGB und einer normativen Schadensbestimmung.[329]

Höhe des Anspruchs

(d) Als Anhaltspunkt für die Bemessung der Schadenshöhe können die Kosten für eine vergleichbare Ersatzkraft (Nettovergütung) dienen.[330]

Ergebnis

Die F erhält als Schadensersatz für den dreiwöchigen Ausfall ihrer Haushaltstätigkeit die Kosten, die für eine gleichwertige Ersatzkraft hätten aufgewendet werden müssen.

hemmer-Methode: Auch hier handelt es sich um eine für Examensklausuren typische Dreieckskonstellation. Beachten Sie: Soweit §§ 844, 845 BGB nicht greifen, kommt nur ein Schadensersatzanspruch der verletzten Person selbst in Betracht!

f) Ersatz für den Verlust der Arbeitskraft oder der Erwerbsfähigkeit

Kein Vermögensschaden

Die abstrakte Minderung der Erwerbsfähigkeit oder der bloße Ausfall der Arbeitskraft führen zu keinem gegenwärtigen Vermögensverlust. Arbeitskraft und Erwerbsfähigkeit sind Eigenschaften einer Person und keine vermögenswerten Güter. Insoweit ist dafür kein Geldersatz zu leisten. 156

hemmer-Methode: Insoweit muss jedoch zwischen dem Verlust der Erwerbsfähigkeit und dem konkreten Verdienstausfall unterschieden werden. Letzterer ist gem. § 252 BGB ohne weiteres als Vermögensschaden ersatzfähig.

326 Vgl. BGH, NJW-RR 1997, 256 = **juris**byhemmer; Grüneberg (vormals Palandt), § 843, Rn. 2.

327 Vgl. BGH a.a.O.; 50, 304; 59, 172 = **juris**byhemmer.

328 BGHZ 50, 305 = **juris**byhemmer.

329 Vgl. Grüneberg (vormals Palandt), vor § 249, Rn. 67 ff., vgl. auch unten Rn. 200 ff.

330 BGHZ 38, 59; vgl. BGHZ 86, 372 = **juris**byhemmer.

Ersatzfähig ist der konkrete Gewinnentgang

Erforderlich ist somit ein *konkreter* Gewinn- oder Verdienstentgang.[331] Nur diesen bekommt der Geschädigte nach § 252 BGB ersetzt.

III. Vermögensschaden: Entwertungsschaden (merkantiler Minderwert)[332]

Einordnung

Ohne weiteres als Vermögensschaden zu qualifizieren ist der Entwertungsschaden bei Beschädigung einer Sache. Der Entwertungsschaden ist der Minderwert, den eine Sache allein dadurch erfährt, dass sie in der Vergangenheit einmal beschädigt war. **157**

Beim Weiterverkauf würde der Eigentümer nämlich trotz vollständiger Reparatur wegen des Vorschadens einen geringeren Preis für die Sache erzielen. Man spricht vom so genannten *merkantilen Minderwert*, weil der Markt in aller Regel einer Sache, die schon einmal zu Schaden gekommen ist, einen niedrigeren Wert beimisst.

Diese Vermögenseinbuße bildet einen nach § 251 I BGB zu ersetzenden Vermögensschaden.

Allerdings ist zu fragen, ob der Geschädigte den merkantilen Minderwert auch erhalten soll, wenn er die Sache selbst weiternutzt und nicht verkauft. Insoweit könnte es nämlich an der Verwirklichung eines Vermögensschadens in der Person des Geschädigten fehlen.

Bsp.: *S drängt den G beim Spurwechsel von der Straße ab. G überfährt deshalb ohne eigenes Verschulden die Bordsteinkante, was die Vorderachse schwer in Mitleidenschaft zieht. Nachdem S die Reparaturkosten bezahlt hat, verlangt G noch zusätzlich einen Betrag von 700 €. Diese Summe hat ein Sachverständiger als Wertminderung dafür ermittelt, dass der Wagen nicht als unfallfrei wiederzuverkaufen ist. S wendet zutreffend ein, G habe gar nicht die Absicht, den Wagen zu veräußern. Solange der G den Wagen nicht verkaufe, wirke sich die Wertminderung bei ihm nicht aus. Selbst wenn er eine Wertminderung zu ersetzen hätte, könnte dies nur für den Fall eines künftigen Weiterverkaufs geschehen, da die Höhe des Minderwerts mit zunehmendem Alter des Wagens geringer würde. Bekommt G dennoch die 700 €?* **158**

Haftungsnormen

(1) S ist aus §§ 823 I, 823 II BGB i.V.m. § 7 V S. 1 StVO, aus § 18 StVG und aus § 7 StVG zum Ersatz verpflichtet, sofern er Halter des gefahrenen Fahrzeugs ist.

Ersatz des merkantilen Minderwerts

(2) Der merkantile Minderwert, der aus einem geringeren Wiederverkaufspreis eines unfallbehafteten Kfz herrührt, bildet einen nach § 251 I Alt. 2 BGB zu erstattenden Vermögensschaden:

Die Naturalherstellung ist zur Entschädigung nicht genügend, da die Sache zwar repariert werden konnte, ihr Wert danach aber ein geringerer ist als vor der Beschädigung. Vertretbar wäre es auch, die Naturalherstellung *insoweit* als unmöglich zu bezeichnen, denn selbst die Reparatur kann an dem merkantilen Minderwert nichts ändern.

Wiederverkaufsabsicht nicht erforderlich

Den Entwertungsschaden erhält der Geschädigte auch dann, wenn er die Sache behält und weiterbenutzt.[333] Die Minderung des Wagenwerts und damit des Vermögens des Geschädigten tritt nicht erst im Verkaufsfalle, sondern - als Rechnungsposten in seiner Vermögensbilanz - bereits im Zeitpunkt des Unfalls ein.[334]

331 Vgl. dazu Grüneberg (vormals Palandt), § 252 Rn. 7 ff.

332 Grüneberg (vormals Palandt), § 251, Rn. 14 ff.

333 BGHZ 35, 396 = **juris**byhemmer.

334 Grüneberg (vormals Palandt), § 251, Rn. 14.

Zudem kann der Geschädigte als Mindestschaden stets den objektiven Wert (Verkehrswert) des beschädigten oder zerstörten Vermögensgutes fordern. Zwar ist der subjektive Wert des Wagens, der Wert also, den der Wagen für den G persönlich hat, nach der Reparatur nicht mehr gemindert, da er ihn selbst weiterbenutzen will, und der Gebrauchswert nicht beeinträchtigt ist. Aber der Verkehrswert ist durch den Vorschaden seines Fahrzeugs herabgesetzt. Diesen Fehlbetrag, gleichbedeutend mit dem merkantilen Minderwert, kann G als Mindestschaden verlangen.

Zeitpunkt für die Errechnung

Unklar ist noch, auf welchen Zeitpunkt es für die Bemessung des zu ersetzenden Minderwerts ankommt. Grds. bemisst sich der Anspruch auf Schadensersatz in Geld nach den Wert- und Preisverhältnissen im Zeitpunkt der Erfüllung der Schadensersatzverpflichtung.[335] Ausnahmsweise soll für den Ersatz des merkantilen Minderwerts aber auf den Zeitpunkt der Wieder-Ingebrauchnahme abzustellen sein.[336]

hemmer-Methode: Bei Kraftfahrzeugen entfällt die Wertminderung in der Regel bei älteren Fahrzeugen. Die Grenze liegt bei ca. 5 Jahren bzw. 100.000 km. Das kann zwar im Einzelfall anders sein, verlangt dann aber nach einer besonderen Situation. Ein 16 Jahre alter PKW mit einem Wiederbeschaffungswert von 2.100 € erleidet bei einem Unfall keinen merkantilen Minderwert mehr.[337] Der merkantile Minderwert setzt zudem eine über bloße Blechschäden hinausgehende erhebliche Beeinträchtigung voraus, bei der die Reparaturkosten mindestens 10 % des Wiederbeschaffungswerts ausmachen.

Ergebnis

G stehen die verlangten 700 € zu.

hemmer-Methode: Beachten Sie, dass die dargestellten Grundsätze nicht nur für Kfz-Schäden gelten. Auch bei allen anderen Sachen kann der merkantile Minderwert verlangt werden, sofern ein Markt für sie vorhanden ist, auf dem sich der Entwertungsschaden in Gestalt eines geringeren Erlöses auswirken kann.[338] 159

IV. Vermögensschaden: Belastung mit einer Verbindlichkeit

Einordnung

Besteht der Schaden in der Belastung mit einer Verbindlichkeit, so geht der Anspruch primär auf Befreiung von der Verbindlichkeit (Vorrang der Naturalrestitution, § 249 I BGB; sog. *Freistellungsanspruch*).[339] Erst nach erfolgloser Fristsetzung gem. § 250 BGB kann Schadensersatz in Form einer Geldzahlung verlangt werden.[340] 160

Hat der Geschädigte die Verbindlichkeit hingegen schon erfüllt, so richtet sich der Anspruch auf Ersatz des aufgewendeten Betrags. Herstellung ist dann nicht mehr möglich: Der entstandene Vermögensschaden ist dann nach § 251 I BGB in Geld zu entschädigen.

1. Belastung mit einer Verbindlichkeit als Vermögensschaden

Vermögensschaden

Die Belastung mit einer Verbindlichkeit ist ein Vermögensschaden. 161
Einen Vermögensschaden erleidet der Belastete auch dann, wenn die Verbindlichkeit für ihn gar nicht fühlbar ist, weil er weder Vermögen noch Einkommen hat.[341] Das folgt unmittelbar aus der Differenzhypothese, die auf der Aktiv- wie auf der Passivseite jeden Rechnungsposten in die Schadensermittlung mit einbezieht. Darüber hinaus lässt sich kaum vorhersehen, ob der heute mit einer Verbindlichkeit Belastete auch künftig zahlungsunfähig sein wird.

335 BGH, NJW 1987, 646 = **juris**byhemmer.
336 BGH, NJW 1967, 552 = **juris**byhemmer.
337 BGH, NJW 2005, 277 = **juris**byhemmer.
338 Grüneberg (vormals Palandt), § 251, Rn. 15.
339 Grüneberg (vormals Palandt), § 249, Rn. 4.
340 Grüneberg (vormals Palandt), a.a.O.
341 BGHZ 66, 4; NJW 1986, 582 = **juris**byhemmer.

2. Sonderfall: Belastung mit einer Unterhaltsverpflichtung

Belastung mit einer Unterhaltsverpflichtung

Ein Unterfall der Belastung mit einer Verbindlichkeit ist die Belastung mit einer Unterhaltspflicht für ein nicht gewolltes Kind. 162

Misslungene Sterilisation

Zu einem Schadensersatzanspruch dieses Inhalts kommt es z.B., wenn durch Verschulden des Arztes eine Sterilisation misslingt. Das Fehlschlagen des Eingriffs bleibt unbemerkt und ein Kind kommt zur Welt. Die unterhaltsverpflichteten Eltern können dann vom Arzt den Unterhaltsbetrag als erlittenen Vermögensschaden ersetzt verlangen.[342]

hemmer-Methode: Achtung: Schauen Sie immer genau nach, wer Vertragspartner ist. Schließt den Vertrag nur ein Elternteil (meist die Mutter) und liegt auch keine Stellvertretung vor, müssen Sie bezogen auf den anderen Teil immer eine Einbeziehung über die Grundsätze des Vertrages mit Schutzwirkung zugunsten Dritter prüfen.
In diesem Sinne hat der BGH die Einbeziehung eines Vaters in einen Beratungsvertrag über Empfängnisverhütung und damit einen Anspruch auf Freistellung von Unterhaltslasten verneint, da die Frau bei Vertragsschluss schon schwanger war.[343] Nach Ansicht des BGH fehle es bezüglich der Beratung daher bereits an der Leistungsnähe. Achten Sie also immer auf die Art und Inhalt des Vertrages, wenn Sie in diesem Bereich mit dem Vertrag mit Schutzwirkung zugunsten Dritter arbeiten![344]

Mitverschulden

Entdeckt man später das Misslingen der Sterilisation, könnte den Eltern nach § 254 II S. 1 BGB entgegenzuhalten sein, dass der Schaden durch Schwangerschaftsunterbrechung oder durch Freigabe zur Adoption abzuwenden sei. Für die Eltern ist eine derartige Schadensabwendungspflicht jedoch unzumutbar. Bei einer fehlgeschlagenen Sterilisation begründet deshalb die Verweigerung eines Schwangerschaftsabbruchs oder einer Freigabe zur Adoption kein Mitverschulden.[345]

Fehlgeschlagene oder unterlassene Abtreibung

Zur Belastung mit einer Unterhaltspflicht für ein nicht gewolltes Kind kommt es auch, wenn ein *Schwangerschaftsabbruch misslingt*.[346] Ebenso, wenn ein schwer behindertes Kind zur Welt kommt, dessen Geburt nach sorgfältiger Frühuntersuchung durch einen legalen Schwangerschaftsabbruch hätte verhindert werden können.[347]

Grundsätzlich kann für den Fall der fehlgeschlagenen oder schuldhaft unterlassenen *legalen* Abtreibung die Belastung mit der Unterhaltspflicht als Schaden gegen den Arzt geltend gemacht werden.[348]

hemmer-Methode: Es ist in diesem Zusammenhang von wesentlicher Bedeutung, zwischen rechtmäßigem und rechtswidrigem Schwangerschaftsabbruch zu unterscheiden. Daran ändert auch die Neufassung des § 218a StGB nichts. Danach entfällt zwar in einzelnen Fällen die Strafbarkeit, die Rechtswidrigkeit bleibt aber erhalten.

342 BGHZ 76, 249 (259); NJW 1984, 2625 = **juris**byhemmer.

343 BGH, **Life&LAW 09/2002, 575 ff.**

344 Auch wenn nur die Mutter den Vertrag schließt, muss der Zweck des Vertrages geklärt werden. Besteht nämlich kein Bezug zur Frage der Schwangerschaft, kann auch der Arzt nicht in Anspruch genommen werden, vgl. dazu BGH, NJW 2005, 891 ff. = **juris**byhemmer = **Life&LAW 05/2005, 273 ff.** mit ausführlicher Darstellung der Gesamtthematik.

345 BGHZ 76, 257 = **juris**byhemmer.

346 BGHZ 95, 207 = **juris**byhemmer.

347 BGHZ 89, 104; BGH, NJW 2002, 886 und 2636 = **juris**byhemmer; dazu Müller, NJW 2003, 697.

348 BGHZ 129, 182 = **juris**byhemmer.

Führt also eine rechtswidrige Handlung nicht zu dem gewünschten Erfolg, begründet das keine Schadensersatzpflicht.[349] Dies ließe sich auch mit den Grundsätzen des rechtmäßigen Alternativverhaltens begründen. Ist ein Schwangerschaftsabbruch rechtswidrig, hat er zu unterbleiben. Dann aber fallen die Unterhaltskosten für die Eltern ebenfalls an.

Höhe des Ersatzanspruchs

Die Rspr. begrenzt die Einstandspflicht des Arztes aber auf den Unterhaltsbetrag, der nach den durchschnittlichen Anforderungen für das Auskommen des Kindes erforderlich ist.[350] Die jeweiligen Lebensverhältnisse der Eltern sollen keine Rolle spielen. Das Kindergeld wird aber in voller Höhe abgezogen (Vorteilsanrechnung). Nicht ersetzt wird der durch die Geburt des Kindes eintretende Verdienstausfall der Eltern, da dieser nicht von Zurechnungszusammenhang und Schutzzweck erfasst sein soll.[351] 163

Beim nach schuldhaft unterlassener Aufklärung und deswegen versäumter Abtreibung behindert zur Welt gekommenen Kind richtet sich der Anspruch auf den *gesamten* Unterhaltsbetrag.[352] Der Schadensersatzanspruch beschränkt sich nicht auf den Mehraufwand der Eltern, der infolge des Zustandes des Kindes anfällt.[353] Der Unterhaltsschaden lässt sich nicht in den Unterhalt für ein gewolltes gesundes Kind und den behinderungsbedingten Mehraufwand aufteilen.[354]

hemmer-Methode: Kein Schadensersatzanspruch steht hingegen dem Kind zu, das aufgrund der unterbliebenen Abtreibung behindert zur Welt gekommen ist. Es gibt kein Recht auf „Nichtexistenz“, so dass es an einer Rechtsgutsverletzung fehlt.[355] Diese so genannte „wrongful life-Problematik“ steht in engem Zusammenhang mit der Geltendmachung einer Unterhaltsverpflichtung als Schaden. Durch das Lernen in solchen Zusammenhängen fördern Sie ihr Verständnis. Gerade dieses Verständnis entscheidet aber in der unbekannten Klausur über Erfolg oder Misserfolg.

An dieser Rechtsprechung des BGH äußerte das BVerfG (2. Senat) anlässlich eines Urteils zur Abtreibungsfrage „von Verfassungs wegen“ Kritik.[356]

Nach seiner Ansicht verletzt die rechtliche Qualifikation der Existenz eines Kindes als Schadensquelle dieses in seiner Menschenwürde aus Art. 1 I GG.

Der BGH hält aber trotz dieser Kritik an seiner Rechtsprechung fest. Er stellt zu Recht klar, dass nicht das Kind, sondern nur die Unterhaltsverpflichtung einen Schaden darstellt. Diese ergibt sich aber aus einem völlig wertungsfreien Vergleich der Vermögenslage der Eltern mit und ohne Pflichtverletzung des Arztes. Mit der Anerkennung eines Schadensersatzanspruchs wird also keineswegs ein negatives Urteil über die Existenz des Kindes ausgesprochen.

Die Situation des Kindes verbessert sich möglicherweise sogar, wenn der Unterhaltsaufwand auf den Arzt verlagert wird, der ihn letztlich auch zu verantworten hat.[357]

349 Grüneberg (vormals Palandt), § 249, Rn. 72 ff.; BGH, FamRZ 2003, 1378 = **juris**byhemmer.

350 BGH, NJW 1980, 1455 = **juris**byhemmer; Grüneberg (vormals Palandt), § 249, Rn. 76.

351 BGH, NJW 1997, 1640 = **juris**byhemmer.

352 BGHZ 89, 95 = **juris**byhemmer.

353 BGH a.a.O.

354 BGH, NJW 1994, 788 = **juris**byhemmer.

355 Vgl. dazu Hemmer/Wüst, Deliktsrecht I, Rn. 28.

356 BVerfGE 88, 203 = NJW 1993, 1751, 1763 f.

357 BGH, NJW 1994, 788 = **juris**byhemmer.

hemmer-Methode: Abgelehnt wird vom BGH[358] dagegen eine Schadensersatzpflicht der Mutter, wenn diese innerhalb einer nichtehelichen Lebensgemeinschaft ohne Wissen des Mannes die vereinbarte hormonelle Empfängnisverhütung aufgibt: Vertragliche Schadensersatzansprüche scheitern an dem fehlenden Rechtsbindungswillen der Frau hinsichtlich der hormonellen Empfängnisverhütung, deliktischen Schadensersatzansprüchen stehen die grundrechtlich geschützten Interessen des Kindes von vornherein entgegen.[359]

Dies hat auch das BVerfG „eingesehen". Der 1. Senat ist der Auffassung, dass die vom 2. Senat früher vertretene Ansicht aus Wertungsgesichtspunkten nicht überzeugt.[360] Der BGH konnte auch weiter so entscheiden, da es sich bei der vom 2. Senat geäußerten Ansicht lediglich um ein obiter dictum handelte, das nicht die Bindungswirkung des § 31 BVerfGG entfaltet.

hemmer-Methode: Der 2. Senat sah das natürlich (ganz „empört") völlig anders. Zu diesem „Machtkampf" vgl. die Stellungnahme des 2. Senats in NJW 1998, 523.

Ausschluss des Ersatzanspruchs

Der Schadensersatzanspruch gegen den Arzt bei fehlgeschlagener Abtreibung oder schuldhaft unterlassener Aufklärung *entfällt* allerdings in folgenden Fällen: 165

„Wunschkind"

Dann, wenn die Mutter zu einer Zeit, zu der die Wiederholung des Abbruchversuchs medizinisch und rechtlich noch möglich und ihr zumutbar war, diese ablehnte, weil sie sich entschlossen hat, das Kind auszutragen.

Es fehlt wegen des Dazwischentretens der freien Entschließung des Verletzten (der Mutter) am Zurechnungszusammenhang (haftungsausfüllende Kausalität).[361]

Gesundes Kind

Wenn der Eingriff nur aus medizinischen Gründen zum Schutz der Mutter durchgeführt werden sollte, das Kind aber gesund zur Welt kommt. Die Schwangerschaftsunterbrechung, die den Inhalt des Arztvertrages bildete, sollte dazu dienen, die Mutter vor Schaden an Leben und Gesundheit zu bewahren.

Nicht in den *Schutzbereich des Behandlungsvertrages* fällt *in diesem Fall* dagegen die Belastung mit der Unterhaltspflicht.[362]

hemmer-Methode: Exakt in diesem Sinne entschied der BGH in NJW 2000, 1782 = Life&LAW 09/2000, 605! Der BGH betont, dass nur die Belastung mit Unterhaltsaufwendungen als Schaden anerkannt werden könne, wenn der Schutz vor solchen Belastungen Gegenstand des jeweiligen Behandlungs- oder Beratungsvertrages war. Ähnlich verhält es sich, wenn ein Arzt es bei einem schwerkranken Patienten unterlassen hat, auf die Möglichkeit einer lebensverkürzenden Behandlung hinzuweisen, so dass das Vermögen des Patienten weiter durch Pflegeleistungen belastet wird. Der Erbe des später verstorbenen Patienten kann hier nicht gegen den Arzt vorgehen, weil es nicht dem Schutzzweck des Behandlungsvertrages entspricht, weitere Kosten für die Pflege eines Menschen zu ersparen.[363]

358 BGH, NJW 1986, 2043 = **juris**byhemmer.

359 Vgl. dazu auch die ablehnende Rezension von Fehn, JuS 1988, 602.

360 Vgl. BVerfG, NJW 1998, 519 = **juris**byhemmer.

361 BGH, NJW 1985, 672 = **juris**byhemmer.

362 BGH, NJW 1985, 2752 = **juris**byhemmer.

363 BGH, **Life&LAW 07/2019, 439 ff.** = **juris**byhemmer.

V. Ersatz des entgangenen Gewinns, § 252 BGB

Begriff

Entgangener Gewinn umfasst alle Vermögensvorteile, die im Zeitpunkt des schädigenden Ereignisses noch nicht zum Vermögen des Verletzten gehörten, die ihm aber ohne dieses Ereignis zugeflossen wären.[364] 166

Einordnung

Dieser entgangene Gewinn ist bei der Schadensberechnung festzustellen und in den zu ersetzenden Vermögensschaden einzurechnen.

Dies folgt bereits aus § 249 I BGB, wonach der Geschädigte so gestellt werden soll, wie er ohne das schädigende Ereignis stehen würde. § 252 S. 1 BGB hat somit lediglich deklaratorischen Charakter.

Bsp.: *Bei einem Verkehrsunfall wurde der Fahrlehrer F verletzt und lag zwei Wochen im Krankenhaus.*

F verlangt vom Schädiger S Ersatz des Verdienstausfalls für diesen Zeitraum.

Abwandlung: *S wendet ein, F habe aus familiären Gründen einen Tag nicht fahren können.* 167

Schadensersatzansprüche des F gegen S sind gem. §§ 823 I, II BGB i.V.m. § 229 StGB und nach §§ 7, 18 StVG begründet. Nach § 252 S. 1 BGB kann F als Geschädigter auch Ersatz des entgangenen Gewinns verlangen.

Beweiserleichterung des § 252 S. 2 BGB

Der geschädigte F müsste allerdings den Nachweis dafür bringen, welche gewinnbringenden Fahrten ihm entgangen sind. Da es sich dabei um die Darstellung eines hypothetischen Geschehensablaufs handelt, welche im Einzelfall sehr schwierig sein kann, gibt § 252 S. 2 BGB eine Beweiserleichterung:

Der Geschädigte muss die Umstände darlegen und beweisen, aus denen sich nach dem gewöhnlichen Verlauf der Dinge oder den besonderen Umständen des Falles die Wahrscheinlichkeit des Gewinneintritts ergibt; dann wird vermutet, dass der Gewinn auch tatsächlich gemacht worden wäre.[365]

Berechnung des entgangenen Gewinns

Der geschädigte F wird also Tatsachen darlegen und beweisen, die einen bestimmten Gewinn als wahrscheinlich erwarten lassen. Er wird z.B. dartun, was er im Vergleichszeitraum des Vorjahres verdient hat. 168

Abwandlung:

Widerlegbare Vermutung

§ 252 S. 2 BGB begründet - entgegen seinem Wortlaut - lediglich eine widerlegbare Vermutung.[366] Dem Schädiger steht der Gegenbeweis offen. Gelingt es dem S, zu beweisen, dass im konkreten Fall ein Gewinn des F in dieser Höhe nicht erzielt worden wäre, so mindert sich entsprechend der zu ersetzende Schaden.

hemmer-Methode: Schließt der Selbständige eine private Verdienstausfallversicherung ab, entlasten die entsprechenden Leistungen den Schädiger nicht. Es findet keine Vorteilsanrechnung statt. Eine Anrechnung würde den Schädiger unbillig entlasten, denn die Intention einer derartigen Versicherung besteht nicht in der Entlastung des Schädigers (anders als z.B. bei einer Insassenunfallversicherung des seinen Fahrgast schädigenden Taxifahrers).

364 Grüneberg (vormals Palandt), § 252, Rn. 1.

365 BGHZ 54, 55; 100, 49; BGH, NJW 1964, 662 = **juris**byhemmer; Grüneberg (vormals Palandt), § 252, Rn. 4.

366 BGHZ 29, 398; Grüneberg (vormals Palandt), § 252, Rn. 4 = **juris**byhemmer.

Erhält der Geschädigte Leistungen eines Sozialversicherungsträgers (abhängig Beschäftigte), findet eine Vorteilsanrechnung ebenfalls nicht statt, da ein Forderungsübergang kraft Gesetzes eingreift, vgl. § 116 SGB X.[367]

Ersatz eines ganz ungewöhnlich entgangenen Gewinns

Zweifelhaft ist aber, ob umgekehrt über die Vermutung hinaus auch ein ganz unwahrscheinlicher Gewinn zu ersetzen ist.

Bsp.: *Kann E, der Eigentümer eines Loses ist, vom Dieb D den Gewinn verlangen, der nach dem Diebstahl auf dieses Los fiel?* 169

Keine materiell-rechtliche Begrenzung der Ersatzpflicht

Der Wortlaut des § 252 S. 2 BGB („gilt") scheint für eine materielle Begrenzung des zu ersetzenden Schadens zu sprechen: Nur der Gewinn ist zu ersetzen, der zur Zeit des schädigenden Ereignisses mit Wahrscheinlichkeit erwartet werden konnte, nicht dagegen ein ganz ungewöhnlicher Gewinn. Demnach könnte der E den Losgewinn nicht verlangen, da dieser zur Zeit des Diebstahls nicht mit „Wahrscheinlichkeit erwartet werden konnte".

Nach der ganz h.M. enthält § 252 S. 2 BGB, trotz seiner missverständlichen Formulierung, keine materiell-rechtliche Begrenzung der Ersatzpflicht.[368] Dies würde auch dem Prinzip der Totalrestitution des § 249 I BGB widersprechen. Vielmehr kommt es auf eine nachträgliche Beurteilung an (Zeitpunkt der letzten mündlichen Verhandlung), wo auch der weitere Geschehensablauf berücksichtigt wird.[369]

E kann demnach von D den Gewinn verlangen.

VI. Ersatz bei der Verletzung fremder Ausschließlichkeitsrechte

Einordnung

Bei Verletzung von Urheberrechten oder ähnlichen Ausschließlichkeitsrechten kann der Geschädigte zwischen drei verschiedenen Ersatzmöglichkeiten wählen. 170

Bsp.: *Der wenig erfolgreiche Unternehmer U versieht seine neue Sportartikelreihe mit dem Firmennamen des für seine besondere Qualität bekannten Sportartikelherstellers S. Wie von U erwartet, kam es bei ihm zu einer prompten Absatzsteigerung. Der Absatz des S ging dagegen spürbar zurück, worauf dieser den U auf Schadensersatz in Anspruch nimmt.*

Haftungsgrundlage

Ein Schadensersatzanspruch ergibt sich für S aus § 14 VI MarkenG, da U vorsätzlich seine Waren mit dem Firmennamen und damit der „Marke" des S i.S.d. § 3 MarkenG versah und so in den Verkehr brachte.

Dreifache Schadensberechnung

Im Falle der schuldhaften Verletzung eines vermögenswerten Ausschließlichkeitsrechts (wie Urheber-, Patent-, Geschmacksmusterrechte, sowie Markenrecht) ist teils gesetzlich bestimmt (vgl. § 139 II PatG, §§ 14 VI, 15 V MarkenG, § 42 II GeschmMG), im Übrigen von der Rechtsprechung gewohnheitsrechtlich anerkannt, dass eine dreifache Art der Schadensberechnung nach Wahl des Ersatzberechtigten in Betracht kommt:[370] 171

Konkrete Schadensberechnung

a) Der Ersatzberechtigte kann seinen Schaden nach den §§ 249 ff. BGB. *konkret berechnen*. Er müsste dann jedoch, was in der Praxis oft sehr schwierig ist, den Schaden nachweisen, (z.B. durch nachweisbare Absatzminderung oder nachweisbar entgangene, besonders hohe Lizenzgebühr). Dieser Nachweis kann auch unter Berücksichtigung der Beweiserleichterung des § 252 S. 2 BGB oft nicht geführt werden. 172

367 Vgl. ausführlich dazu Grüneberg (vormals Palandt), vor § 249, Rn. 112 ff.

368 BGHZ 29, 399; BGH, NJW 83, 758 = **juris**byhemmer; Grüneberg (vormals Palandt), § 252, Rn. 2.

369 Grüneberg (vormals Palandt), § 252, Rn. 6.

370 BGHZ 26, 352; 57, 116; BGH, NJW 1966, 823 = **juris**byhemmer.

Zahlung einer angemessenen Lizenzgebühr

b) Er kann eine angemessene Vergütung in Höhe der üblichen *Lizenzgebühr* verlangen. Dabei muss er *nicht* nachweisen, dass er eine solche tatsächlich erzielt hätte. 173

Hinter dieser Berechnungsmethode verbirgt sich der Gedanke, dass es ein Gebot der Billigkeit ist, dass „niemand durch den unerlaubten Eingriff in solche Rechte bessergestellt sein soll, als er bei ordnungsgemäß eingeholter Erlaubnis gestanden hätte" (Gedanke des *bereicherungsrechtlichen* Wertersatzes).[371]

Herausgabe des Gewinns

c) Er kann die Herausgabe des vom Verletzer tatsächlich erzielten Gewinns verlangen. 174

Dieser Berechnungsmethode liegt der Rechtsgedanke der §§ 687 II, 681, 667 BGB zugrunde, wobei der Anspruch hier schon unter den erleichterten Voraussetzungen eines Schadensersatzanspruchs gegeben wird (es genügt Fahrlässigkeit).[372]

Spezielle Ausprägung fand diese Rspr. beispielsweise in § 42 II GeschmMG.

VII. Auskunftsanspruch zur Durchsetzung eines Schadensersatzanspruchs

Einordnung

Bsp.: *Verlangt der Ingenieur I von seinem Konkurrenten K für die unerlaubte Nachahmung eines Patentes die Herausgabe des von diesem erzielten Gewinns (im Sinne der oben unter c) dargestellten Berechnungsmethode), so stellt sich die Frage, ob I von K auch Auskunft oder Rechenschaftslegung über die erzielten Umsätze und Gewinne verlangen kann. Von Bedeutung ist dies insbesondere bei der ordnungsgemäßen Klageerhebung, da diese nach § 253 II Nr. 2 ZPO einen bestimmten, bezifferten Antrag voraussetzt.*[373] 175

Keine allgemeine Auskunftspflicht

Das BGB kennt keine allgemeine Auskunftspflicht, sondern setzt für einen Auskunftsanspruch eine besondere Rechtsgrundlage voraus (Auskunftspflicht aus Auskunftsvertrag, vertraglicher Nebenpflicht z.B. aus den §§ 666, 675 BGB, oder aus Gesetz, z.B. aus den §§ 1379, 1605, 2127 BGB).

§ 242 BGB

Insbesondere für Schadensersatzansprüche gilt jedoch: 176

Nach *Treu und Glauben* besteht eine Auskunftspflicht (§ 242 BGB), wenn:[374]

- zwischen den Parteien eine rechtliche Sonderbeziehung besteht (Vertrag, gesetzliches Schuldverhältnis, unerlaubte Handlung etc.), **und**[375]
- der Berechtigte in entschuldbarer Weise über Bestehen und Umfang seiner Rechte im ungewissen ist und sich die Information nicht selbst auf zumutbare Weise beschaffen kann, ***und***[376]
- der Verpflichtete unschwer in der Lage ist, die Auskunft zu erteilen.[377]

---

371 BGHZ 68, 90; BGH, NJW 1982, 1154 = **juris**byhemmer.

372 BGH, NJW 1982, 1154 = **juris**byhemmer; v. Caemmerer, FS für Rabel I, S. 354.

373 Hemmer/Wüst/Gold, ZPO I, Rn. 86.

374 St. Rspr., BGHZ 95, 288; BGH, NJW 1986, 1244 = **juris**byhemmer.

375 Grüneberg (vormals Palandt), § 260, Rn. 5.

376 Grüneberg (vormals Palandt), § 260, Rn. 7; zu den anderweitigen Beschaffungsmöglichkeiten gehört auch ein gesetzlicher oder vertraglicher Auskunftsanspruch gegen einen Dritten, BGH, **Life&LAW 07/2018, 437 ff.** = **juris**byhemmer.

377 Grüneberg (vormals Palandt), § 260, Rn. 8.

Rechenschaftspflicht bei Verschulden

Darüber hinaus kann nach der Rspr. ein rechtswidriges (Vor-) Verhalten eine Rechenschaftspflicht als gesteigerte Form der Auskunftspflicht begründen (Analogie zu den §§ 687 II, 681, 666, 259 BGB).

Ergebnis

K hat schuldhaft ein Patentrecht des G verletzt. Er muss daher auf Verlangen des G Rechenschaft über seine Umsätze und Gewinne geben.

Eidesstattliche Versicherung, §§ 259 II, 260 II BGB

Unter den Voraussetzungen der §§ 259 II, 260 II BGB besteht auch ein Anspruch darauf, dass die Richtigkeit der Auskunft eidesstattlich versichert wird. Diese kann gemäß § 889 ZPO erzwungen werden. 177

hemmer-Methode: Die prozessuale Durchsetzung eines Auskunftsanspruchs erfolgt regelmäßig durch eine Stufenklage nach § 254 ZPO. Der Kläger verbindet dabei seine Auskunftsklage mit einer Leistungsklage.
Er kann auf diese Weise Kosten sparen und erreicht, dass der zunächst unbestimmte Zahlungsantrag bereits zum Zeitpunkt der Einreichung der Stufenklage rechtshängig wird. Dies ist vor allem für die Verjährungshemmung nach § 204 I Nr. 1 BGB von Bedeutung.[378]

378 Vgl. zur Stufenklage Hemmer/Wüst/Gold, ZPO I, Rn. 90 ff.

§ 6 POSITIVES UND NEGATIVES INTERESSE

Zentrale Begriffe des Schadensrechts sind das sog. „positive" und „negative" Interesse.[379] Dabei ist der Anknüpfungspunkt der Schadensersatzpflicht jeweils ein anderer: 178

A. Positives Interesse

Inhalt des Anspruchs

Wer wegen Nichterfüllung seiner vertraglichen oder rechtsgeschäftlichen Leistungspflichten Schadensersatz zu leisten hat, vgl. die §§ 280 I, III, 281, 282, 283 BGB (i.V.m. § 437 Nr. 3 bzw. § 634 Nr. 4 BGB), muss den Geschädigten so stellen, wie er bei ordnungsgemäßer Erfüllung stehen würde (positives Interesse).[380] Der Schaden liegt hier in der Differenz zwischen der vorhandenen Vermögenslage und derjenigen, die bei ordnungsgemäßer Erfüllung bestehen würde. 179

Dabei ist der Begriff „positives" Interesse nicht gleichbedeutend mit Schadensersatz statt der Leistung. Auch im Hinblick auf Begleitschäden, die ja bei ordnungsgemäßer Erfüllung nicht angefallen wären und neben der Leistung ersetzt werden, spricht man von positivem Interesse.

Umfang

Dieser Nichterfüllungsschaden beschränkt sich daher nicht auf den objektiven Wert der ausgebliebenen Leistung, sondern umfasst z.B. auch den entgangenen Gewinn, den der Gläubiger aus der rechtzeitig und vollständig erbrachten Leistung hätte ziehen können. Auch Mangelfolgeschäden fallen darunter, weil auch diese bei mangelfreier - d.h. ordnungsgemäßer - Leistung nicht angefallen wären. 180

Auch darunter fallen Aufwendungen, die der Gläubiger machen muss, um sein Interesse an der Leistung auf andere Weise zu befriedigen (sog. *Deckungsgeschäft*).

Problem: Aufwendungsersatz

Tätigt der Gläubiger Aufwendungen im Vertrauen auf die Leistung, ergeben sich Probleme:[381] Bei ordnungsgemäßer Erfüllung wären diese Aufwendungen ebenfalls angefallen, so dass sie grundsätzlich nicht ersatzfähig i.S.d. positiven Interesses sind. Die Rechtsprechung arbeitet in diesem Bereich mit einer sog. Rentabilitätsvermutung. Danach wird widerlegbar vermutet, dass Aufwendungen, die unmittelbar mit dem Erwerbsvorgang zusammenhängen (Maklerkosten, Notargebühren), im Falle der Vertragserfüllung durch Einnahmen ausgeglichen worden wären. Der Schaden liegt damit im Verlust einer solchen Kompensationsmöglichkeit, denn diese Einnahmen wären (vermutet) bei ordnungsgemäßer Erfüllung erzielbar gewesen.[382] 181

Infolge der Einführung des § 284 BGB ist umstritten, ob an diesem Vorgehen festgehalten werden kann. Das erscheint zunächst aufgrund des Wortlauts problematisch, da der Ersatz von Aufwendungen nun (abschließend) geregelt worden zu sein scheint.[383] Überzeugend erscheint eine parallele Anwendung.

379 Vgl. zu diesen Begriffen auch Schünemann/Becker, JuS 1990, L 25 ff.

380 Grüneberg (vormals Palandt), vor § 249, Rn. 16.

381 Ausführlich dazu Hemmer/Wüst, Schuldrecht BT I, Rn. 1431 ff.

382 BGHZ 99, 196; 71, 238.

383 Zum Verhältnis der Rentabilitätsvermutung zu § 284 BGB vgl. BGH, **Life&LAW 11/2005, 719 ff. = jurisbyhemmer**.

Demnach enthält § 284 BGB keine abschließende Regelung für erwerbswirtschaftliche Aufwendungen, so dass der Gläubiger die Wahl hat, ob er diese statt der Leistung als „Mindestschaden" geltend macht oder über § 284 BGB. § 284 BGB ist aber vom Anwendungsbereich weiter. Er erfasst nicht nur erwerbswirtschaftliche, sondern auch ideelle Aufwendungen.[384]

B. Ersatz des negativen Interesses

Inhalt des Anspruchs

Ist gemäß den §§ 122, 179 II BGB, aus §§ 280 I, 241 II, 311 II BGB oder aus Delikt Schadensersatz zu leisten (geht es also um eine Schadensersatzhaftung außerhalb des Vertragsrechts), geht die Haftung auf Ersatz des sog. negativen Interesses.[385] *Der Gläubiger muss dabei so gestellt werden, wie er ohne schädigende Handlung stehen würde.* 182

hemmer-Methode: Der häufigste Merksatz „Der Gläubiger ist so zu stellen, wie wenn er von dem Vertrag nie etwas gehört hätte" bzw. „nicht auf die Gültigkeit des Vertrages vertraut hätte" stimmt nur bei §§ 122 I, 179 II BGB sowie ggfs. bei der c.i.c., also bei gescheiterten Verträgen bzw. der vorvertraglichen Haftung, wenn man ohne die Pflichtverletzung keinen Vertrag abgeschlossen hätte. Bei einem rein deliktischen Anspruch, bei dem der Schaden nicht im Abschluss eines Vertrages liegt, macht dann ein derart auswendig gelernter Spruch keinen guten Eindruck! Insoweit sollten Sie auch den Begriff des Vertrauensschadens richtig einordnen. Der Begriff ist immer dann gerechtfertigt, wenn jemand im Vertrauen auf die Wirksamkeit eines Vertrages Einbußen erleidet und sich später die Unwirksamkeit des Vertrages herausstellt. Man könnte insoweit sagen, dass der Vertrauensschaden einen Unterfall des negativen Interesses darstellt.

Umfang

Das negative Interesse umfasst:

Den Ersatz von Aufwendungen, die zum Zwecke der Ausführung des für gültig gehaltenen Vertrages vom Ersatzberechtigten gemacht wurden. 183

Den Ersatz von Nachteilen, die der Ersatzberechtigte dadurch erlitten hat, dass er es im Vertrauen auf die Gültigkeit des Vertrages unterließ, eine günstige, jetzt nicht mehr gegebene Abschlussmöglichkeit wahrzunehmen.

Im deliktischen Sektor erfasst das negative Interesse alle Schäden, die auf der schädigenden Handlung basieren (Körperschäden, Reparaturkosten etc.).

Begrenzung des Ersatzanspruchs

Das negative Interesse kann geringer, aber auch höher als das Erfüllungsinteresse sein. Bei den §§ 122 I, 179 II BGB begrenzt das Gesetz den Ersatz des negativen Interesses auf den Betrag des Erfüllungsinteresses. Ist das negative Interesse dagegen aus §§ 280 I, 241 II, 311 II BGB zu ersetzen, so ist es selbst dann zu ersetzen, wenn es das Erfüllungsinteresse übersteigt.[386]

---

384 Vgl. ausführlich dazu BGH, **Life&LAW 11/2005, 719 ff.** = **juris**byhemmer, sowie Tyroller, Probleme des § 284 BGB, **Life&LAW 11/2005, 790 ff.**

385 Grüneberg (vormals Palandt), vor § 249, Rn. 17.

386 Grüneberg (vormals Palandt), vor § 249, Rn. 17.

Es bleibt dann aber das negative Interesse ersatzpflichtig. Man darf daher nur Positionen ansetzen, die auch zum negativen Interesse gehören.[387] Täuscht ein Dritter den Käufer eines Hauses darüber, dass das Dach des Hauses renoviert worden sei, und kauft dieser das Gebäude daraufhin, kann er gem. §§ 823 II BGB, 263 StGB nur verlangen, so gestellt zu werden, als hätte die Täuschung nicht stattgefunden.

Da er dann den Vertrag nicht geschlossen hätte, gehören zu dem nach Deliktsrecht ersatzfähigen Schaden nicht die Kosten einer Dachreparatur, die vom Käufer dann durchgeführt wurde! Denn das liefe faktisch auf das positive Interesse hinaus.

hemmer-Methode: Das Gegenteil hat der BGH nun aber im Diesel-Abgasskandal entschieden: Danach kann der Geschädigte nicht nur eine Rückabwicklung des Vertrages erreichen, sondern auch den sog. kleinen Schadensersatz verlangen, d.h. den Betrag, um den man das Fahrzeug in Anbetracht der vorhandenen „Schummelsoftware“ zu teuer erworben hat.[388]

Das Mitverschulden des anderen Vertragsteils schließt mitunter (§§ 122 II, 179 III S. 1 BGB) den Anspruch auf Ersatz des negativen Interesses gänzlich aus (vgl. dazu Rn. 243).

Bei Ansprüchen aus §§ 280 I, 241 II, 311 II BGB findet ein Mitverschulden des anderen Teils stets nach § 254 BGB Berücksichtigung.

Ersatz des negativen Interesses

Der Anspruch auf Ersatz des negativen Interesses geht grundsätzlich auf die Wiederherstellung des ursprünglichen Zustands, § 249 I BGB. Sollte dies nicht möglich sein, ist eine Entschädigung in Geld zu zahlen, § 251 I BGB.

hemmer-Methode: Die Begriffe „positives“ und „negatives Interesse“ beim Schadensersatz bilden keine im Widerspruch zu der Regelung der §§ 249 ff. BGB stehende Festlegung des Schadensumfangs. Unabhängig davon, ob es um Ersatz des positiven oder negativen Interesses geht, müssen Sie prüfen, ob der Schaden durch Naturalrestitution oder durch Entschädigung in Geld zu ersetzen ist. 184

387 BGH, **Life&LAW 05/2011, 297 ff.** = **juris**byhemmer.

388 BGH, Urteil vom 06.07.2021, AZ VI 40/20 = **juris**byhemmer. Das hatten viele Gerichte zuvor anders gesehen. Bei Drucklegung dieses Skripts lag die Urteilsbegründung noch nicht vor. So recht überzeugen kann diese Entscheidung nicht, denn ohne die sittenwidrige Schädigung hätte man das Fahrzeug gar nicht erst erworben!

§ 7 SCHADENSMINDERNDE FAKTOREN

(HYPOTHETISCHE SCHADENSURSACHEN, RECHTMÄẞIGES ALTERNATIVVERHALTEN UND VORTEILSAUSGLEICHUNG)

Keine Bereicherung über Schadensersatz

Die Berücksichtigung schadensmindernder Faktoren bei der Berechnung des ersatzfähigen Schadens ist bisweilen erforderlich, um zu verhindern, dass das Vermögen des Geschädigten nach der Schadensersatzleistung einen größeren Wert aufweist, als dies ohne das zum Schadensersatz verpflichtende Ereignis der Fall wäre. Dies ist letztlich die „Kehrseite" der Differenzhypothese: Schaden ist danach der Unterschiedsbetrag zwischen der tatsächlichen Vermögenslage und der hypothetischen ohne Schadensereignis. D.h. der Geschädigte soll mittels der Schadensersatzleistung vermögensmäßig nicht schlechter, aber auch nicht besser stehen, als er ohne den Schadensfall stünde. Der Schadensausgleich soll niemals zu einer Bereicherung des Geschädigten führen. *185*

hemmer-Methode: Gesetzlich geregelte Fälle dieses sog. „schadensersatzrechtlichen Bereicherungsverbots" sind z.B. § 255 und § 422 I BGB sowie jede cessio legis![389]

Schadensmindernde Faktoren

Als schadensmindernde Faktoren kommen zum einen Ereignisse in Betracht, die ohne das haftungsbegründende Ereignis den gleichen Schaden herbeigeführt hätten (hypothetische Schadensursachen, rechtmäßiges Alternativverhalten), zum anderen Vermögensvorteile, die dem Geschädigten gerade durch das schadensbegründende Ereignis zugeflossen sind (Vorteilsausgleichung).

Vor dem Vermögensvergleich hat jedoch eine Entscheidung darüber stattzufinden, welche Faktoren überhaupt in die Rechnung als schadensmindernd eingestellt werden dürfen. Eine unterschiedslose Anrechnung aller Faktoren als schadensmindernd wäre, wie sich noch zeigen wird, mit Sinn und Zweck des Schadensrechts nicht vereinbar.

A. Berücksichtigung hypothetischer Schadensursachen

Hypoth. Kausalität

Bei der Frage der sog. hypothetischen Kausalität geht es darum, zu ermitteln, ob Umstände, die zeitlich nach dem Schadensereignis die gleiche Schädigung verursacht hätten, sich aber gerade wegen des Vorschadens nicht mehr nachteilig auswirken konnten, zur Kürzung oder gar zum Wegfall des Ersatzanspruchs führen (sog. Reserveursachen oder hypothetische Schadensursachen). *186*

Eine gesetzliche Regelung fehlt. Zwar kann aus verschiedenen Vorschriften entnommen werden, dass Reserveursachen zu berücksichtigen (vgl. §§ 287 S. 2, 844 II, 848 BGB) sind. Doch lässt sich daraus keine verallgemeinerungsfähige Lösung ableiten.

> ***Bsp.:*** *Auf schneeglatter Straße verlor S die Kontrolle über sein Kfz und fuhr in die Schaufensterscheibe des Geschäftsinhabers G. Weil nicht sogleich eine passende Ersatzscheibe besorgt werden konnte, musste G seinen Laden wegen der niedrigen Temperaturen schließen.* *187*

389 Vgl. dazu Hemmer/Wüst/Sorge, Rückgriffsansprüche!

Einige Tage später wurde durch einen schweren Meteoriten das gesamte Geschäftshaus zerstört. Kann sich S darauf berufen, dass der Schaden später ohnehin und unabhängig von seinem Fehlverhalten entstanden wäre?

Begriff

Die Bezeichnung „hypothetische" oder „überholende Kausalität" ist insofern irreführend, als es gerade nicht um eine Kausalitätsfrage geht. Ursächlich für den entstandenen Schaden war allein das Erstereignis. 188

Die sog. Reserveursache konnte sich auf den bereits eingetretenen Schaden nicht mehr auswirken. Richtigerweise geht es also um ein Problem der *Schadenszurechnung*, nicht um den reellen Ursachenzusammenhang.[390]

Im obigen Fallbeispiel war das Verhalten des S kausal für die Zertrümmerung der Scheibe. Der Meteorit als weiteres Ereignis konnte nicht mehr kausal werden und ist insofern als Ursache für die Zerstörung der Scheibe hypothetisch geblieben. Beruft sich S darauf, dass der Schaden später ohnehin entstanden wäre und berücksichtigt man dies bei der Schadensberechnung durch Vermögensvergleich, so ergibt sich, dass ein dem G von S zu ersetzender Schaden nicht vorhanden ist. Denn denken wir das hypothetische Ereignis (Meteorit) hinzu und das tatsächlich schädigende Ereignis (Unfall) hinweg, so sind tatsächliche und hypothetische Vermögenslage gleich: also kein Schaden. 189

Wertend überprüft, stößt dieses Ergebnis aber auf Bedenken.

Lösungsmöglichkeiten

Die Auffassungen darüber, inwieweit solche Reserveursachen Berücksichtigung finden sollen, sind geteilt. Die Palette reicht von der grds. Beachtlichkeit der hypothetischen Reserveursachen bis zur gänzlichen Außerachtlassung.[391] Überzeugenderweise ist nach Art des Schadens zu differenzieren. Diese vermittelnde Ansicht favorisiert auch der BGH:[392]

(1) Objektschaden

Objektschaden

Unter Objektschaden ist der Schaden zu verstehen, der an dem verletzten Rechtsgut unmittelbar eintritt. 190

Hierbei sollen hypothetische Ursachen unbeachtlich sein. Der Geschädigte erwirbt mit dem Zeitpunkt des Schadenseintritts einen Schadensersatzanspruch gegen den Schädiger. Dieser Anspruch tritt statt des verletzten Rechts oder Rechtsgutes in sein Vermögen (Rechtsfortsetzungsgedanke des Schadensrechts). Dieser einmal entstandene Schadensersatzanspruch geht nicht wieder nachträglich unter. Anderenfalls würde das spätere Ereignis mit schuldtilgender Kraft auf den Schadensersatzanspruch einwirken.[393]

Im obigen Beispielsfall hat S die zerstörte Scheibe zu ersetzen, ohne Rücksicht darauf, dass sie später infolge des Meteoriten gleichfalls zerstört worden wäre. Der Schadensfall war hier abgeschlossen. Der G hat von dem Augenblick der Zerstörung der Scheibe an in seinem Vermögen an Stelle der zerstörten Sache einen Geldanspruch gegen den S.

Wäre dies anders, hinge die Ersatzpflicht von Zufälligkeiten ab. Warum sollte derjenige, der eine Scheibe zerstört, die auch später durch ein anderes Ereignis zerstört worden wäre, nicht haften, während ein anderer, bei dem der Meteorit zufällig nicht „vorbeischaut", haftet? Wieso sollte also der Meteorit dazu führen, dass ein einmal gegebener Anspruch auf Schadensersatz nachträglich wieder entfällt?

390 BGHZ 29, 215 = **juris**byhemmer; Grüneberg (vormals Palandt), vor § 249, Rn. 55.

391 Vgl. dazu Medicus, BR, Rn. 849; Grüneberg (vormals Palandt), vor § 249, Rn. 56 ff.

392 BGHZ 29, 215, DB 79, 352 = **juris**byhemmer; vgl. auch Medicus, BR, Rn. 850.

393 BGHZ 29, 203, 215 = **juris**byhemmer; Grüneberg (vormals Palandt), vor § 249, Rn. 61.

(2) Vermögensfolgeschaden

Vermögensfolgeschaden

Hierunter sind mittelbare Schäden zu verstehen, die sich an den Objektschaden anschließen können, wie entgangene Nutzungen, Erwerbsausfall und entgangener Gewinn. Es geht nicht um den Ersatz eines abgeschlossenen Schadens, sondern um Nachteile, die sich erst im Laufe der Zeit entwickeln.[394] 191

Deshalb kann man den Inhalt des Ersatzanspruchs nur unter Berücksichtigung des weiteren Geschehensablaufs einschließlich hypothetischer Umstände ermitteln.

Ergebnis

Für den Beispielsfall bedeutet das, dass die Gewinneinbuße des G (§ 252 BGB) nur bis zum Zeitpunkt des Meteoriteneinschlags zu ersetzen ist.

Anlagefälle

Ebenfalls eine Frage hypothetischer Schadensursachen betrifft die Fallgruppe der *Anlagefälle bzw. der innewohnenden Schadensanlage*. Hier besteht weitgehende Übereinstimmung:[395] 192

Die Berücksichtigung eines hypothetischen Ereignisses ist geboten, wenn eine vorhandene Anlage der geschädigten Person oder Sache auch ohne das schädigende Ereignis mit Sicherheit nach einiger Zeit den gleichen Zustand herbeigeführt hätte wie das zum Schadensersatz verpflichtende Ereignis. Die Ersatzpflicht beschränkt sich in solchen Fällen auf die durch den früheren Schadenseintritt bedingten Nachteile, den sog. *Verfrühungsschaden*.[396]

§ 844 II BGB enthält diesen Gedanken im Fall der Tötung: Der Geldrentenanspruch des unterhaltsberechtigten Dritten ist auf die mutmaßliche Lebensdauer des Unterhaltsverpflichteten beschränkt.

Bsp.: *S verletzt fahrlässig den Arbeitnehmer A, der infolge einer schleichenden rheumatischen Krankheit nur noch kurze Zeit erwerbsfähig gewesen wäre.* 193

Der Schaden besteht im entgangenen Gewinn (§ 252 BGB), den A aus seiner Erwerbskraft gezogen hätte, *nicht* in der abstrakten Minderung der Erwerbsfähigkeit als solcher. S hat aber nur für die Folgen der Erwerbsunfähigkeit des A aufzukommen, die bis zu dem Zeitpunkt eingetreten sind, zu dem A ohnehin seine Berufstätigkeit hätte aufgeben müssen.

Um eine innewohnende Schadensanlage kann es sich auch dann handeln, wenn die Zerstörung also solche durch Einwirken von außen kommt.

Bsp.: *Bei Baggerarbeiten beschädigt der S fahrlässig die Garage seines Nachbarn N. Die Garage hätte als Schwarzbau sowieso abgerissen werden müssen.* 194

Der S hat nur den Wert des mit der Schadensanlage behafteten Gegenstandes zu ersetzen. Da feststand, dass die Garage abgerissen werden musste, war die Garage im Zeitpunkt ihrer Beschädigung praktisch wertlos. Innenwohnende Schadensanlage ist hier die Eigenschaft der Garage, ein Schwarzbau zu sein. Der Abriss würde zwar durch eine Einwirkung von außen kommen, die Ursache dafür liegt aber in der Sache selbst (dies ist der Unterschied zu der in Rn. 187 besprochenen Konstellation). Die Schadensersatzpflicht des S entfällt daher.

394 Grüneberg (vormals Palandt), vor § 249, Rn. 62.

395 Grüneberg (vormals Palandt), vor § 249, Rn. 57.

396 BGHZ 20, 280 = **juris**byhemmer.

B. Rechtmäßiges Alternativverhalten

Einordnung

Die Verpflichtung zum Schadensersatz knüpft regelmäßig an ein normwidriges Verhalten des Schädigers an. Mitunter kann der Schädiger aber geltend machen, der gleiche Schaden wäre auch eingetreten, wenn er sich normgemäß, d.h. rechtmäßig, verhalten hätte (Einwand des *rechtmäßigen Alternativverhaltens*). 195

Bsp.:[397] *S hat mit seinem Kfz den G auf dessen Fahrrad angefahren. Dabei hatte S den erforderlichen Seitenabstand (§ 5 IV S. 2 StVO) zu G nicht beachtet. S macht geltend, dass sich der Unfall aufgrund des angetrunkenen Zustandes des G auch bei entsprechendem Seitenabstand zu G ereignet hätte.*

Kein Fall der hypothetischen Kausalität

Im Unterschied zu den Fällen der *hypothetischen Kausalität* beruft sich der Schädiger nicht darauf, dass *derselbe Schaden auch ohne sein Verhalten* entstanden wäre, sondern darauf, dass auch eigenes rechtmäßiges Verhalten den Schaden in gleicher Weise verursacht hätte.[398] 196

Frage der Zurechnung

Wie bei der hypothetischen Kausalität geht es beim rechtmäßigen Alternativverhalten nicht um den tatsächlichen Ursachenzusammenhang - der Schädiger hat ja den konkreten Schaden herbeigeführt -, sondern um eine *wertende* Zurechnung.

hemmer-Methode: Streng genommen betrifft der Einwand rechtmäßigen Alternativverhaltens nicht die Frage der Schadensminderung, sondern ob dem Schädiger ein bestimmter Erfolg überhaupt zurechenbar ist. Diese Frage der Zurechenbarkeit kann sich systematisch dabei sowohl i.R.d. haftungsbegründenden als auch der haftungsausfüllenden Kausalität stellen. Da jedoch die Diskussion rechtmäßigen Alternativverhaltens im Schrifttum meist im Zusammenhang mit dem Problem der hypothetischen Kausalität erfolgt[399], soll dieser Zusammenhang auch hier gewahrt bleiben. 197

Darüber, ob der Schädiger mit dem Einwand des rechtmäßigen Alternativverhaltens gehört werden kann, sind die Meinungen geteilt.[400] Unproblematisch ist ein Berufen auf rechtmäßiges Alternativverhalten möglich, wenn das Gesetz diesen Einwand vorsieht, so z.B. in §§ 287 S. 2, 831 I S. 2 a.E., 832 I S. 2 a.E. BGB.

Der BGH differenziert bei der Lösung im Übrigen nach dem Schutzzweck der jeweils verletzten Norm.

Grundsatz

(1) Danach lässt sich feststellen, dass das rechtmäßige Alternativverhalten grundsätzlich beachtlich ist: Schäden, die auch bei einem rechtmäßigen Verhalten entstanden wären, werden vom Schutzzweck der Norm regelmäßig nicht erfasst.[401] 198

Bsp.: *V verpachtete zum 01.01. ein Kioskhäuschen mit Inventar an P. Dieser konnte den Kiosk aber gar nicht erst beziehen, da schon vor Vertragsschluss erhebliche Mängel vorhanden waren: Es regnete hinein, und wegen der Feuchtigkeit fiel der Putz von Decken und Wänden. P kündigte den Pachtvertrag deshalb fristlos (vgl. §§ 581 II, 569 I, 543 I BGB). Ein gleichwertiger Kiosk war danach nur für einen um monatlich 100 € höheren Mietzins zu haben. P möchte nun von V jeden Monat 100 € erstattet haben.*

397 Vgl. BGHSt 11, 1 = **juris**byhemmer.

398 Vgl. Grüneberg (vormals Palandt), vor § 249, Rn. 64.

399 Grüneberg (vormals Palandt), vor § 249, Rn. 64 ff.

400 Grüneberg (vormals Palandt), vor § 249, Rn. 65; Medicus, a.a.O., Rn. 853.

401 Grüneberg (vormals Palandt), vor § 249, Rn. 65; BGHZ 29, 187, 61, 123 = **juris**byhemmer.

Ordentliche Kündigungsmöglichkeit

V haftet zwar für die anfänglichen Mängel der Pachtsache aufgrund gesetzlicher Garantie (§§ 581 II, 536a I Alt. 1 BGB), er kann sich aber möglicherweise auf die Grundsätze des *rechtmäßigen Alternativverhaltens* (ordentliche Kündigung durch V) berufen. Entscheidend ist dabei, ob die verletzte Pflicht gerade vor Schäden wie dem eingetretenen schützen soll. Nur bei Fehlen dieses Zusammenhangs hat die Berufung auf das rechtmäßige Alternativverhalten Erfolg.

Es ist nicht davon auszugehen, dass § 536a BGB auch Schäden ersetzen will, die entstanden wären, wenn das Kioskhäuschen zwar mangelfrei gewesen wäre, aber V ordentlich gekündigt hätte.

Auch bei vertragsgetreuer Erfüllung hätte P jederzeit mit einer ordentlichen Kündigung rechnen müssen. Gemäß § 584 I BGB ist die ordentliche Kündigung nur für den Schluss eines Kalenderjahres zulässig. Danach hätte der P den V längstens ein Jahr lang am Pachtverhältnis *festhalten können.*[402] Da Pachtbeginn der 01.01. war, wäre das Pachtverhältnis bei wirksamer Kündigung am 31.12. des Jahres beendet gewesen. Einen darüberhinausgehenden Schadensersatzanspruch kann der P deshalb nicht geltend machen.

Ergebnis

Der *Anspruch besteht nur in Höhe der Anzahl der Monate bis zur nächsten Kündigungsmöglichkeit.* Er beträgt also 1200 €.

hemmer-Methode: Auswahl examenstypischer Problemkreise! Oft sind Folgekosten, die dem Vermieter bei einer vertragswidrigen Kündigung entstehen (z.B. Inseratskosten, um eine Wohnung neu zu vermieten), unter dem Gesichtspunkt des rechtmäßigen Alternativverhaltens nicht ersatzfähig: Sie wären auch entstanden, wenn der Mieter vertragsgemäß ordentlich gekündigt hätte.[403] 199
Die gleiche Problematik findet sich häufig im Arbeitsrecht. Der Arbeitnehmer „kündigt“ seinen Arbeitsvertrag, bevor er seine Stelle überhaupt antritt, da er mittlerweile einen lukrativeren Job gefunden hat. Anspruchsgrundlage bei Vertragsaufsage vor Fälligkeit sind die §§ 280 I, III, 282 BGB. Aber auch hier kann der Arbeitgeber die Kosten, die erforderlich sind, den Arbeitsplatz neu zu besetzen, nicht vom Arbeitnehmer ersetzt verlangen. Diese Kosten wären auch angefallen, wenn der Arbeitnehmer sich rechtmäßig verhalten hätte, also seinen Arbeitsplatz angetreten und dann ordnungsgemäß gekündigt hätte.[404]

(2) Anders hat der BGH entschieden, wenn der Einwand rechtmäßigen Alternativverhaltens darauf zielt, der Patient sei mit der Vornahme des Eingriffs durch einen anderen Operateur einverstanden gewesen, und die Folge des Eingriffs durch diesen wäre mit jener des jetzigen Operateurs identisch gewesen.[405]

Hintergrund: Andernfalls bliebe der aufgrund fehlender Einwilligung vorgenommene rechtswidrige Eingriff in die Integrität des Patienten sanktionslos. Wichtig ist dabei zu erkennen, dass die rechtswidrige Gesundheitsbeeinträchtigung daher bereits in der Durchführung der Operation durch den nicht legitimierten Arzt liegt. Ob bei dem Eingriff sodann Komplikationen auftreten, ist lediglich für die Höhe des Anspruchs auf Schmerzensgeld relevant!

C. Vorteilsausgleichung bzw. -anrechnung

Einordnung

Mitunter sind Fallkonstellationen denkbar, in denen das schädigende Ereignis dem Geschädigten außer einem Schaden auch einen Vorteil bringt. Hier stellt sich dann die Frage, ob sich dieser Vorteil auf den Schadensersatzanspruch mindernd auswirkt. 200

402 Vgl. BGH, WM 72, 335 = **juris**byhemmer.

403 Vgl. für die vertragswidrige Kündigung des AN: BAG, NJW 1984, 2846 = **juris**byhemmer.

404 Zu der Möglichkeit, in diesem Fall im Arbeitsvertrag eine zulässige Vertragsstrafe zu regeln, vgl. BAG, **Life&LAW 10/2004, 671 ff.**

405 BGH, **Life&LAW 03/2017, 168 ff.** = **juris**byhemmer.

hemmer-Methode: Die Vorteilsausgleichung ist ein beliebtes Problem in Übungs- und Examensarbeiten, welches sich leicht in einen Sachverhalt einbauen lässt. Hier kann der Bearbeiter seine Fähigkeit zu juristischer Wertung und Argumentation unter Beweis stellen. 201
Häufig taucht die Vorteilsausgleichung auch im Zusammenhang mit der sog. Drittschadensliquidation auf: Voraussetzung für die Bejahung einer Drittschadensliquidation ist zunächst, dass ein Schaden auf Seiten des Anspruchsinhabers verneint wird. Dies kann man u.U. mittels der Vorteilsausgleichung erreichen.

Wertung

Bei der Schadensermittlung durch Vermögensvergleich mittels der Differenzhypothese scheinen alle durch das Schadensereignis hervorgerufenen Vorteile den Schaden automatisch zu mindern. Das würde bisweilen zu unhaltbaren Ergebnissen führen, wenn z.B. durch das Schadensereignis veranlasste freiwillige Spenden Dritter den Schädiger von seiner Schadensersatzpflicht entlasteten.

Deshalb muss vor dem Vermögensvergleich eine wertende Entscheidung darüber stattfinden, welche Posten in die Vergleichsrechnung eingestellt werden dürfen und welche nicht.[406] Im Einzelfall ist zu prüfen, ob ein anrechenbarer Vorteil vorliegt oder nicht.

Das Gesetz enthält darüber keine generelle Aussage. Einzelne Vorschriften sehen eine Vorteilsanrechnung vor (vgl. §§ 326 II, 642 II, 649 BGB), andere schließen sie aus (vgl. § 843 IV BGB). 202

Die Rechtsprechung hat dazu folgende Formel entwickelt:[407]

Formel

<u>Die Vorteilsausgleichung ist durchzuführen, wenn</u>

⇨ zwischen dem Vorteil und dem Schadensereignis *ein adäquat kausaler Zusammenhang*[408] besteht (tatsächliche Voraussetzung), eine

⇨ *Anrechnung dem Zweck des Schadensersatzes entspricht* (1. normative Voraussetzung)

⇨ und *keine unbillige Entlastung des Schädigers* eintritt (2. normative Voraussetzung).[409]

Unbestimmtheit der Formel

Die beiden letzten Voraussetzungen beinhalten eine rechtliche Wertung. Die daraus folgende Unbestimmtheit der Formel empfindet die Lit. als unbefriedigend.[410] Einen Anhaltspunkt dafür, nach welchen Kriterien die wertende Entscheidung bei der Frage der Vorteilsausgleichung zu erfolgen hat, lässt sich aus dem Grundgedanken des *§ 843 IV* BGB gewinnen: Auf den Schaden sind Leistungen anderer nicht anzurechnen, die nach ihrer Natur dem Schädiger nicht zugutekommen sollen.[411] 203

Vorschriften über die Legalzession

Daneben beinhaltet die gesetzgeberische Anordnung einer Legalzession - § 116 X SGB, § 86 VVG, § 52 BRRG, § 6 EFZG (nachlesen) - einen allgemeinen Rechtsgedanken: 204

406 Medicus, a.a.O., Rn. 854.

407 BGHZ 54, 269; 77, 151; 91, 210 = **juris**byhemmer; NJW 1989, 2117; 1990, 1360 = **juris**byhemmer; vgl. auch Grüneberg (vormals Palandt), vor § 249, Rn. 68.

408 Nicht unumstritten; Medicus, BR, Rn. 854, hält das einschränkende Merkmal der Adäquanz für entbehrlich.

409 Lange, JuS 1978, 651; BGH, **Life&LAW 02/2012, 86 ff.** = **juris**byhemmer.

410 Vgl. zur Kritik Grüneberg (vormals Palandt), vor § 249, Rn. 68.

411 BGH, NJW 1963, 1051 = **juris**byhemmer.

Ordnet das Gesetz den Übergang des Ersatzanspruchs auf den Zessionar an, so bedeutet dies, dass sich eine erfolgte Leistung desselben (z.B. Fortzahlung des Arbeitslohns) nicht anspruchsmindernd auswirken soll.[412] Im Anwendungsbereich dieser Vorschriften findet daher eine Vorteilsausgleichung nicht statt, weil ansonsten die cessio legis ins Leere ginge.

hemmer-Methode: Die Ablehnung der Vorteilsausgleichung in diesen Fällen der Legalzession muss im Zusammenhang mit der Bejahung des normativen Schadens[413] gesehen werden. Dort hat die schlichte Anwendung der Differenzhypothese dazu geführt, dass rechnerisch kein Schaden vorliegt. Über die Figur des „normativen Schadens" wurde dann trotzdem der Rückgriff des Zessionars gegen den Schädiger „gerettet". Sie sehen somit, dass Ablehnung der Vorteilsanrechnung und Annahme eines normativen Schadens zwei Seiten der einen, wertungsmäßig bestimmten Medaille sind: Beide Male geht es darum, den Schädiger nicht auf Kosten eines leistenden Dritten zu entlasten. Weiter sehen Sie aber auch, dass die umstrittene Figur des normativen Schadens oft auch mit anderen juristischen Konstruktionen umgangen werden kann. 205

Fallgruppen

Die aus § 843 IV BGB und den Fällen der Legalzession gewonnenen Erkenntnisse bieten jedoch noch keine ausreichend bestimmte Richtschnur für die i.R. einer Vorteilsausgleichung anzuwendenden Kriterien. Eine Konkretisierung der entscheidenden Wertungsgesichtspunkte lässt sich daher am besten durch *Fallgruppenbildung* erreichen, welche dann die Entwicklung spezieller Wertungsmaßstäbe entsprechend der jeweiligen Eigenart einzelner Fallgruppen ermöglicht.[414] 206

hemmer-Methode: Liegt ein Fall vor, in dem der Vorteil angerechnet wird, darf diese Anrechnung nur bei der Schadensposition erfolgen, zu der der Vorteil kongruent ist. Häufig resultieren aus einer schädigenden Handlung mehrere Schadenspositionen. Ein mitverursachter, anzurechnender Vorteil darf dann nur bei der Schadensposition angerechnet werden - d.h. die anderen Positionen bleiben unangetastet, auch wenn der Vorteil den Nachteil summenmäßig übersteigt -, mit der der Vorteil stoffgleich ist. Beispiel: Wird durch ein schädigendes Ereignis eine Sache beschädigt und ein Mensch getötet, kann der Schädiger nicht einwenden, die angefallene Erbschaft (dazu sogleich) sei auf den Sachschaden anzurechnen. Soweit die Erbschaft überhaupt ein anzurechnender Vorteil ist, hat dieser nichts mit dem eingetretenen Sachschaden zu tun.[415]

I. Erbrechtlicher Erwerb

Anrechnung der Erbschaft

Bei **Ansprüchen aus § 844 II BGB** (aber auch nur bei diesen) kommt eine Vorteilsanrechnung in Betracht, wenn der Anspruchsinhaber zugleich den Getöteten beerbt hat. Problematisch ist allerdings der kausale Zusammenhang zwischen Vor- und Nachteil. Die Tötung führt lediglich zu einem früheren Anfall der Erbschaft.[416] 207

Daraus folgt, dass der Stammwert der Erbschaft regelmäßig nicht anrechenbar ist, da dieser dem Anspruchsinhaber ohnehin später zugefallen wäre.[417]

412 Grüneberg (vormals Palandt), vor § 249, Rn. 87.

413 Vgl. oben, Rn. 32 f.

414 Vgl. Grüneberg (vormals Palandt), vor § 249, Rn. 77 ff.

415 Vgl. Grüneberg (vormals Palandt), vor § 249, Rn. 91 f.; BGH, NJW 1997, 2378 = **juris**byhemmer.

416 Medicus, BR, Rn. 856.

417 BGHZ 8, 325 ff. = **juris**byhemmer.

Eine Anrechnung des Stammwertes käme nur dann in Betracht, wenn der Unterhalt des Hinterbliebenen oder des Getöteten aus dem Vermögensstamm bestritten worden wäre, da es dann später zu einem entsprechend geringeren Erbanfall gekommen wäre.

Anrechnung der Erbschaftserträgnisse

Dagegen werden die *Erträgnisse* des geerbten Vermögens (z.B. Zinsen) bis zum Zeitpunkt des voraussichtlichen sonstigen Anfalls der Erbschaft grundsätzlich angerechnet.[418] Dies setzt allerdings voraus, dass diese Erträgnisse vom Getöteten aller Voraussicht nach verbraucht worden wären, so dass sie den Stammwert der Erbschaft nicht erhöht hätten.

Keine Berücksichtigung hypothetischen Vorversterbens

Unberücksichtigt muss i.R.d. Vorteilsausgleichung bleiben, wenn der Getötete den Anspruchsinhaber bei normalem Verlauf der Dinge überlebt hätte. Zwar wäre dann dem Schadensersatzberechtigten die Erbschaft gar nicht mehr angefallen, doch stellte eine entsprechende Vorteilsausgleichung dann eine unbillige Entlastung des Schädigers dar.[419]

II. Freigebige Leistungen Dritter

In Betracht kommt eine Vorteilsanrechnung auch, wenn dem Geschädigten von dritter Seite anlässlich des Schadensereignisses freiwillige Zuwendungen gemacht werden. 208

Freigebige Zuwendungen Dritter sind jedoch dann *nicht* anzurechnen, wenn sie - wie i.d.R. - nicht den Schädiger entlasten, sondern ausschließlich dem Geschädigten zugutekommen sollen (Grundgedanke des § 843 IV BGB).[420] Würde man hier eine Vorteilsanrechnung bejahen, käme es zu einer unbilligen Entlastung des Schädigers.

Bsp.: *Aus dem Heimatmuseum der Gemeinde Neuburg (N) verschwindet ein Silberpokal aus dem 16. Jahrhundert, das Prunkstück der Sammlung. Die Gemeindeeinwohner veranstalten spontan eine Sammlung, um einen gleichartigen Pokal zu beschaffen, die € 24.000 einbringt. Kurz darauf wird zwar der Museumsdieb (D), nicht jedoch der gestohlene Pokal gefunden. Von der N auf Schadensersatz in Anspruch genommen, wendet D ein, die N müsse sich den Erlös der Sammlung anspruchsmindernd anrechnen lassen.* 209

Ertrag aus einer Sammlung

Die Sammlung der Bürger beruht auf ihrer Freigebigkeit gegenüber der geschädigten Gemeinde N. Eine Anrechnung des Ertrages aus der Sammlung auf den Schadensersatzanspruch der N findet nicht statt.[421] Denn die durchgeführte Hilfsaktion hatte nicht den Zweck, den D zu entlasten, sondern sie sollte die N begünstigen.

Leistung zugunsten des Schädigers

Sofern der Dritte allerdings mit dem erkennbaren Willen geleistet hat, die Schädigerschuld zu tilgen, ergibt sich die Anrechenbarkeit bereits aus § 267 I BGB.[422]

418 BGH, NJW 1979, 1236 = **juris**byhemmer.

419 BGH, VersR 1967, 1154 = **juris**byhemmer.

420 Grüneberg (vormals Palandt), vor § 249, Rn. 82.

421 Vgl. RG, JW 35, 3369.

422 Grüneberg (vormals Palandt), a.a.O.

III. Vom Geschädigten „erkaufte“ Vorteile

Weiterhin findet keine Anrechnung von Vorteilen statt, die der Geschädigte (oder sein Erblasser) durch Leistungen vor dem Schadensfall *selbst erkauft* hat.[423] Diese Leistungen sollen bestimmungsgemäß *nicht* dem Schädiger zugutekommen. 210

1. Leistungen einer *Schadens*versicherung

§ 86 VVG

Für die Leistungen des Schadensversicherers (Feuer-, Diebstahl-, Kasko-, Transport-, und Krankenversicherung, allerdings nur für die Behandlungskosten) scheidet eine Vorteilsausgleichung schon wegen der cessio legis gemäß § 86 VVG aus.[424] 211

2. Leistungen aus einer *Personen*versicherung

§ 86 VVG gilt nicht

§ 86 VVG ist für die Lebens- oder Unfallversicherung unanwendbar. Dennoch muss sich der Geschädigte Leistungen aus ihr *nicht* anrechnen lassen. Die private Schadensvorsorge soll nicht den Schädiger entlasten, sondern ausschließlich dem Geschädigten zugutekommen.[425] 212

Diese Wertung trifft aber dann nicht zu, wenn der Schädiger zugunsten des Geschädigten eine Versicherung abgeschlossen hat.

> **Bsp.:** *Taxifahrer T verschuldete einen Unfall. Sein Fahrgast F erlitt dabei Verletzungen. F verlangt von T Schadensersatz. T wendet ein, der F müsste sich auf seinen Schadensersatzanspruch anrechnen lassen, was er aus der von T abgeschlossenen Insassenunfallversicherung erhalten hat.*

Schädiger versichert den Geschädigten

> Die Leistungen aus der Insassenunfallversicherung sind anzurechnen.[426] T hat die Insassenunfallversicherung zugunsten seiner Fahrgäste gerade für den Fall eines Unfalls abgeschlossen. Die Anrechnung dieses Vorteils bei F führt deshalb nicht zu einer unbilligen Entlastung des T und widerspricht nicht dem Zweck des Schadensersatzes.

IV. Überobligationsmäßige Anstrengungen des Geschädigten

Überpflichtmäßige Anstrengungen

Erlangt der Geschädigte Vorteile aus eigener Tätigkeit, die er entfaltet, um den Schaden abzuwenden oder zu mindern, so misst sich die Anrechenbarkeit dieser Vorteile an § 254 II S. 1 BGB: Bei Maßnahmen, zu denen der Geschädigte ohnehin gemäß § 254 II S. 1 BGB verpflichtet ist, muss sich der Geschädigte den Vorteil anrechnen lassen; trifft der Geschädigte jedoch schadensmindernde Maßnahmen, die jenseits seiner in § 254 II S. 1 BGB normierten Schadensminderungspflicht liegen (sog. „überobligationsmäßige oder überpflichtmäßige Anstrengungen“), scheidet eine Vorteilsanrechnung aus.[427] Der Schädiger würde sonst durch die überpflichtmäßigen Anstrengungen des Geschädigten entlastet und insoweit ungerechtfertigt bevorteilt werden.[428] 213

> **Bsp.:** *Der Buchhalter S des vielbeschäftigten Holzhändlers G erschien plötzlich nicht mehr zur Arbeit, weil er eine bessere Stelle angenommen hatte. G übernahm in Nachtarbeit die anstehenden buchhalterischen Aufgaben, bis eine neue Kraft gefunden war. Er will dafür von S Schadensersatz.* 214

423 Medicus, a.a.O., Rn. 857.

424 Siehe oben Rn. 204.

425 Vgl. BGHZ 73, 109 = **juris**byhemmer.

426 Vgl. BGHZ 64, 266 = **juris**byhemmer.

427 Medicus, BR, Rn. 859.

428 BGH, NJW 1984, 230, BGHZ 55, 333 = **juris**byhemmer.

S haftet wegen einer Pflichtverletzung i.R.d. Arbeitsvertrages aus §§ 280 I, 241 II BGB. Mangels wichtigen Grundes für eine fristlose Kündigung nach § 626 BGB hätte er sein Arbeitsverhältnis nur unter Einhaltung der ordentlichen Kündigungsfrist (§ 622 BGB) beenden können.

Fraglich ist aber, ob dem G überhaupt ein Schaden entstanden ist. Ein Gewinn ist ihm nicht entgangen, da der Betrieb durch den eigenen Arbeitseinsatz des G ungestört weiterlaufen konnte.

Gemäß § 254 II S. 1 BGB ist der Geschädigte zwar verpflichtet, den Schaden abzuwenden, dies aber nur i.R.d. Zumutbaren.

Unter Aufopferung der eigenen Freizeit ausgefallene Arbeitsleistung in den Nachtstunden aufzuholen, ist jedoch unzumutbar. Die Anstrengung, die G zur Schadensabwendung unternommen hat, ist *überpflichtmäßig* - oder mit anderen Worten: Den G hätte kein Mitverschulden i.S.v. § 254 II BGB getroffen, wenn er den Arbeitsausfall des S nicht durch eigene Nachtarbeit ausgeglichen hätte. Daraus folgt, dass die Früchte dieser Anstrengungen nicht dem Schädiger zugutekommen dürfen. **215**

Unklar ist aber noch, welchen Schaden S ersetzen muss:

Nächtliche *Freizeit* als solche stellt keinen Vermögenswert dar.[429] Deren Verlust führt also zu keinem Vermögensschaden und ist deshalb nicht ersatzfähig. **216**

Der *hypothetische Schaden*, der entstanden wäre, wenn G die zusätzliche Arbeit unterlassen hätte, lässt sich nur schwer beziffern. Darüber hinaus kennt das Schadensrecht nicht den Ersatz hypothetischer Schäden.[430]

Es bleiben somit die Aufwendungen zur Schadensabwendung als Schaden. Wenn der Geschädigte Aufwendungen tätigt, um pflichtgemäß den Schaden abzuwenden oder zu mindern (§ 254 II S. 1 BGB), so sind ihm diese als adäquat verursachter Schaden zu ersetzen.[431] Erst recht muss das dann für Aufwendungen gelten, die der Geschädigte bei überpflichtmäßigen Anstrengungen unternimmt. G hat zur Schadensabwendung seine Arbeitskraft aufgewandt.

Inwieweit die Einbringung der eigenen Arbeitskraft wiederum einen Vermögensschaden darstellt, ist zweifelhaft. Da aber für die Tätigkeit eines Buchhalters ein bestimmter Preis zu zahlen ist, lässt sich der Wert der erbrachten Arbeit genau quantifizieren, ein Vermögensschaden also bejahen. Dieser Wert entspricht allerdings dem Lohn, den G durch die Arbeitsverweigerung des S eingespart hat. Hierdurch wird der Schaden wiederum ausgeglichen.

Denkbar ist also allenfalls ein Überstunden- oder Nachtzuschlag, den S dem G als Schaden zu ersetzen hätte.

Vorteile aus einem günstig abgeschlossenen Vertrag

Weiteres Bsp.: *Nicht anzurechnen sind i.d.R. Vorteile, die dem Geschädigten aus dem Abschluss günstiger anderweitiger Verträge (z.B. Deckungsverkauf) erwachsen.*[432] *Begründet wird das nicht mit der überpflichtmäßigen Anstrengung, sondern mit der ansonsten eintretenden unbilligen Entlastung des Schädigers. Das Verhandlungsgeschick des Geschädigten soll nicht dem Schädiger zugutekommen.* **217**

Schönheitsreparaturen des Nachmieters

So entfällt beispielsweise nicht der Schaden des Vermieters wegen vertragswidrig unterlassener Schönheitsreparatur, wenn der Nachmieter deren Kosten übernimmt.[433]

429 Siehe oben Rn. 144.

430 A.A. BAG 1968, 222 = **juris**byhemmer.

431 BGH, NJW 1959, 933; WM 82, 1386 = **juris**byhemmer.

432 Grüneberg (vormals Palandt), vor § 249, Rn. 78.

433 BGHZ 49, 61 = **juris**byhemmer.

hemmer-Methode: Lernen Sie Probleme in examenstypischen Konstellationen und nicht abstrakt-theoretisch. Im Examen wird von Ihnen kein theoretisches Wissen, sondern die Fähigkeit zur Lösung eines Falles verlangt.
Zieht der Mieter aus, ohne seiner vertraglichen Verpflichtung zur Vornahme von Schönheitsreparaturen nachzukommen, sind §§ 280 I, III, 283 BGB Anspruchsgrundlage.[434] Danach ist zu prüfen, ob die Überwälzung auf den Mieter rechtlich zulässig ist. In der Regel wird hier § 307 BGB heranzuziehen sein.
Die ganz h.M. bejaht die Zulässigkeit der Überwälzung, da der Vermieter ein berechtigtes Interesse daran hat, dass der Mieter mit der Mietsache pfleglich umgeht. Ist somit klar, dass den Mieter grundsätzlich die Pflicht zur Vornahme von Schönheitsreparaturen trifft, ist die Frage zu klären, ob diese Pflicht im Fall der Vornahme durch den Nachmieter unmöglich geworden ist. Die h.M. geht hier von einem Fall der Zweckerreichung aus. I.R.d. Anspruchsumfangs ist dann darauf einzugehen, ob sich der Vermieter die Leistungen des Nachmieters als Vorteil anrechnen lassen muss. Dies ist mit der h.M. zu verneinen, da der Vermieter eine unrenovierte Wohnung meist nicht zu dem gleichen Mietzins vermieten kann wie eine renovierte Wohnung. Dem Vermieter steht also der volle Schadensersatzanspruch zu.
Nach einer Gegenansicht liegt zwischen Vor- und Nachmieter Gesamtschuld vor.[435] Nimmt der Nachmieter die Schönheitsreparaturen vor, wird somit gemäß § 422 BGB auch die Verpflichtung des Vormieters erfüllt. Allerdings steht dem Nachmieter gegenüber dem Vormieter ein Regressanspruch nach § 426 I BGB zu.[436] Der Unterschied zur Lösung der h.M. liegt damit im Wesentlichen darin, dass nicht dem Vermieter, sondern dem Nachmieter, der die Reparaturen tatsächlich ausführt, ein Anspruch gegenüber dem Vormieter eingeräumt wird.

V. Exkurs: Abzug neu für alt

Abzug neu für alt

Im Zusammenhang mit der Vorteilsausgleichung steht der sog. "Abzug neu für alt". Letztlich handelt es sich auch hier um eine Ausprägung des Grundsatzes der Naturalrestitution: Der Geschädigte soll durch die Herstellung nicht schlechter, aber auch nicht besser stehen, als er ohne das schädigende Ereignis stünde. 218

***Bsp.:** S ist mit seinem Fahrrad in das 8 Jahre alte Auto des G gefahren. Im Zuge der Reparatur musste nahezu das ganze Auto neu lackiert werden. S weigert sich nun, die gesamten Kosten für die Lackierung zu übernehmen, da schließlich das Auto des G jetzt „besser dastünde" als vorher.* 219

Grundsätzlich muss der Schädiger gem. § 249 II S. 1 BGB die gesamten Kosten der Wiederherstellung tragen. Etwas anderes gilt, wenn durch die Naturalrestitution das Vermögen des Geschädigten dauerhaft vermehrt worden ist. Da der Geschädigte gem. § 249 BGB auch nicht bessergestellt werden soll, muss er sich grds. die Differenz zwischen hypothetischer Vermögenslage ohne Schadensereignis und tatsächlicher Vermögensmehrung mindernd auf die Herstellungskosten anrechnen lassen.

Dies gilt jedoch nur unter bestimmten Voraussetzungen:[437]

Die Schadensbeseitigung muss zu einer messbaren *Vermögensmehrung* geführt haben. Davon kann i.d.R. nur ausgegangen werden, wenn die ersetzten Teile eine *längere Lebensdauer* als die beschädigte Gesamtsache aufwiesen.[438]

---

434 Allgemein zur Problematik der Schönheitsreparaturen, insbesondere zur BGH-Rechtsprechung zu AGB-Klauseln mit Fristenplänen, d'Alquen, **Life&LAW 07/2005, 494 ff.** sowie die zusammenfassende Darstellung von Tyroller, **Life&LAW 01/2019, 56 ff.**; vgl. auch BGH, **Life&LAW 10/2008, 654 ff.** zu der Frage, ob der Vermieter bei unwirksamer Klausel zumindest eine höhere Miete verlangen kann, weil er ja die Schönheitsreparaturen selbst vorzunehmen hat. Dies lehnt der BGH zu Recht ab.

435 Reinicke/Tiedtke, Gesamtschuld, 2. Auflage, S. 3.

436 Vgl. allgemein zur Gesamtschuld Hemmer/Wüst/Sorge, Rückgriffsansprüche, Rn. 185 ff.

437 Grüneberg (vormals Palandt), vor § 249, Rn. 97.

438 KG, NJW 1971, 144; LG Koblenz, NJW-RR 1990, 1537; AG Landshut, NJW-RR 1990, 149.

Weiter muss sich die Werterhöhung für den Geschädigten *günstig auswirken.*[439] Daran würde es z.B. fehlen, wenn der Geschädigte die infolge der Naturalrestitution verlängerte Lebensdauer der Sache nicht realisieren kann, da er die Sache ohnehin nur noch für kurze Zeit benötigt.

Schließlich darf der Abzug für den Geschädigten *keine unbillige Härte* bedeuten. Dies wäre der Fall, wenn dem Geschädigten bei entsprechend gemindertem Geldersatz gem. § 249 II S. 1 BGB die Ersatzbeschaffung nicht mehr möglich wäre.[440]

Hier ist schon fraglich, ob der Lack eine längere Lebensdauer aufweist als der Pkw. Jedenfalls würde sich dies im Vermögen kaum günstig auswirken. Denn ein Schrottauto erlangt nicht durch eine noch gut aussehende Lackschicht einen höheren Wert.

Außerdem würde sich die neue Lackierung kaum in einem erhöhten Verkaufswert niederschlagen. Die Frage, ob die Anrechnung eine unbillige Härte für G darstellen würde, stellt sich daher gar nicht.

Somit kann von den Lackierkosten kein Abzug vorgenommen werden.

hemmer-Methode: Der Abzug „neu für alt“ stellt deshalb einen Sonderfall dar, weil hier der Vorteil für den Geschädigten nicht schon durch das schädigende Ereignis, sondern erst im Zuge der Naturalrestitution entsteht. Folglich liegt hier eigentlich keine Vorteilsausgleichung vor, vielmehr handelt es sich um einen bloßen Abzugsposten innerhalb der Schadensberechnung.

VI. Werkvertragliche Lieferkette

Anrechnung bei fehlender Regressmöglichkeit

Eine klassische Fragestellung hinsichtlich der Vorteilsanrechnung betrifft auch der Fall der werkvertraglichen Lieferkette. Beauftragt der Unternehmer einen Subunternehmer, ist es dieser, der die Werkleistung erbringt. Leistet der Subunternehmer mangelhaft, kann er vom Unternehmer auf Schadensersatz in Anspruch genommen werden. Der Schaden des Unternehmers besteht darin, dass er seinerseits vom Besteller auf Schadensersatz in Anspruch genommen wird. *219a*

Was aber gilt, wenn die Ansprüche des Bestellers gegen den Unternehmer verjährt sind? Kann dann der Unternehmer den Subunternehmer gleichwohl auf Schadensersatz in Anspruch nehmen? Nach Ansicht des BGH kann es hier zu einer Vorteilsanrechnung kommen.[441] Das gilt aber nur für die schadensrechtliche Betrachtung. Der BGH differenziert nach der Art des Mängelrechts.

Geht es „nur“ darum, dass die Zahlung gegenüber dem Subunternehmer verweigert wird (§ 641 III BGB), soll die Verjährung der Ansprüche des Bestellers wiederum unerheblich sein. Denn hier gehe es nur darum, ob Leistung und Gegenleistung sich ausgewogen gegenüberstehen. Es ist dem Hauptunternehmer nicht zumutbar, für eine mangelhafte Leistung voll zu zahlen.[442]

439 OLG Celle, VersR 1974, 1032 = **juris**byhemmer.

440 BGHZ 30, 34 = **juris**byhemmer.

441 Vgl. dazu BGH, **Life&LAW 02/2008, 92 ff.** = **juris**byhemmer.

442 Vgl. dazu BGH, **Life&LAW 11/2013, 793 ff.** = **juris**byhemmer.

§ 8 DRITTSCHADENSLIQUIDATION

A. Begriffsbestimmung

Zweck

Im Normalfall tritt der Schaden auch in der Person desjenigen ein, der auch Inhaber eines Anspruchs auf Schadensersatz ist - oder anders ausgedrückt: Wer einen Schaden hat, hat regelmäßig auch einen entsprechenden Anspruch. Bisweilen kommt es aber aufgrund eines Rechtsverhältnisses zwischen dem Ersatzberechtigten und einem Dritten zu einer Verlagerung des Schadens vom Anspruchsinhaber auf diesen Dritten.[443] Der Ersatzberechtigte hat dann zwar einen Ersatzanspruch, aber keinen Schaden, und der Geschädigte hat den Schaden, aber keinen Anspruch. Konsequenz dessen wäre, dass der Schädiger weder dem Anspruchsinhaber noch dem Geschädigten zum Schadensersatz verpflichtet wäre. In der Ablehnung dieser unbilligen Folge besteht Einmütigkeit: *Aus dieser Schadensverlagerung soll der Schädiger keinen Vorteil ziehen können.*[444] 221

Verhältnis zur Vorteilsausgleichung

Drittschadensliquidation und Vorteilsausgleichung stehen bei vielen Fallgestaltungen zueinander in einem Ausschlussverhältnis: Eine Drittschadensliquidation findet nicht statt, wenn die Risikoentlastung, die sich aus dem Rechtsverhältnis zu einem Dritten ergibt, i.R.d. Schadensberechnung nicht als Vorteil angerechnet wird. Denn in diesem Fall bleibt es beim Schaden des Anspruchsinhabers, so dass keine unerwünschte Schadensverlagerung auftritt. Die Figur der Drittschadensliquidation scheidet also aus, wenn der Vorteil, der aus dem Drittverhältnis entspringt, *nicht* angerechnet wird.[445] 222

hemmer-Methode: Deshalb sollten Sie immer im Zusammenhang mit einer möglichen Vorteilsanrechnung auch die Drittschadensliquidation im Hinterkopf behalten. Die Drittschadensliquidation ist ein für Examensklausuren besonders geeignetes Institut. Zum einen, weil ihr ein Dreiecksverhältnis zwischen Schädiger, Geschädigtem und Anspruchsinhaber zugrunde liegt, das Raum bietet für viele weitere rechtliche Probleme. Zum anderen, weil ihre Behandlung eine eigene Denkleistung erfordert; denn in Form des Grundfalls des „Versendungskaufs" wird sie kaum vorkommen. Der Anwendungsbereich ist zwar durch Fallgruppen eingegrenzt[446], doch ist sie kein abgeschlossenes Gebilde und deshalb geeignet, am sog. „unbekannten Fall" erörtert zu werden. 223

Rechtsfolge der Drittschadensliquidation

Die Drittschadensliquidation ist ein Grenzfall, bei dem ausnahmsweise auch ohne eigenen Schaden ein Anspruch geltend gemacht werden kann. Liegen die Voraussetzungen der Drittschadensliquidation vor, so ergibt sich als Rechtsfolge, dass *„der Schaden zum Anspruch gezogen wird"*. 224

hemmer-Methode: In dieser Rechtsfolge liegt der grundlegende Unterschied der Drittschadensliquidation zum Vertrag mit Schutzwirkung zugunsten Dritter: Bei der Drittschadensliquidation wird der Schaden zum Anspruch gezogen, beim Vertrag mit Schutzwirkung der Anspruch zum Schaden.
Weiter haftet der Schädiger i.R.d. Drittschadensliquidation nur für den typischerweise eintretenden Schaden, beim Vertrag mit Schutzwirkung dagegen auch für zusätzliche Schäden weiterer Personen. Diese Unterschiede gilt es in der Klausur stets zu beachten.

443 Grüneberg (vormals Palandt), vor § 249, Rn. 105.

444 Vgl. Grüneberg (vormals Palandt), a.a.O.

445 Vgl. Beispielsfall unten Rn. 228 ff.

446 Siehe unten und Grüneberg (vormals Palandt), vor § 249, Rn. 108 ff.

Der Inhaber eines Schadensersatzanspruchs kann demnach den Schaden eines Dritten beim Schädiger geltend machen (liquidieren).[447] 226

Das bedeutet aber auch, dass nur der Gläubiger des Schadensersatzanspruchs vom Schädiger Leistung an sich oder den Geschädigten verlangen kann.[448] Der geschädigte Dritte selbst kann aber gemäß *§ 285 BGB* vom Anspruchsinhaber Abtretung des Schadensersatzanspruchs verlangen. Ist dieser schon erfüllt, kann er gemäß § 285 BGB das Erlangte herausverlangen.[449]

B. Voraussetzungen

Voraussetzungen

Eine Drittschadensliquidation kommt in Betracht, wenn drei Voraussetzungen gegeben sind: 227

(1) Der Anspruchsinhaber hat zwar einen Ersatzanspruch, aber keinen Schaden.

(2) Der Geschädigte hat den Schaden, aber keinen Anspruch.

(3) Die Schadensverlagerung muss *zufällig* sein.

Fallgruppen

Allerdings ist das Vorliegen dieser Voraussetzungen allein nicht ausreichend. *Die Zufälligkeit der Schadensverlagerung ist nur bei bestimmten Fallgruppen anerkannt.*[450] Doch steht dies nicht einer Anwendung der Drittschadensliquidation in anderen Konstellationen entgegen, sofern die Wertung dies gebietet und das Ergebnis entsprechend begründet werden kann.

> ***Bsp.:*** *(ohne Verbrauchsgüterrecht)*[451] *V verkauft dem K einen gebrauchten Pkw zum Preis von 3.400 € unter Ausschluss jeglicher Haftung. Dabei verschweigt er einen schweren Unfallschaden.* 228
>
> *K hätte bei Verbleiben eines merkantilen Minderwerts einen Betrag von 1.400 € aufwenden müssen, um den Wagen in einen verkehrsgerechten Zustand zu versetzen.*
>
> *Nachdem K das Auto über ein Jahr benutzt hat, ohne die Schäden zu bemerken, veräußert er es unter Ausschluss jeder Gewährleistung an D für 2.850 €.*
>
> *Was kann D auf Anraten seines Rechtsanwalts unternehmen?*
>
> **(1)** Ansprüche gegen K aus Sachmängelgewährleistung
>
> K haftet nicht, da der Haftungsausschluss *wirksam* vereinbart wurde, vgl. § 444 BGB. K handelte nicht arglistig.
>
> **(2)** Ansprüche gegen V aus abgetretenem Recht
>
> Es könnte eine stillschweigende Abtretung der Gewährleistungsansprüche des K gegen V vorliegen. Im Sachverhalt findet sich dafür aber kein Anhaltspunkt. Eine stillschweigende Abtretung der Gewährleistungsansprüche anzunehmen, wäre eine bloße Unterstellung.

447 BGHZ 40, 100; 51, 93 = **juris**byhemmer.

448 BGH, NJW 1989, 452 = **juris**byhemmer.

449 Grüneberg (vormals Palandt), vor § 249, Rn. 107.

450 Vgl. Grüneberg (vormals Palandt), vor § 249, Rn. 108 ff.

451 Nach BGH, NJW 1975, 625 = **juris**byhemmer.

Darüber hinaus entspräche das auch nicht der Interessenlage. K will sich wohl nicht jeder Zugriffsmöglichkeit gegen V begeben. Außerdem will K vielleicht auch nicht, dass V mit Schadensersatzansprüchen von dritter Seite überzogen wird.

(3) Anspruch gegen K auf Abtretung von dessen Ansprüchen gegen V gemäß § 285 BGB

Greifen die Grundsätze der Drittschadensliquidation hier ein, so könnte K den Schaden des D bei V geltend machen, bzw. D könnte gemäß § 285 BGB von K Abtretung des auf Ersatz seines Schadens gerichteten Gewährleistungsanspruchs verlangen: 229

Kein Anspruch des Geschädigten

(a) D hat keinen Anspruch gegen den Schädiger V. Zwischen beiden bestehen keinerlei vertragliche Beziehungen und eine stillschweigende Abtretung der Ansprüche des K an D liegt ebenfalls nicht vor (vgl. o.). Auch ein Anspruch gemäß § 826 BGB scheidet aus, da dem V der Schädigungsvorsatz gegenüber weiteren Abnehmern fehlt.[452]

Kein Schaden des Anspruchsinhabers

(b) K als Inhaber des Gewährleistungsanspruchs (wegen der Arglist des V war der Gewährleistungsausschluss unwirksam, vgl. § 444 BGB) hat rechnerisch keinen Schaden: Er hat das Fahrzeug ein Jahr lang benutzt und - gemessen an der Nutzungsdauer - beim Verkauf bloß eine übliche Einbuße erlitten.

Keine Vorteilsausgleichung

(c) Die Drittschadensliquidation entfällt aber, wenn der Vorteil aus dem günstigen Weiterverkauf unter Ausschluss der Gewährleistung bei K nicht schadensmindernd anzurechnen ist. Sofern eine diesbezügliche Vorteilsausgleichung ausscheidet, hat nämlich K sowohl einen Anspruch als auch einen Schaden.

Die Vorteilsausgleichung hängt von zwei Voraussetzungen ab:

Adäquater Kausalzusammenhang

(aa) Das schädigende Ereignis, also die Täuschung durch V, müsste mit dem Vorteil in einem *adäquaten Kausalzusammenhang* stehen. Das ist fraglich, da das den Verlust ausgleichende Rechtsgeschäft mit D in keinem Zusammenhang mit der Täuschung zu stehen scheint. Gleichwohl ist die Täuschung ursächlich für den günstigen Weiterverkauf. Denn hätte V nicht arglistigerweise einen schadhaften Pkw geliefert, wäre der Vorteil des günstigen, gewährleistungsfreien Weiterverkaufs auch nicht eingetreten. Dieser Zusammenhang liegt zudem nicht außerhalb aller Wahrscheinlichkeit. 230

Entsprechend dem Zweck des Schadensersatzes

(bb) Als weitere Voraussetzung darf die Anrechnung des Vorteils nicht dem *Zweck des Schadensersatzes* widersprechen und den Schädiger nicht unbillig entlasten. Insbesondere ist keine Vorteilsanrechnung vorzunehmen, wenn der Vorteil allein dem Verletzten und nicht dem Schädiger zugutekommen soll: Hier würde die Wirksamkeit des Haftungsausschlusses zwischen K und D auch über die Vorteilsanrechnung im Verhältnis V zu K dem V zugutekommen. Der Haftungsausschluss soll sich aber nur im Verhältnis K zu D auswirken. Ein Parteiwille, dass auch V vom Gewährleistungsausschluss begünstigt sein soll, ist nicht ersichtlich.

Daher ist eine Vorteilsausgleichung abzulehnen: Der Schaden des K (Werteinbuße infolge Unfalls) besteht trotz der günstigen Weiterveräußerung. Dies hat weiter zur Folge, dass insoweit auch die Drittschadensliquidation entfällt.

Keine zufällige Schadensverlagerung

(d) Zudem fehlt es an einer *zufälligen Schadensverlagerung*: Der Schaden, der typischerweise bei K eintritt, ist nicht aufgrund eines *zufälligen* Ereignisses bei D eingetreten, sondern nur deswegen, weil sich D auf einen Haftungsausschluss eingelassen hat, was ein neues, selbständiges Ereignis darstellt. 231

Der Fall der sog. *Verkäuferkette*, bei der dem Letztabnehmer Nachteile entstehen, die aus dem Verantwortungsbereich des Erstverkäufers stammen, gehört darüber hinaus nicht zu den Fallgruppen, bei denen eine zufällige Schadensverlagerung bejaht wird.[453]

452 BGH, NJW 1975, 623 = **juris**byhemmer.

453 BGHZ 40, 102.

hemmer-Methode: Beschädigt jemand eine Sache, die der Eigentümer verpachtet hat, liegt eine zufällige Schadensverlagerung auf den Pächter vor, wenn sich dieser im Pachtvertrag zur Behebung der entsprechenden Schäden verpflichtet hatte. Bezahlt dieser den Schaden, kann der Verpächter nach den Grundsätzen der Drittschadensliquidation gegen den Schädiger vorgehen.[454]

(4) Anspruch des D gegen K auf Abtretung seiner Ansprüche gegen V aus kaufvertraglicher Nebenpflicht

Ist bei einem Verkauf jede Gewährleistung ausgeschlossen und hat der gutgläubige Verkäufer als sog. „Erstkäufer" gegen den Erstverkäufer einen Anspruch auf Schadensersatz, so ist er aus dem Kaufvertrag mit seinem Abnehmer verpflichtet, seinen Anspruch an diesen abzutreten. Insoweit besteht nach Ansicht des BGH im Wege einer ergänzenden Vertragsauslegung eine kaufvertragliche *Nebenpflicht*. Denn mit dem Ausschluss der Gewährleistung zwischen K und D sollte erkennbar nur das allgemeine Mängelrisiko ausgeschlossen werden.[455]

hemmer-Methode: In dem BGH-Fall, der diesem Aspekt zugrunde liegt, ging es um ein über das allgemeine Mängelrisiko hinausgehendes Risiko einer Bodenbelastung durch Schadstoffe, das zu regeln die Parteien nicht bedacht hatten. Nur in einem solchen Fall kommt der BGH im Wege der ergänzenden Vertragsauslegung zu einer Nebenpflicht des Erstkäufers auf Abtretung seiner Ansprüche gegen den Erstverkäufer.
Ist hingegen nur das „allgemeine Mängelrisiko" betroffen, welches die Parteien des Zweitvertrages i.R.d. zulässigen Haftungsausschlusses gerade regeln wollten und geregelt haben, verbietet sich eine ergänzende Vertragsauslegung, weil der Vertrag insoweit schon nicht lückenhaft ist.[456]

Ergebnis

Die Drittschadensliquidation greift nicht ein. Allerdings kann D von K aus kaufvertraglicher Nebenpflicht Abtretung der Gewährleistungsansprüche verlangen.

C. Fallgruppen

Fallgruppen der Drittschadensliquidation

Bei der sog. *"Verkäuferkette"* kann dem Letztabnehmer also nicht mit der Drittschadensliquidation geholfen werden.[457] Jedoch gibt es einige Fallgruppen, in denen eine *Schadensverlagerung* als *zufällig* anerkannt ist: 232

I. Obligatorische Gefahrentlastung[458]

Obligatorische Gefahrenentlastung

Hat der Ersatzberechtigte keinen Schaden, weil der Schaden infolge einer Gefahrtragungsregel bei einem Dritten entstanden ist, so kann der Ersatzberechtigte den Schaden des Dritten geltend machen.[459] Schadensverlagernde Gefahrtragungsregeln greifen ein: 233

454 BGH, **Life&LAW 06/2016, 390 ff.** = **juris**byhemmer.

455 Vgl. dazu BGH, NJW 1997, 652 = **juris**byhemmer.

456 BGH, NJW 2004, 1873 f. = **juris**byhemmer; in diesem Fall ging es um „normale" Feuchtschäden. Das Risiko des Vorliegens solcher Schäden übernimmt der Zweitkäufer durch die Vereinbarung des Haftungsausschlusses. Für eine Nebenpflicht besteht dann kein Raum, weil dabei das Interesse des Erstkäufers unberücksichtigt bliebe, welches dieser an dem Behalten der Mängelansprüche haben könnte. Denn eine Inanspruchnahme des Erstverkäufers durch den Zweitkäufer könnte Auswirkungen auf den Vertrag zwischen Erstverkäufer und Erstkäufer haben, vor denen sich der Erstkäufer möglicherweise schützen möchte. Der BGH verneint in dieser Entscheidung auch einen Anspruch auf Abtretung aus § 285 BGB mit der Begründung, nach Gefahrübergang sei für die Anwendung dieser allgemeinen Vorschrift kein Raum mehr. Dem Fall lag noch das alte Schuldrecht zugrunde. Ob dieses Argument isoliert betrachtet nach der Schuldrechtsreform aufrechtzuerhalten ist, ist wegen der Rückanknüpfung an das Allgemeine Schuldrecht durch § 437 BGB zumindest zweifelhaft.

457 Grüneberg (vormals Palandt), vor § 249, Rn. 111 m.w.N.

458 Beachten Sie, dass sich diese Frage wegen § 475 II BGB i.R.d. Verbrauchsgüterkaufs nicht oft stellen wird, da der Verbraucher den Transport selten so organisieren wird, wie diese Norm es für die Anwendbarkeit des § 447 BGB verlangen würde.

459 BGHZ 40, 100; NJW 1970, 41 = **juris**byhemmer.

Versendungskauf

1. Im Fall des *Versendungskaufs*. Geht beim Versendungskauf die Ware während des Transports unter, so steht dem Verkäufer als (Noch-)Eigentümer der Ware ein Schadensersatzanspruch gegen die Transportperson zu (Transportvertrag, § 823 I BGB). 234

Da er jedoch wegen *§ 447 BGB* den Vergütungsanspruch gegen den Käufer in systematischer Ausnahme zu § 326 I BGB behält, hat er nach der Differenzhypothese keinen Schaden erlitten. Dem Käufer stehen dagegen keine Ansprüche zu: Weder ist sein Eigentum verletzt worden, noch steht er in vertraglichen Beziehungen zu der Transportperson.

Deshalb kann der Verkäufer gegenüber der Transportperson nach den Regeln der Drittschadensliquidation den Schaden seines Käufers geltend machen. Gemäß § 285 BGB muss er diesen Anspruch wiederum an den Käufer abtreten. Der Käufer ist zudem nur Zug um Zug gegen die Abtretung des Anspruchs zur Kaufpreiszahlung verpflichtet (§§ 273, 274 BGB).

hemmer-Methode: Sofern die eingeschaltete Transportperson "Frachtführer" i.S.d. §§ 407 ff. HGB ist, ergeben sich durch das am 01.07.1998 in Kraft getretene Transportrechtsreformgesetz in dieser Konstellation einige Änderungen. Auch wenn diese Normen nach den Prüfungsordnungen der meisten Bundesländer nicht Prüfungsstoff sind, sollten die Auswirkungen auf die oben dargestellten Grundsätze der Drittschadensliquidation kurz dargestellt werden.
Nach § 421 I HGB hat der Käufer (= Empfänger) die Möglichkeit, *selbst* gegen den Transporteur vorzugehen, obwohl er nicht Vertragspartner ist (§ 421 I S. 2 HS 1 HGB).
Allerdings ist zu berücksichtigen, dass der Verkäufer (= Absender) gemäß § 421 I S. 2 HS 2 HGB auch *selbst* zur Geltendmachung befugt bleibt. Gemäß § 421 I S. 3 HGB kommt es dabei nicht darauf an, ob der Schaden beim Verkäufer oder beim Käufer liegt (so wegen § 447 BGB beim Versendungskauf). Da also auch hier der nicht geschädigte Verkäufer den Anspruch liquidieren kann, handelt es sich hier letztlich um einen gesetzlich geregelten Fall der Drittschadensliquidation.[460]
Der bisherige Lösungsweg über die ungeschriebenen Regeln der Drittschadensliquidation wird also dann noch bedeutsam, wenn die Voraussetzungen von § 407 III HGB nicht vorliegen.
Da also sowohl der Verkäufer also auch der Käufer den Anspruch gegenüber dem Transporteur geltend machen können („Doppellegitimation"; vgl. Herber a.a.O.), ist davon auszugehen, dass es sich um eine Gesamtgläubigerschaft handelt. Gemäß § 428 i.V.m. § 362 I BGB besteht dadurch für den Käufer die Gefahr, dass mit befreiender Wirkung *an den Verkäufer* geleistet wird. Dann wäre dieser wegen § 447 BGB einerseits zur Zahlung des Kaufpreises verpflichtet, könnte sich aber andererseits nicht mehr an den Transporteur halten. Vor dieser Gefahr muss der Käufer geschützt werden.[461]
Daher ist davon auszugehen, dass ein Anspruch des Käufers gegen den Verkäufer auf Abtretung des Schadensersatzanspruchs besteht, den dieser gegen den Transporteur hat.
Sollte dieser bereits an den Verkäufer gezahlt haben oder dies in Unkenntnis der Abtretung noch tun (§ 407 I BGB), so hat der Käufer gegen den Verkäufer einen Anspruch auf Herausgabe des Erlangten.[462]
Beides lässt sich begründen mit § 285 BGB bzw. einer Nebenpflicht aus dem geschlossenen Kaufvertrag.[463]

460 Herber, NJW 1998, 3297 (3302); a.A. (gesetzlich geregelter Fall der Prozessstandschaft) wegen des Wortlauts d. § 421 I S. 2 HS 1 HGB vertretbar.

461 So im Ergebnis auch OLG Hamburg, VersR 2004, 424; a.A. Grüneberg (vormals Palandt), vor § 249 BGB, Rn. 110, der die Notwendigkeit der Drittschadensliquidation in diesem Fall verneint.

462 Um ganz sicher zu gehen müsste also zusätzlich zu der Abtretung auch noch eine Information des Schuldners erfolgen, um dessen Gutgläubigkeit (§ 407 BGB) auszuschließen.

463 Vgl. dazu Schneider, **Life&LAW 10/1998, 678 ff.**, sowie JuS 2000, 624.

Werkvertrag

2. Beim Werkvertrag *vor Abnahme (§ 644 I S. 1 BGB), aber nach Eigentumsübergang an den Besteller.*[464] Häufig geht das Eigentum bei Einbauten und Bauwerken auf einem Grundstück schon gem. §§ 946, 94 I BGB auf den Besteller über. Dieser hat dann bei Beschädigung durch einen Dritten gegen diesen einen Anspruch aus § 823 I BGB. 235

Da der Werkunternehmer jedoch wegen § 644 I S. 1 BGB weiter zur Nachbesserung bzw. Neuherstellung verpflichtet ist, wenn er den Werklohn erhalten will, liegt der Schaden nicht beim Besteller, sondern beim Werkunternehmer.

Daher kann der Besteller im Wege der Drittschadensliquidation den Schaden des Unternehmers geltend machen.[465]

Vermächtnis

3. Beim *Untergang des Vermächtnisgegenstands (§§ 2174, 275* I BGB*)*. Wenn eine vermachte Sache, die sich noch beim Erben befindet, dort durch Verschulden eines Dritten zerstört wird, so wird der Erbe gem. § 275 I BGB von seiner Übereignungspflicht aus § 2174 BGB frei. Soweit den Erben kein Verschulden trifft, steht dem Vermächtnisnehmer auch kein Schadensersatzanspruch gegen diesen aus §§ 280 I, III, 283 BGB zu. Der Erbe als ersatzberechtigter Eigentümer kann deshalb den Schaden des Vermächtnisnehmers gegenüber dem Dritten geltend machen. 236

II. Obhutsfälle

Obhutspflicht für fremde Sachen

Die Liquidation im Drittinteresse greift auch ein bei den sog. *Obhutsfällen*. Dies wurde für die Haftung des Gastwirts hinsichtlich der eingebrachten Sachen in § 701 BGB ausdrücklich geregelt, ist aber auch allgemein anwendbar. Wer als berechtigter Besitzer einer fremden Sache einen Vertrag schließt, der hinsichtlich der Sache eine Obhutspflicht begründet, kann bei Verletzung dieser Pflicht den Schaden des Eigentümers gegenüber dem Vertragsgegner geltend machen.[466] 237

Geht beispielsweise das entliehene Faschingskostüm in der Reinigung verloren, so hat der Entleiher selbst keinen Schaden, da er gegenüber dem Verleiher von seiner Rückgabeverpflichtung frei geworden ist (§ 275 I BGB). Jedoch kann der Entleiher den Schaden des Verleihers gegenüber dem Inhaber der Reinigung geltend machen. Ein etwaiger deliktischer Schadensersatzanspruch des Verleihers gegen die Reinigung steht dazu in echter Konkurrenz.[467]

hemmer-Methode: Denken Sie bei diesen Obhutsfällen immer zuerst an den Vertrag mit Schutzwirkung. Nur wenn dieses Institut nicht eingreift, können Sie mangels eigenen Anspruchs des tatsächlich Geschädigten an eine Drittschadensliquidation denken.
Kennzeichnend für die Obhutsfälle ist, dass der tatsächlich Geschädigte regelmäßig einen eigenen deliktischen Anspruch gegen den Schädiger hat. Dieser Anspruch hilft ihm allerdings dann nicht weiter, wenn der unmittelbare Schädiger ein mittelloser Angestellter ist.
Will der Geschädigte hier gegen den solventen Hintermann vorgehen, wird ein deliktischer Anspruch meist an der Exkulpationsmöglichkeit des § 831 BGB scheitern. Weiterhelfen wird ihm also nur ein vertraglicher Anspruch mit der Zurechnungsmöglichkeit des § 278 BGB. Da er selbst zu dem mittelbaren Schädiger keine vertragliche Beziehung hat, muss dazu auf das Institut der Drittschadensliquidation zurückgegriffen werden.

464 Vgl. dazu OLG München, NJW 2011, 3375 ff.

465 BGH, NJW 1970, 41 = jurisbyhemmer.

466 BGH, NJW 1969, 790; 1985, 2412 = jurisbyhemmer.

467 Vgl. BGH, NJW 1985, 2312 = jurisbyhemmer.

III. Mittelbare Stellvertretung

Mittelbare Stellvertretung

Weiterer anerkannter Fall der Drittschadensliquidation ist die *mittelbare Stellvertretung*. Wer als mittelbarer Stellvertreter (im eigenen Namen, aber für fremde Rechnung) einen Vertrag geschlossen hat, kann den Schaden des Geschäftsherrn gegen den zum Schadensersatz verpflichteten Vertragsgegner geltend machen.[468]

Hat bspw. der K als mittelbarer Stellvertreter des D mit V einen Kaufvertrag geschlossen und gerät der V in Verzug, so steht der Anspruch aus §§ 280 I, II, 286 BGB grds. dem K als Vertragspartner zu. Jedoch fehlt es i.d.R. an einem eigenen Schaden des K. Dieser tritt vielmehr in der Person des D ein. Deshalb kann K den Schaden des D gegenüber V liquidieren. 238

D. Maßstab des Schadensumfangs

Bestimmung des Schadensumfangs

Sowohl bei der obligatorischen Gefahrenentlastung als auch bei der mittelbaren Stellvertretung ist fraglich, aus welcher Sicht der Schadensumfang zu bestimmen ist. Entweder ist der Schaden danach zu messen, welche Folgen beim verletzten Anspruchsinhaber ohne Schadensverlagerung eingetreten wären, oder es ist auf die tatsächlichen Nachteile abzustellen, die der geschädigte Dritte erlitten hat: 239

Obligatorische Gefahrenentlastung

Eine Ansicht lehnt in den Fällen der obligatorischen Gefahrenentlastung eine Drittschadensliquidation überhaupt ab. Aus einer wertenden Betrachtung heraus („normativer Schadensbegriff") wird stattdessen ein eigener Schaden des Anspruchsinhabers bejaht. Konsequenterweise ist danach nur der Schaden zu ersetzen, der dem Anspruchsinhaber ohne zufällige Schadensverlagerung entstanden wäre. Diesen Ersatzanspruch muss der Anspruchsinhaber dann gemäß § 285 BGB an den Geschädigten abtreten.

Ordnet man jedoch auch die obligatorische Gefahrenentlastung den Fallgruppen der Drittschadensliquidation zu, so ist für den Schadensumfang die Person des Geschädigten entscheidend.[469]

Mittelbare Stellvertretung

Bei der mittelbaren Stellvertretung stellt sich die gleiche Frage: Muss der Ersatzpflichtige den vollen Schaden des Dritten - einschließlich des diesem entgangenen Gewinns (§ 252 BGB) - oder nur den Schaden ersetzen, der beim mittelbaren Vertreter eingetreten wäre, hätte es sich um dessen Eigengeschäft gehandelt? 240

Will man letzterer Lösung folgen, begegnet man unüberwindlichen Schwierigkeiten: Die Vertragsverletzung des Schädigers trifft in ihren Folgen allein den Hintermann. Ein fiktiver Schaden des mittelbaren Vertreters lässt sich kaum ermitteln. Daneben ist die Begrenzung des Schadensersatzes auf den "vertragstypischen Schaden" auch sonst dem Schadensrecht fremd. Aus diesen Gründen ist bei der mittelbaren Stellvertretung der Schadensumfang aus Sicht des Hintermannes zu bestimmen.

468 BGHZ 25, 258, st. Rspr. = jurisbyhemmer.

469 Grüneberg (vormals Palandt), vor § 249, Rn. 107 m.w.N.; offengelassen in BGHZ 49, 356, 360 = jurisbyhemmer.

§ 9 MITVERSCHULDEN

Einführung

Zu einer Minderung oder einem gänzlichen Ausschluss der Ersatzpflicht kann es kommen, wenn auf Seiten des Geschädigten bei *Entstehung (§ 254 I BGB)* oder bei *Entwicklung des Schadens*[470] *(§ 254 II BGB)* ein mitwirkendes „Verschulden" gegeben ist. Dabei kann es sich nicht um ein Verschulden im eigentlichen Sinn handeln, da die Rechtsordnung die Selbstgefährdung und Selbstschädigung nicht verbietet.[471] 241

hemmer-Methode: Sound: Ohne Pflichten kein Verschulden i.S.d. § 276 BGB.

I.R.d. § 254 BGB ist daher Verschulden - anders als sonst - ein *„Verschulden gegen sich selbst"*:[472] Den Geschädigten trifft eine Mitverantwortlichkeit für den entstandenen Schaden, wenn er sich unter Außerachtlassung zumutbarer Sorgfalt selbst in die Lage gebracht hat, in der sich das Verhalten des anderen für ihn schädigend auswirken konnte.[473] Insoweit begründet § 254 BGB keine Rechtspflicht im eigentlichen Sinne, jedoch besteht für den Schuldner die *Obliegenheit* zur Wahrung seiner eigenen Schutzinteressen.[474]

Life&LAW 05/2000, 289 = NJW 2000, 800: Weist der Schädiger dem Geschädigten eine ohne weiteres zugängliche günstigere Verwertungsmöglichkeit bzgl. des Unfallwagens nach, so kann der Geschädigte i.R. seiner Schadensminderungsobliegenheit gemäß § 254 II S. 1 BGB verpflichtet sein, hiervon Gebrauch zu machen. Der bloße Hinweis auf eine preisgünstigere Möglichkeit der Verwertung, um deren Realisierung sich der Geschädigte erst noch bemühen muss, genügt aber nicht, um eine Obliegenheit zur Schadensminderung auszulösen!

§ 254 I BGB bzgl. Unterlassen des Tragens eines Fahrradhelms?

Stark in der Diskussion war lange Zeit die Frage, ob ein Mitverschulden bei einem Fahrradunfall daraus abgeleitet werden kann, dass der verletzte Fahrradfahrer keinen Helm getragen hat und die konkrete Schädigung im Falle des Helmtragens jedenfalls geringer ausgefallen wäre.

Nach Ansicht des BGH ist das Tragen von Helmen beim Fahrradfahren noch nicht so weit verbreitet, dass von einer ungeschriebenen „Rechtspflicht in eigenen Angelegenheiten" gesprochen werden kann.[475] Anders als beim Motorradfahren existiert keine gesetzliche Regelung zu dieser Frage. Dementsprechend gehört das Tragen eines Helms noch nicht zum allgemeinen Verkehrsbewusstsein. Der BGH macht jedoch deutlich, dass dies in Zukunft anders werden könnte.

470 § 254 II S. 1 BGB regelt die sog. Schadensgeringhaltungsobliegenheit. Wählt der Geschädigte z.B. zu teure oder nicht anerkannte Behandlungsmethoden, kann der Anspruch gekürzt werden. Keinen Verstoß gegen die Schadensgeringhaltungsobliegenheit stellt es dar, wenn der Geschädigte eines Unfalls nicht die eigene Vollkaskoversicherung in Anspruch nimmt, um die Zeiten des Nutzungsausfalls möglichst gering zu halten. Es ist Sache des Schädigers, für schnellstmöglichen Ausgleich zu sorgen, BGH, **Life&LAW 06/2021, 374 f.** = **juris**byhemmer.

471 Grüneberg (vormals Palandt), § 254, Rn. 1.

472 Grüneberg (vormals Palandt), a.a.O.

473 S.a. BGHZ 3, 49; 9, 318; BGH, **Life&LAW 08/2010, 503 ff.** = **juris**byhemmer.

474 BGH, BauR 2006, 522.

475 BGH, **Life&LAW 10/2014, 719 ff.** = **juris**byhemmer.

hemmer-Methode: Häufiger Anfängerfehler ist es, § 254 BGB i.R.d. Verschuldens zu prüfen. Richtigerweise führt das Mitverschulden zu einer Kürzung eines bereits bestehenden Anspruchs und ist daher erst ganz am Ende der Schadensersatzansprüche zu untersuchen. Eine Ausnahme bildet jedoch diesbezüglich § 253 II BGB: Hier wird ein etwaiges Mitverschulden gleich bei der Frage nach der "billigen Entschädigung" mitberücksichtigt. 242

Anwendungsbereich

§ 254 BGB gilt grds. gegenüber allen Schadensersatzansprüchen, gleichgültig, auf welchem Rechtsgrund sie beruhen.[476] Im Einzelfall können jedoch Spezialregelungen § 254 BGB verdrängen: So führt i.R.d. §§ 122, 179 BGB die Kenntnis des anderen Teils zum völligen Anspruchsausschluss (vgl. dazu Rn. 183). 243

§ 254 BGB ist aber nicht die einzige Vorschrift, die bei einem Mitverschulden zur Anspruchskürzung führt.

A. Besondere Vorschriften des StVG[477]

Einordnung

Besonders praxisrelevant ist die Berücksichtigung des mitwirkenden Verschuldens bei Unfällen im Straßenverkehr. Das StVG enthält dazu in den §§ 9 und 17 Sondervorschriften. 244

I. § 9 StVG

Mitverschulden des „Bewahrgehilfen"

Über § 9 StVG ist § 254 BGB auch für die Haftung nach dem StVG anwendbar (§§ 7, 18 StVG). Zudem enthält § 9 StVG gegenüber § 254 BGB eine Erweiterung: Der Geschädigte muss sich *bei der Sachbeschädigung* gegenüber den Ansprüchen aus dem StVG das Mitverschulden seiner „Bewahrgehilfen" anrechnen lassen. Das gilt aber *nicht* gegenüber den Ansprüchen aus den §§ 823 ff. BGB oder aus Vertrag. Für diese Ansprüche ist § 9 StVG unanwendbar.[478] 245

Bsp.: *Fahrzeughalter H streifte den nah am Fahrbahnrand entlanggehenden Fußgänger F. F trug einen Aktenkoffer, der dabei kaputt ging. Den Koffer hatte er sich tags zuvor von seinem Freund E geliehen. Welche Ansprüche hat E gegen H, wenn man auf Seiten des F einen Mitverschuldensanteil von 1/4 zugrunde legt?* 246

StVG-Haftung

(1) H haftet dem E gemäß §§ 7, 18 StVG für den Schaden am Aktenkoffer.

Zurechnung des Mitverschuldens

(2) Gemäß § 9 StVG muss sich E aber das Mitverschulden des F, der mit Wissen und Wollen des E die tatsächliche Gewalt über die beschädigte Sache ausübte (sog. „Bewahrgehilfe"), anlasten lassen. Das führt *für die Ansprüche aus dem StVG* zu einer Kürzung um ein Viertel.

Keine Zurechnung bei anderen Haftungsnormen

(3) H hat auch das Eigentum des E rechtswidrig und schuldhaft verletzt und ist daher gemäß § 823 I BGB ersatzpflichtig. § 9 StVG ist für diesen Anspruch nicht anwendbar. Das Mitverschulden des Gewahrsamsinhabers ließe sich nur über die §§ 254 II S. 2, 278 BGB zurechnen. Mangels Schuldverhältnisses zwischen H und E zum Zeitpunkt des schädigenden Ereignisses kann über § 278 BGB keine Zurechnung erfolgen.[479] Dem E bleibt also sein Anspruch aus § 823 I BGB ungekürzt.

---

476 Grüneberg (vormals Palandt), § 254, Rn. 2.

477 Dazu ausführlich Hemmer/Wüst, Deliktsrecht, Rn. 319 ff., insbesondere zu den am 01.08.2002 in Kraft getretenen Änderungen durch die Schadensersatzrechtsreform.

478 BGH, NJW 1965, 1273; BGH, **Life&LAW 12/2007, 817 ff. = juris**byhemmer.

479 Dazu siehe unten.

hemmer-Methode: Dieses auf den ersten Blick unbillige Ergebnis resultiert aus der Überlegung, dass die Einführung des § 9 StVG auch als teilweiser Ausgleich für die verschärfte Haftung nach dem StVG gedacht war. Im Übrigen muss H den Schaden nicht allein tragen. Er ist zwar an einer Geltendmachung des Mitverschuldens des F über § 254 BGB gehindert, kann gegen diesen aber aus § 426 I BGB vorgehen.

II. § 17 II StVG

§ 9 StVG im Verhältnis zu § 17 II StVG

§ 17 II StVG ist gegenüber § 9 StVG und § 254 BGB eine *Sonderregelung für die Haftungsverteilung* zwischen den an einem Unfall beteiligten Fahrzeughaltern oder Fahrern: Spielt sich ein *Schadensereignis zwischen zwei Kfz* ab, zwischen einem Kfz und einem Anhänger, zwischen einem Kfz und einem Tier oder zwischen einem Kfz und einer Eisenbahn (§ 17 IV StVG), so gilt *allein* § 17 II StVG, *nicht* § 9 StVG oder § 254 BGB.[480] 247

Umfassende Sonderregelung

§ 17 II StVG verdrängt also § 9 StVG und § 254 BGB.[481] Dabei gilt § 17 II StVG - im Gegensatz zu § 9 StVG - nicht nur für die Ersatzansprüche aus dem StVG, sondern regelt abschließend die Haftungsverteilung von Haltern und Fahrern für *alle* Anspruchsgrundlagen.[482] 248

Bei der Abwägung selbst ist insbesondere der Begriff der Betriebsgefahr von Bedeutung. Damit beschreibt man die Summe aller vom konkreten Kfz in den Verkehr getragenen Gefahren. Im Ausgangspunkt ist bei einem Unfall zwischen zwei Kfz von einer Verteilung von 50 / 50 auszugehen, wenn bei beiden der Tatbestand des § 7 I StVG verwirklicht ist. Ist die Betriebsgefahr eines Kfz erhöht, kann „das Pendel“ zu Lasten dieses Halters ausschlagen.[483]

Generell ist in der Klausur die Kenntnis des Verhältnisses der §§ 254 BGB, 9, 17 StVG zueinander sehr wichtig. Voraussetzung für das Eingreifen des spezielleren § 17 II StVG ist, dass die Beteiligten Halter sind. Dies ist z.B. dann nicht der Fall, wenn der Leasinggeber als Eigentümer vom Unfallgegner des Leasingnehmers Ersatz verlangt. Insoweit greift dann also § 9 StVG. Allerdings gilt das wiederum nur für den Anspruch aus § 7 StVG. Für den Anspruch aus § 823 I BGB wegen *schuldhafter* Eigentumsverletzung bleibt es bei § 254 BGB, so dass ein eventuelles Fehlverhalten des Leasingnehmers dem Leasinggeber dort nicht zuzurechnen ist.[484]

III. § 17 I StVG

Sondervorschrift gegenüber § 426 I S. 1 BGB

§ 17 I StVG hat nichts zu tun mit einer Kürzung des Schadensersatzanspruchs. Die Vorschrift regelt vielmehr, inwieweit mehrere Kfz-Halter und Fahrer, die gemeinsam einen Dritten geschädigt haben, *im gesamtschuldnerischen Innenverhältnis* (§ 840 I BGB) einander zum *Ausgleich* verpflichtet sind.[485] Die gleiche Regressregelung gilt bei gemeinsamer Schädigung Dritter durch Kfz und Anhänger, durch Kfz und Eisenbahn oder durch Kfz und Tier (§ 17 IV StVG). 249

480 Vgl. dazu BGH, **Life&LAW 04/2011, 240 ff.** = **juris**byhemmer.

481 Grüneberg (vormals Palandt), § 254, Rn. 6.

482 BGH, LM § 249 (Bb) Nr. 3 Bl 2.

483 Trifft grob verkehrswidriges Verhalten auf eine nur einfache Betriebsgefahr, kann im Ergebnis auch eine Verteilung von 100/0 bestehen; vgl. exemplarisch BGH, **Life&LAW 01/2012, 8 ff.** = **juris**byhemmer.

484 Vgl. zu dieser sehr examensrelevanten Thematik den lehrreichen Fall des BGH in **Life&LAW 12/2007, 817 ff.** = **juris**byhemmer. Hier bezieht der BGH mustergültig Stellung zum Verhältnis der Vorschriften zueinander.

485 Vgl. Grüneberg (vormals Palandt), § 840, Rn. 1.

hemmer-Methode: In allen Fällen des § 17 StVG ist jedoch darauf zu achten, dass die Haftung eines Beteiligten komplett ausgeschlossen ist, wenn der Unfall durch ein unabwendbares Ereignis verursacht wird, § 17 III StVG. Diese Neuregelung war aus Billigkeitsgründen erforderlich, da die Änderung des § 7 II StVG sonst in Fällen zu einer zu strengen Haftung geführt hätte, die von der gesetzgeberischen Motivation (besserer Schutz von Kindern im Straßenverkehr) gar nicht erfasst werden.

B. Einwilligung, Haftungsausschluss, Handeln auf eigene Gefahr und mitwirkende Betriebsgefahr bei Gefälligkeitsfahrten

Einordnung

Wenn es durch Verschulden des unentgeltlich tätigen Fahrzeugführers zu einem Verkehrsunfall kommt, ist nach den Umständen oft fraglich, ob er für die Schäden seiner Mitfahrer *voll* einzustehen hat.[486] 250

Bsp.: *F holte seine Freundin B mit seinem neuen Motorrad zum Picknick ab. Nach dem Picknick bat die B, selbst Inhaberin eines Motorradführerscheins, auf der Heimfahrt den Lenker übernehmen zu dürfen. Aus Unachtsamkeit fuhr sie anschließend zu schnell in eine Kurve und verlor die Beherrschung über das Fahrzeug. Beide landeten samt Motorrad im Straßengraben: B blieb unverletzt. Jedoch war das Schlüsselbein des F gebrochen und am Motorrad die Gabel verzogen. F verlangt von B die Heilungs- und Reparaturkosten ersetzt. B verweigert die Zahlung. Sie meint, wer sich in Gefahr begebe, käme darin um.* 251

Außerdem wäre doch auch ohne besondere Abmachung klar, dass sich Motorradkameraden nicht gegenseitig auf Schadensersatz in Anspruch nähmen. Zudem müsste sich F die Gefahr, die von seinem Motorrad von vorneherein ausginge, schadensmindernd anrechnen lassen.

Keine vertraglichen Ansprüche

(1) Vertragliche Ansprüche scheiden aus. Bei der Mitfahrt auf dem Motorrad handelt es sich lediglich um ein Gefälligkeitsverhältnis. Bei derartigen Gefälligkeitsfahrten fehlt der für einen Beförderungsvertrag nötige Rechtsbindungswille.[487]

§ 823 I BGB

(2) Gleichwohl könnte die B deliktisch haften.

(a) Die *tatbestandlichen* Voraussetzungen des § 823 I BGB sind erfüllt: B hat durch zu schnelles Fahren Gesundheit und Eigentum des F verletzt.

Rechtswidrigkeit

(b) Die Rechtsgutsverletzungen wären nicht *rechtswidrig*, wenn F dadurch, dass er das Motorrad zur Verfügung stellte und mit aufgestiegen ist, *stillschweigend* in die möglichen Verletzungen *eingewilligt* hat.

Schuldhafte Selbstgefährdung

Die frühere Rspr. hat in den Fällen einer *vorwerfbaren* (bewussten, vermeidbaren und nicht rechtlich oder sittlich gebotenen) *Selbstgefährdung* eine stillschweigende Einwilligung konstruiert.[488] Danach entfiele aufgrund der konkludenten Einwilligung die Rechtswidrigkeit. 252

Diese Lösung ist aber abzulehnen.[489] Es ist eine bloße Unterstellung, allein im Mitfahren auf einem Motorrad die Einwilligung in künftige Verletzungen zu sehen. Außerdem führt die Konstruktion der Einwilligung zu einem „Alles-oder-Nichts-Prinzip“: Entweder überhaupt keine oder volle Haftung.

Verschulden

(c) Die B hat dem F den Schaden schuldhaft zugefügt (§ 276 BGB). Sie handelte fahrlässig, als sie zu schnell in die Kurve fuhr.

---

486 Vgl. auch OLG Frankfurt, **Life&LAW 07/2006, 443 ff.** = **juris**byhemmer.

487 Grüneberg (vormals Palandt), vor § 241, Rn. 5.

488 Vgl. RGZ 141, 265.

489 Grüneberg (vormals Palandt), § 254, Rn. 32 m.w.N.

Haftungsausschluss

Das hätte sie gegenüber F allerdings nicht zu vertreten, wenn zwischen beiden ein *stillschweigender Haftungsausschluss* vereinbart war. Wegen der Tragweite eines solchen Geschäfts muss ein dahingehender Wille aber unmissverständlich zum Ausdruck kommen. Allein die Unentgeltlichkeit der Fahrt rechtfertigt diese Annahme nicht.[490] Das bloße Überlassen des Motorrads und die Mitfahrt sind dafür ebenfalls keine ausreichenden Indizien. 253

Darüber hinaus führt die Lösung über den Haftungsausschluss genauso wie die Annahme einer Einwilligung zu einem „Alles-oder-Nichts“: Der Geschädigte bekommt entweder den ganzen Schaden ersetzt oder gar nichts.

hemmer-Methode: Der BGH nimmt einen Haftungsausschluss grundsätzlich nur dann an, wenn der Schädiger keinen Versicherungsschutz hat. Denn anderenfalls würde der Geschädigte auch den Anspruch gegen die Versicherung verlieren.[491] Mitunter hat der BGH dies auch anders eingeordnet, z.B. wenn der Schädiger vorsätzlich gehandelt hat, so dass durch einen Regress wiederum doch auf den Schädiger zugegriffen werden könnte.[492]

Anders bei Eigeninteresse

Allerdings kann ein stillschweigender Haftungsausschluss angenommen werden, wenn der Fahrzeughalter ein besonderes Interesse daran hatte, dass der Gefällige sich als Fahrer zur Verfügung stellt (beispielsweise, weil der Halter angetrunken war).[493]

Gefällig war hier aber nicht die Lenkerin B, sondern der Halter F, der ihr auf ihr Bitten hin das Fahrzeug ohne eigenes Interesse überließ. Folglich ergibt auch eine ergänzende Auslegung keinen Haftungsausschluss.

Handeln auf eigene Gefahr

(d) Der Anspruch des F könnte aber gemäß § 254 I BGB in Höhe seines Mitverschuldens zu kürzen sein. Das wäre zu bejahen, wenn ein Fall des *Handelns auf eigene Gefahr* vorliegt. 254

Nach heutiger Ansicht fällt das Handeln auf eigene Gefahr als schuldhafte Selbstgefährdung unter § 254 BGB.[494]

Eine solche Selbstgefährdung ist anzunehmen, wenn sich der Geschädigte in eine Gefahr begeben hat, die sich später auch verwirklicht. Für eine vorwerfbare Selbstgefährdung genügt aber nicht schon das Überlassen des Motorrads und das Mitfahren. Vielmehr muss sich der Geschädigte *bewusst in eine Situation drohender Eigengefährdung begeben* haben.[495]

hemmer-Methode: Einen gesetzlich geregelten Fall des Handelns auf eigene Gefahr stellt § 8 Nr. 2 StVG dar, wonach die Gefährdungshaftung gem. § 7 I StVG entfällt, wenn der Geschädigte bei Betrieb des Kfz tätig war. Das umfasst auch Schäden an Sachen, die sich außerhalb des Kfz befunden haben.[496]

Handeln auf eigene Gefahr läge also nur vor, wenn begründete Zweifel an der Fahrtüchtigkeit bestanden hätten; dies wäre bspw. der Fall, wenn B keinen Motorradführerschein oder überhaupt keine Fahrpraxis gehabt hätte oder wenn sie betrunken gewesen wäre.[497] All das trifft nicht zu.

Ein Mitverschulden des F ist folglich nicht festzustellen.

490 BGHZ 30, 46; 43, 76 st. Rspr. = **juris**byhemmer.

491 Vgl. z.B. BGH, **Life&LAW 06/2008, 376 ff.; 09/2016, 591 ff.** = **juris**byhemmer.

492 BGH, **Life&LAW 07/2006, 443 ff.** = **juris**byhemmer.

493 BGH, VersR 78, 625; 80, 385 = **juris**byhemmer.

494 BGHZ 34, 363; 43, 77 = **juris**byhemmer.

495 BGHZ 2, 163; 34, 358 = **juris**byhemmer.

496 BGH, **Life&LAW 05/2021, 303 ff.** = **juris**byhemmer.

497 Vgl. Grüneberg (vormals Palandt), § 254, Rn. 32.

hemmer-Methode: Aus klausurtaktischen Gründen sollten Sie sich hinsichtlich der Einordnung des Handelns auf eigene Gefahr unbedingt der neuen Rechtsprechung anschließen: Nur so können Sie alle in derartigen Sachverhalten angelegten Problemkreise behandeln. 255
Beachte: Bei der Gefährdungshaftung gelten hinsichtlich des Handelns auf eigene Gefahr Besonderheiten: Die Gefährdungshaftung greift nach dem *Schutzzweck der haftungsbegründenden Norm* schon gar nicht ein, wenn sich der Verletzte der Gefahr, durch die der Schaden entstanden ist, wissentlich ausgesetzt hat.[498] Ein Ersatzanspruch entsteht also von vornherein nicht.[499]
Setzt sich jemand bewusst einer (Tier)Gefahr aus, ohne dazu - sei es durch Teilnahme am Verkehr, sei es durch eine besondere Rechtspflicht, durch Beruf oder eine sittliche Pflicht - genötigt zu sein, dann trifft der Schutzzweck der Gefährdungshaftung auf ihn nicht zu.[500]

Mitwirkende Betriebsgefahr

(e) Schließlich hat die B eingewandt, dass sich F die Betriebsgefahr seines Motorrads anspruchsmindernd anrechnen lassen müsse. § 254 I BGB spricht zwar nur vom "Verschulden". Jedoch liegt § 254 BGB der allgemeine Gedanke zugrunde, dass der Geschädigte für jeden Schaden mitverantwortlich ist, bei dessen Entstehung er in zurechenbarer Weise mitgewirkt hat.[501] Neben dem Verschulden ist i.R.d. § 254 I BGB auf der Seite des Geschädigten also auch eine mitwirkende Sach- oder Betriebsgefahr zu berücksichtigen. Das gilt nicht nur für die Gefährdungshaftung, sondern auch für Schadensersatzansprüche aus Vertrag oder Delikt.[502] 256

Eine zurechenbare Mitwirkung an der Entstehung des Schadens durch die Betriebsgefahr wäre also zu bejahen, wenn F als Halter nach § 7 I StVG haften würde, hätte die B selbst einen Schaden erlitten.

Umgekehrt läge keine zurechenbare Mitwirkung durch die Betriebsgefahr vor, wenn der Gefährdungshaftungstatbestand gar nicht eingriffe. Grundsätzlich hat F gemäß § 7 I StVG als Halter für den Schaden einzustehen, der durch sein Motorrad entsteht. Gem. § 8 Nr. 2 StVG haftet F aber nicht für Personen, die beim Betrieb des Fahrzeugs tätig waren: B hatte als Lenkerin das Motorrad betrieben.

Der B gegenüber haftet F also nicht für die Betriebsgefahr. Somit ergibt sich im Verhältnis zwischen Halter und Fahrer keine anspruchsmindernde Anrechnung der Betriebsgefahr nach § 254 I BGB.[503]

F erhält ungekürzten Schadensersatz.

C. Mitverschulden und Zurechnungsfähigkeit

§ 276 I S. 2 BGB

Der Verschuldensbegriff in § 254 BGB ist nicht technisch zu verstehen, sondern als "Verschulden gegen sich selbst".[504] Gleichwohl gelten *§ 276 I S. 2 BGB* und somit die §§ 827, 828 BGB auch i.R.d. Mitverschuldens. 257

***Bsp.:** Ehepaar G geht mit seiner 5jährigen Tochter T in den Supermarkt S-KG zum Einkaufen. Während die Eheleute G sich im reichhaltigen Angebot des S orientieren, merkt niemand, dass sich T plötzlich selbständig gemacht hat und zu einer ästhetisch schönen, jedoch recht wackeligen Pyramide aus Konservendosen gelaufen ist. Als T beherzt zugreifen will, stürzt die ganze Pyramide über ihr ein. T muss in ärztliche Behandlung.* 258

Die Eltern G verlangen im Namen ihrer Tochter von der S-KG Schadensersatz.

498 BGH, NJW 1974, 234 = **juris**byhemmer.
499 A.A. BGH in JuS 1993, 73 f. („Reiterfall“).
500 A.A. BGH in JuS 1993, 73 f. entgegen der ganz h.L.
501 BGHZ 52, 168 = **juris**byhemmer.
502 BGHZ 6, 320; 12, 328 = **juris**byhemmer.
503 BGH, NJW 1972, 1415 = **juris**byhemmer.
504 Siehe oben Rn. 241.

Vertreten durch die Eltern

Die Eltern können gem. §§ 1626 I S. 2, 1629 BGB ihr Kind in Vermögensangelegenheiten als Gesamtvertreter vertreten. Gem. §§ 124 I, 161 II HGB kann die S-KG auch Gegnerin von Ansprüchen sein.

Vertrag mit Schutzwirkung zugunsten Dritter

(I) Da T jegliche Kaufabsicht fehlte, kommt als Anspruchsgrundlage nur ein Anspruch aus §§ 280 I, 241 II, 311 II BGB i.V.m. Vertrag mit Schutzwirkung zugunsten Dritter[505] in Betracht:

(1) Zwischen den Eltern G und der S-KG bestand eine vorvertragliche Beziehung i.S.d. § 311 II BGB, so dass ein Anspruch aus § 280 BGB in Betracht kommt. Weiter müssten die Voraussetzungen des Vertrages mit Schutzwirkung zugunsten Dritter vorliegen:[506]

Leistungsnähe

Leistungsnähe ist gegeben, da T in gleicher Weise den Gefahren von Schutzpflichtverletzungen ausgesetzt war wie ihre Eltern als Vertragspartner.

Personenrechtlicher Einschlag

Ein *personenrechtlicher Einschlag* im Verhältnis zwischen den Eltern als Vertragspartner und der T als geschädigter Dritter liegt vor, da die Eltern für das "Wohl und Wehe" ihres Kindes mitverantwortlich sind.

Erkennbarkeit

Schließlich war die Risikoerhöhung für die S-KG *erkennbar*, da die Mitnahme von Kindern zum Einkauf in Supermärkten alltäglich ist.

Sorgfaltspflichtverletzung, Rechtswidrigkeit und Verschulden

(2) Die S-KG ist verpflichtet, die Waren in ihrem Geschäftslokal so aufzustellen, dass von ihnen keine Gefährdung der Kunden ausgeht. Diese Pflicht wurde hier durch einen ihrer Verkäufer, welcher die Konserven unsicher aufgebaut hat, verletzt. Diese rechtswidrige und schuldhafte Pflichtverletzung ist der S-KG gem. § 278 S. 1 BGB zuzurechnen.

Daneben ist der S-KG das pflichtwidrige Unterlassen der entsprechenden Beaufsichtigung ihrer Angestellten durch ihren Komplementär gem. § 31 BGB analog zuzurechnen.

Schaden

(3) Durch die Pflichtverletzung ist der T ein adäquat kausaler Schaden in Form von Heilungskosten entstanden.

Mitverschulden

(4) Der Schadensumfang könnte jedoch im Falle eines Mitverschuldens gemäß § 254 I BGB zu mindern sein. 259

(a) In Betracht käme ein eigenes Mitverschulden von T, da T durch ihr Verhalten den Schaden mitverursacht hat. Fraglich ist aber, ob dieses Verhalten der Minderjährigen als "Verschulden gegen sich selbst" i.S.d. § 254 I BGB, also als ein vorwerfbarer Verstoß gegen die Gebote des eigenen Interesses[507], zu qualifizieren ist:

Zurechnungsfähigkeit

Zu diesem Verschulden im uneigentlichen Sinn gehört aber auch die *Zurechnungsfähigkeit entsprechend den §§ 827, 828 BGB.*[508] Es kommt auf die Fähigkeit zur Einsicht an, dass man sich selbst vor Schaden zu bewahren hat.[509] Das folgt aus § 276 I S. 2 BGB. Hält man § 276 BGB beim Mitverschulden für unanwendbar, so ergibt sich dies zumindest aus dem allgemeinen Grundsatz der Schutzbedürftigkeit Geschäftsunfähiger und beschränkt Geschäftsfähiger.

Entsprechend § 828 I BGB ist T deshalb für ihren Mitverursachungsanteil nicht verantwortlich.

Allerdings ist auch § 829 BGB entsprechend anwendbar.[510] Umstände, die billigerweise eine Anspruchsminderung erfordern, sind jedoch im vorliegenden Fall nicht erkennbar.

Zwischenergebnis

Aus der Mitverursachung der T folgt insoweit keine Anspruchskürzung.

---

505 Vgl. dazu BGHZ 66, 58 = **juris**byhemmer.

506 Vgl. zu den Voraussetzungen des Vertrages mit Schutzwirkung zugunsten Dritter Grüneberg (vormals Palandt), § 328, Rn. 13 ff.

507 Vgl. Grüneberg (vormals Palandt), § 254, Rn. 1.

508 BGHZ 9, 317; 24, 327 = **juris**byhemmer.

509 Grüneberg (vormals Palandt), § 254, Rn. 13.

510 BGHZ 37, 106 = **juris**byhemmer.

D. Zurechnung des Mitverschuldens Dritter

Einordnung

In diesem Zusammenhang geht es um die Frage, inwieweit sich der Geschädigte ein Mitverschulden *Dritter* anspruchskürzend zurechnen lassen muss. Diese Problemstellung ist in besonderem Maß für Übungs- und Examensarbeiten aus dem Gebiet des Haftungs- und Schadensrechts geeignet: 260

Sie ist eng mit anderen Problemfeldern verschränkt bzw. lässt sich mit diesen gut verknüpfen. Das zeigt auch der Beispielsfall.

hemmer-Methode: Auswahl examenstypischen Fallmaterials: Sie bereiten sich nur dann richtig auf Ihr Examen vor, wenn Sie lernen, mit den examenstypischen Fallkonstellationen richtig umzugehen. Drei-Personen-Verhältnisse und Zurechnungsfragen gehören folglich zum absoluten Standard i.R.e. guten Examensvorbereitung.

Weiter im Beispielsfall:

(b) In Betracht kommt aber eine Zurechnung des Mitverschuldens der Eltern gem. § 254 I BGB i.V.m. §§ 254 II S. 2, 278 BGB. 261

Als dritter Absatz zu lesen

Bei streng systematischer Auslegung bezieht sich die Verweisung in § 254 II S. 2 BGB nur auf den Tatbestand des § 254 II S. 1 BGB (Schadensvertiefung; Schadensgeringhaltungsobliegenheit). § 254 II S. 2 BGB gilt nach allgemeiner Meinung aber auch für das Mitverschulden im haftungsbegründenden Vorgang: § 254 II S. 2 BGB ist so zu lesen, als wäre es ein selbständiger dritter Absatz.[511]

Rechtsgrundverweisung

Die Verweisung auf § 278 BGB stellt eine *Rechtsgrundverweisung*, nicht eine Rechtsfolgenverweisung dar.[512] Für die Anwendung des § 278 BGB i.R.d. haftungsbegründenden Vorgangs (§ 254 I BGB) ist also zunächst das Bestehen einer *rechtlichen Sonderverbindung* zwischen der ersatzpflichtigen S-KG und der geschädigten T erforderlich.

Für diese Sonderverbindung ist das vorvertragliche Schuldverhältnis i.V.m. Vertrag mit Schutzwirkung zugunsten Dritter ausreichend. Wer die Vorteile des Vertrages mit Schutzwirkung hat, muss auch die Nachteile in Kauf nehmen.

hemmer-Methode: Bekannte Probleme in unbekanntem Gewand! Im Examen wird von Ihnen verlangt, dass Sie in der Lage sind, ungewöhnliche Fallgestaltungen auf bekannte Grundkonstellationen zurückzuführen.
Hier besteht der "Kniff" darin, die Grundsätze des Vertrages mit Schutzwirkung nicht nur bei der Haftungsbegründung heranzuziehen, sondern diese gleichzeitig nochmals beim Mitverschulden gem. §§ 254 II i.V.m. 278 BGB zu beachten.

Damit muss sich T ein Mitverschulden ihrer Eltern als gesetzliche Vertreter (§§ 1626 I S. 2, 1629 BGB) gemäß §§ 254 II S. 2, 278 BGB zurechnen lassen.

Die Eltern haben zumindest leicht fahrlässig ihre Aufsichtspflicht verletzt und damit schuldhaft gehandelt (§ 276 BGB).

Das Verschulden der Eltern wird auch nicht durch § 1664 BGB ausgeschlossen, da diese Vorschrift nur im Verhältnis zum Kind gilt. Allerdings wird die Tatsache, dass beide Elternteile ein Verschulden trifft, nicht kumulativ berücksichtigt.

511 St. Rspr. seit RGZ 62, 107.

512 H.M.: Grüneberg (vormals Palandt), § 254, Rn. 49 m.w.N.

Zurechnung analog §§ 334, 846 BGB

hemmer-Methode: Man könnte auch an eine Anspruchsminderung entsprechend dem Rechtsgedanken der §§ 334, 846 BGB denken. Danach wird beim Vertrag zugunsten Dritter dem Geschädigten das Mitverschulden des Gläubigers zugerechnet.[513] Die entsprechende Anwendung der §§ 334, 846 BGB ist aber nur dann von Bedeutung, wenn es an der Zurechenbarkeit des Mitverschuldens gemäß § 278 BGB fehlt.

Zwischenergebnis

T muss sich wegen des zurechenbaren Mitverschuldens ihrer Eltern bei ihrem Anspruch eine Kürzung gefallen lassen.

(II) Fraglich ist, ob dies auch für mögliche deliktische Ansprüche gilt.

Deliktische Haftungsgrundlagen

(1) Der Tatbestand des § 823 I BGB ist erfüllt. Durch die herunterfallenden Dosen wurde T an ihrer Gesundheit beschädigt. Dies war adäquat kausal durch das unsichere Aufstellen der Dosen bedingt. Eine Zurechnung des Verschuldens des Angestellten gem. § 278 BGB i.R.d. deliktischen Anspruchs scheidet jedoch aus, da dieses nicht auf einer bereits bestehenden schuldrechtlichen Sonderverbindung beruht. Jedoch muss sich die S-KG das Verschulden ihres Komplementärs hinsichtlich der Aufsichtspflichtverletzung gem. § 31 BGB analog auch i.R. deliktischer Ansprüche zurechnen lassen. 262

Schließlich haftet die S-KG nach §§ 823 II, 31 BGB i.V.m. § 229 StGB.

Schaden

(2) Der Schaden in Form der Heilungskosten ist kausal entstanden und damit nach § 249 II S. 1 BGB zu ersetzen.

Eigenes Mitverschulden der T

(3) Ein eigenes Mitverschulden (§ 254 I BGB) der T entfällt mangels Zurechnungsfähigkeit.[514]

Demzufolge entfällt auch eine Haftungsminderung aus dem Gesichtspunkt des Handelns auf eigene Gefahr.[515]

Zurechnung des elterlichen Mitverschuldens

(4) Zu klären ist, ob das Mitverschulden der Eltern auch i.R.d. deliktischen Anspruchs zu einer Kürzung führt.

Sonderverbindung

(a) Da es sich bei § 254 II S. 2 BGB um eine Rechtsgrundverweisung handelt, ist für die Anwendbarkeit von § 278 BGB eine bestehende schuldrechtliche Sonderverbindung zwischen der Geschädigten T und der Schädigerin S-KG erforderlich.

§ 278 BGB setzt also eine Sonderverbindung voraus, die unerlaubte Handlung führt aber erst dazu, dass eine Sonderverbindung entsteht.

Anmerkung: § 278 BGB würde aber beispielsweise i.R.d. § 823 I BGB eingreifen, wenn die deliktische Haftung schon bestanden hat, und erst dann der deliktisch Haftende Erfüllungsgehilfen mit der Reparatur beauftragt. In diesem Fall bestand bereits ein gesetzliches Schuldverhältnis; das Verschulden einer Werkstatt bei der *Schadensbeseitigung nach § 249 I BGB* ist folglich dem Schädiger im Rahmen einer Pflichtverletzung des gesetzlichen Schuldverhältnisses aus §§ 823, 249 BGB, gemäß § 278 BGB zuzurechnen. 263

hemmer-Methode: Beachte aber: Beauftragt der Geschädigte *selbst* ein Reparaturunternehmen, so ist dieses *nicht* als Erfüllungsgehilfe des Geschädigten bei dessen Schadensminderungspflicht anzusehen (§§ 254 II S. 2, 278 BGB).[516] Denn die Herstellung erfolgt nicht mehr in Erfüllung der Schadensminderungspflicht, sondern in Ausübung der Befugnis nach § 249 II S. 1 BGB. *Adäquat* verursachte Folgeschäden fallen daher uneingeschränkt dem Schädiger zur Last. 264

513 Grüneberg (vormals Palandt), § 328, Rn. 20; § 254, Rn. 58.

514 Siehe oben.

515 Siehe oben.

516 Vgl. Grüneberg (vormals Palandt), § 254, Rn. 55 f.

Daher stellt sich die Frage, ob der Vertrag mit Schutzwirkung zugunsten Dritter *auch i.R.d. deliktischen Anspruchs* als ausreichende Sonderverbindung i.R.d. §§ 254 II S. 2, 278 BGB angesehen werden kann. 265

Das ist generell und insbesondere für den Vertrag mit Schutzwirkung zugunsten Dritter abzulehnen. Das geschädigte Kind würde bei Vorliegen eines Vertrages mit Schutzwirkung im Recht der unerlaubten Handlung schlechter stehen als ohne eine solche vertragliche Beziehung. Es ist aber gerade Aufgabe des Vertrages mit Schutzwirkung, die Stellung des Einbezogenen zu verbessern, nicht sie zu verschlechtern:[517] Für die *deliktischen* Ansprüche ergibt sich demnach keine Zurechnung des elterlichen Mitverschuldens nach den §§ 254 II S. 2, 278 BGB.

§ 831 BGB entsprechend

(b) Fehlt es an einer rechtlichen Sonderverbindung, so kommt eine *entsprechende Anwendung* von § 831 BGB in Betracht: Nach h.M. verweist § 254 II S. 2 BGB nicht nur auf § 278 BGB, sondern auch auf § 831 BGB.[518] Der Geschädigte muss sich daher das Mitverschulden seiner Verrichtungsgehilfen anrechnen lassen, ihm bleibt aber die Möglichkeit des Entlastungsbeweises.[519] 266

hemmer-Methode: Dagegen ist bei juristischen Personen und der OHG gemäß § 31 BGB das Mitverschulden ihrer Organe ohne Entlastungsmöglichkeit zu berücksichtigen.[520]

Vorliegend kommt dies allerdings nicht in Betracht, weil die Eltern keine Verrichtungsgehilfen ihrer Kinder sind (weiter mit der Lösung sogleich).

517 Vgl. Medicus, BR, Rn. 871.

518 Grüneberg (vormals Palandt), § 254, Rn. 49.

519 St. Rspr. BGHZ 1, 249; 3, 49; 73, 192.

520 BGHZ 68, 151 = **juris**byhemmer.

§ 10 BESCHRÄNKUNG DER ERSATZPFLICHT

Beschränkung der Ersatzpflicht nach den Regeln der "gestörten Gesamtschuld"

Einordnung

Haften mehrere Schädiger als Gesamtschuldner (§ 840 I BGB), so kann der zahlende Schädiger im gesamtschuldnerischen Innenverhältnis entsprechend den jeweiligen Verursachungsanteilen (§ 254 BGB analog; Sondervorschriften in den §§ 840 II und III, 841 BGB, sowie in den §§ 17, 18 StVG) *nach § 426* BGB von den anderen Mitverantwortlichen *Regress* verlangen.[521] Wenn aber die Haftung eines der beteiligten Schädiger aufgrund einer vertraglichen oder gesetzlichen Privilegierung ausgeschlossen ist, entsteht schon gar kein Gesamtschuldverhältnis und damit auch keine Regressmöglichkeit für den zahlenden Schädiger. Man spricht dann von einer sog. "gestörten Gesamtschuld". Ob und wie diese *Regressbehinderung* zu lösen ist, ist umstritten.[522] 267

hemmer-Methode: Einen relativ neuen Ansatz zur „Bewältigung der Gestörten Gesamtschuld" finden Sie in gleichnamigem Beitrag von Stamm in NJW 2004, 811 ff. Diese Ansicht eignet sich als Zitat für Hausarbeiten, ist aber für die Klausur „tödlich".

Im Wesentlichen sind hier drei Lösungswege denkbar.

(1) Der **Geschädigte kann** den **Dritten in vollem Umfang in Anspruch nehmen**, ohne dass diesem **ein Regressanspruch gegen den privilegierten Mitschädiger** zusteht.

⇨ Lösung zu Lasten des Dritten.

(2) Die Privilegierung wird nur im Verhältnis Geschädigter zu privilegiertem Schädiger, nicht aber im Verhältnis zwischen den Schädigern berücksichtigt. Damit kann der Geschädigte zwar den Dritten in vollem Umfang in Anspruch nehmen, diesem steht aber im Innenverhältnis zum privilegierten Gesamtschuldner ein Ausgleichsanspruch nach dem Modell des § 426 I BGB zu.

⇨ Lösung über eine fingierte Gesamtschuld (**sog. „hinkender Gesamtschuldnerausgleich"**).

(3) Man belastet den Berechtigten, indem man seinen **Ersatzanspruch** von vornherein **um** die **Quote kürzt**, die im Innenverhältnis zwischen den Gesamtschuldnern auf den privilegierten Gesamtschuldner entfallen würde.

⇨ Lösung zu Lasten des Berechtigten.

hemmer-Methode: In Klausuren erschließt sich dieses Problem oft nur auf den zweiten Blick. Die gedankenlogische Abfolge verläuft dann folgendermaßen: An der Schädigung eines Dritten sind mehrere Personen ursächlich beteiligt. Diese haften grds. entsprechend ihren Verursachungsbeiträgen gesamtschuldnerisch. Wird einer von ihnen in voller Höhe vom Geschädigten in Anspruch genommen, so kann er bei den anderen gem. § 426 BGB Rückgriff nehmen. Dieser Rückgriff scheitert aber, wenn die Haftung eines der Mitverursacher aus bestimmten Gründen ausgeschlossen ist.

---

521 Ausführlich zum Rückgriffsanspruch des § 426 BGB Hemmer/Wüst/Sorge, Rückgriffsansprüche, Rn. 284 ff.

522 Umfassend zu diesem Problem Hemmer/Wüst/Sorge, Rückgriffsansprüche, Rn. 328 ff.

So wird von Ihnen erwartet, sowohl i.R.d. Haftungsbegründung als auch bei etwaigen Haftungsausschlüssen saubere Gedankenarbeit zu leisten. Dies ist einer der Gründe, wieso die „gestörte Gesamtschuld" beliebter Prüfungsstoff ist. Die „gestörte Gesamtschuld" findet sich auch im Beispielsfall. 268

Fortsetzung der Lösung des Beispielsfalls:

(5) Es könnten jedoch aufgrund des Mitverursachungsbeitrags der Eltern Bedenken gegen eine volle Ersatzpflicht der S-KG bestehen: 269

Schädigung durch die Eltern mitverursacht

(a) Auch die Eltern haben fahrlässig durch Verletzung der Aufsichtspflicht die Körperverletzung der T mitverursacht. Ihr eigener Verursachungsbeitrag führt grds. dazu, dass auch sie der T aus §§ 823 I, 823 II BGB i.V.m. § 229 StGB, sowie aus § 1664 BGB (entgegen dem Wortlaut der Vorschrift eine eigene Anspruchsgrundlage)[523] ersatzpflichtig sind. Somit besteht zwischen den Eltern als Haftungseinheit auf der einen Seite und der S-KG auf der anderen Seite grundsätzlich ein Gesamtschuldverhältnis, § 840 I BGB. Die S-KG könnte dann im Innenverhältnis gemäß § 426 I und II BGB (zwei verschiedene Regressmöglichkeiten!) von den G Ausgleich verlangen.

Gesetzliche Haftungsmilderung

(b) Zugunsten der Eltern könnte jedoch der gemilderte Haftungsmaßstab des § 1664 BGB eingreifen. 270

Dieser Haftungsmaßstab gilt auch bei Aufsichtspflichtverletzungen der Eltern. Eine Nichtanwendbarkeit ergibt sich nur für den Anspruch aus § 832 BGB.[524]

§ 1664 BGB findet im Verhältnis zum Kind auch i.R.d. §§ 823 ff. BGB Anwendung:[525] Die Eltern haften danach nur für die eigenübliche Sorgfalt, vgl. § 277 BGB (sog. diligentia quam in suis). Da den Eltern G nur leichte Fahrlässigkeit vorzuwerfen ist, scheidet ein Anspruch der T gegen ihre Eltern aus.[526]

hemmer-Methode: Natürlich kann man an dieser Stelle auch grobe Fahrlässigkeit der Eltern bejahen. Denken Sie jedoch an die Konsequenzen: Dann bestünde zwischen den Eltern und der S-KG ein normales Gesamtschuldverhältnis. Sie hätten sich dann aus dem Problem der „gestörten Gesamtschuld" herausgeschrieben. Dies ist Ihnen jedoch nur zu raten, wenn entweder die grobe Fahrlässigkeit auf der Hand liegt (im Fall nicht gegeben) oder wenn Ihnen das Problem der „gestörten Gesamtschuld" unbekannt ist. Ansonsten gilt auch hier: Probleme erst schaffen, dann wegschaffen. 271

Keine gesamtschuldnerische Haftung der G

(c) Folglich sind die Eltern neben der S-KG nicht Gesamtschuldner geworden. Die Haftungsbeschränkung geht dann zu Lasten der S-KG, da dieser der Rückgriff gegen die G nicht möglich ist (sog. „gestörte Gesamtschuld").

Die Unbilligkeit dieses Ergebnisses ist offensichtlich: Schließlich hätte dann die S-KG auch für den Verursachungsbeitrag der Eltern in voller Höhe aufzukommen. Wie diese Unbilligkeit zu lösen ist, ist heftig umstritten: 272

523 Grüneberg (vormals Palandt), § 1664, Rn. 1.

524 Vgl. BGH, NJW 1988, 2669 = **juris**byhemmer.

525 Nicht unumstritten, vgl. Hemmer/Wüst/Sorge, Rückgriffsansprüche, Rn. 344. Geht es um eine Haftung aus § 833 S. 1 BGB, greift die Privilegierung ebenfalls ein. Wenn schon eine Privilegierung für eigenübliche Sorglosigkeit besteht und eine verschuldensunabhängige Haftung entfallen lässt, muss dies erst recht bei Gefährdungshaftung gelten, BGH, **Life&LAW 05/2021, 297 ff.** = **juris**byhemmer.

526 Das ist ein wichtiger Aspekt. Kommen Sie in der Klausur zu dem Ergebnis, dass grobe Fahrlässigkeit vorliegt, greift § 1664 BGB nicht ein. In der Klausur sollten Sie sich klausurtaktisch entscheiden, wenn ein Zweifelsfall vorliegt. Denken Sie daran: Sie schneiden sich das Problem der gestörten Gesamtschuld ab, wenn Sie grobe Fahrlässigkeit bejahen! Selbst wenn Sie jedoch von leichter Fahrlässigkeit ausgehen, kann die Privilegierung noch scheitern. Sie setzt nämlich voraus, dass die Eltern auch tatsächlich eigenüblich sorglos sind. Dafür trifft sie die Beweislast. Nach Ansicht des BGH reicht es zum Nachweis nicht aus, dass die Eltern in der konkreten Situation, in der das Kind verletzt wurde, leicht fahrlässig agiert haben, vielmehr müssen sie untermauern können, grundsätzlich in eigenen Angelegenheiten sorglos zu sein, BGH, **Life&LAW 05/2021, 297 (300 ff.)** = **juris**byhemmer.

Fingierte Gesamtschuld nur bei vertraglichen Haftungsprivilegierungen

(aa) Die Rspr. nimmt im Rahmen einer vertraglichen Haftungsprivilegierung an, dass der rechtlich verantwortliche Schädiger trotz des Haftungsausschlusses beim Mitschädiger aufgrund eines *fingierten Gesamtschuldverhältnisses* Rückgriff nehmen könne.[527]

Damit wäre der Haftungsausschluss nach § 1664 BGB zumindest im Verhältnis der Gesamtschuldner wirkungslos. Allerdings passt dies für § 1664 BGB schon deshalb nicht, weil es sich nicht um eine vertragliche Privilegierung handelt.

Kritik an der fingierten Gesamtschuld

(bb) Diese Lösung ist unabhängig davon zu Recht auf Widerspruch gestoßen, da die Eltern dann schlechter stünden, als wenn sie den Schaden allein verursacht hätten: Im Fall der Alleinverursachung entfiele wegen § 1664 BGB ihre Haftung, während sie neben einem Mitschädiger über § 426 BGB anteilig haften würden.

Keine Regressmöglichkeit

(cc) Daher wird teilweise eine Regressmöglichkeit gänzlich abgelehnt mit der Folge, dass der ganze Schaden zu Lasten der S-KG ginge. Auch dies ist im Regelfall unbillig, da dann der Mitverursachungsbeitrag des anderen Schädigers (die G) völlig unberücksichtigt bliebe.

hemmer-Methode: Bitte beachten Sie, dass i.R.v. vertraglichen Haftungsprivilegien diese Ansicht nicht mehr vertretbar ist. Ansonsten wäre dieses Haftungsprivileg ein „Vertrag zu Lasten Dritter".

Lösung der h.L.

(dd) Die h.L. löst diesen Konflikt zu Lasten des Geschädigten (hier der T), indem sie deren Ersatzanspruch gegen die S-KG um den Mitverschuldensanteil des freigestellten Erstschädigers (Eltern) kürzt. Dieser Anteil entspricht dem Betrag, den der Zweitschädiger (S-KG) ohne den Haftungsausschluss durch den Rückgriff nach § 426 BGB hätte ersetzt verlangen können. Dabei gilt § 254 BGB als andere Bestimmung i.S.d. § 426 I BGB. Diese Lösung scheint vorzugswürdig: *Belastet wird damit derjenige, dessen Interessen durch den gesetzlichen Haftungsausschluss ohnehin abgewertet sind.*[528]

Rspr.

(ee) Der BGH ist dem nicht gefolgt.[529] 273

Der BGH verneint bei § 1664 BGB - anders als beim vertraglichen Haftungsprivileg - schon das Entstehen eines Gesamtschuldverhältnisses und lehnt die Fiktion eines gesamtschuldnerischen Innenausgleichs und somit die anteilige Anspruchskürzung ab.

Wegen des Haftungsausschlusses wachsen die Eltern schon gar nicht in die Regelung des § 840 BGB hinein. Es fehlt damit nach dem BGH schon an den Grundlagen für ein Gesamtschuldverhältnis, das gestört werden könnte.

hemmer-Methode: Hier klammert sich der BGH an die bloße Konstruktion: Gerade wegen des Haftungsausschlusses entsteht schon kein Gesamtschuldverhältnis! Anders wäre es nur, wenn ein vertraglicher Haftungsausschluss nachträglich vereinbart wird. Dann liegt zunächst eine Gesamtschuld vor, die später wegfällt. Das Ergebnis - Regresslosigkeit des Zweitschädigers - bleibt aus Sicht des Zweitschädigers dennoch untragbar. 274

Hinsichtlich der Fiktion des gesamtschuldnerischen Innenausgleichs unterscheidet der BGH somit zwischen der *vertraglichen Haftungsmilderung* und der auf *gesetzgeberischer* Wertung beruhenden *Haftungsmilderung*. Anders als bei den vertraglichen Haftungsmilderungen sei bei den gesetzlichen die Fiktion abzulehnen, weil diese nicht der individuellen Gestaltung überlassen sind. Vielmehr geht die gesetzgeberische Bewertung des § 1664 BGB auch das außenstehende Rechtsverhältnis an. Konsequenz hat dies insoweit, als die Grundsätze des gestörten Gesamtschuldnerausgleichs nicht eingreifen, d.h. der Zweitschädiger muss voll leisten. 275

---

527 BGHZ 12, 213; 35, 317 = **juris**byhemmer.

528 Medicus, BR, Rn. 933.

529 BGHZ 103, 346; NJW 1988, 2662; 2004, 2892 = **juris**byhemmer.

hemmer-Methode: Zur Erinnerung: Beim vertraglichen Haftungsprivileg scheitert diese Lösung am „Verbot des Vertrages zu Lasten Dritter“!

Für die volle Ersatzpflicht des Zweitschädigers im Verhältnis zum geschädigten minderjährigen Kind könnte auch noch sprechen, dass das Kind und damit für den BGH bei grobem Verschulden der Eltern den Zweitschädiger als Gesamtschuldner voll in Anspruch nehmen kann.

In diesem Fall greift das Haftungsprivileg des § 1664 BGB nicht ein und die Grundsätze des gestörten Innenausgleichs kommen damit nicht in Betracht. Trifft die Eltern aber nur leichte Fahrlässigkeit, so hätte das Kind eine Kürzung hinzunehmen.

Letztlich steht hinter der Entscheidung des BGH wegen der vollen Inanspruchnahme des Zweitschädigers eine Privilegierung der Familienmitglieder und die Erhaltung des Familienfriedens.

Kritik an der Rspr.

(ff) Gegen diese Lösung spricht zum einen, dass kein Grund für eine Differenzierung zwischen vertraglicher und gesetzlicher Haftungsmilderung ersichtlich ist. Die Begründung, § 1664 BGB beruhe auf der gesetzgeberischen Bewertung der Familiengemeinschaft und gehe damit auch ein außenstehendes Rechtsverhältnis an, überzeugt nicht. Dagegen spricht schon der Wortlaut des § 1664 BGB:"... *dem Kind gegenüber* ...". 276

Zum anderen gelangt man in der vorliegenden Fallkonstellation auch mit der bisher h.M. zu einer gerechten Lösung: Der Ersatzanspruch gegen den Zweitschädiger mindert sich um den Mitverschuldensanteil des freigestellten Gesamtschuldners (hier der Eltern G). Zwischen den Gesamtschuldnern gilt § 254 BGB entsprechend (vgl. § 426 I BGB "... soweit nicht ...").

Da im Verhältnis zur S-KG das Verschulden der Eltern gering ist, kann auch hier eine (nahezu) volle Haftung des Zweitschädigers begründet werden.

Ergebnis

Daher sind nach richtiger Ansicht die Grundsätze des gestörten Gesamtschuldnerausgleichs auch auf Fälle einer gesetzlichen Haftungsprivilegierung anzuwenden. In Anbetracht der überwiegenden Pflichtverletzung der S-KG reduziert sich der Haftungsanteil der Eltern. Es erscheint eine Quote von 90/10 angemessen.

Das Kind muss sich also auch bei den deliktischen Ansprüchen eine Kürzung um den Mitverschuldensanteil seiner Eltern (1/10) gefallen lassen.

WIEDERHOLUNGSFRAGEN

Randnummer

1. Was müssen Sie bei der Prüfung eines Schadensersatzbegehrens stets gedanklich und schriftlich sauber trennen? *2 ff.*

2. Was sind die zentralen Vorschriften des Schadensrechts? *5*

3. Was meint das Prinzip der Naturalrestitution, vgl. § 249 I? *6*

4. Nach dem Prinzip der Totalreparation muss der Schädiger den gesamten Schaden ersetzen. Wann wird von diesem Prinzip abgewichen? *6*

5. Warum ist die Ersatzpflicht bei einigen Gefährdungstatbeständen (§ 12 StVG, § 10 ProdHaftG, § 15 UmweltHaftG) summenmäßig beschränkt? *11*

6. Erstrecken sich vertragliche Haftungsmilderungen auch auf konkurrierende deliktische Schadensersatzansprüche? *14*

7. Welcher Haftungsmaßstab gilt im Gefälligkeitsverhältnis? *18*

8. Die Rechtsprechung lehnt dies ab, und argumentiert, wer keinen Rechtsbindungswillen habe, verdiene auch nicht den Schutz des Vertragsrechts. Wissen Sie, wie die Rechtsprechung eine interessengerechte Haftung im Gefälligkeitsverhältnis zustande bringt? *18*

9. Gilt die Haftungsbeschränkung auf eigenübliche Sorgfalt auch im Straßenverkehr? *19*

10. Woraus kann sich die Unwirksamkeit einer vertraglichen Haftungsbeschränkung ergeben? *25*

11. Unter welchen Voraussetzungen kann ein Dritter in eine vertragliche Haftungsprivilegierung **miteinbezogen** werden? *26*

12. Was versteht man unter "Schaden"? *29*

13. Welche Aussage trifft die sog. „Differenzhypothese“? *30*

14. Was bezweckt der sog. normative Schadensbegriff? *32*

15. Was meint die „haftungsausfüllende Kausalität"? *34*

16. Nennen Sie die Voraussetzungen (einzelnen Stufen) der Schadenszurechnung! *36*

17. Was meint die „conditio-sine-qua-non“- Formel? *38*

18. Was versteht man unter dem Begriff „Vorhaltekosten“? *40*

19. Inwieweit sind solche Vorhaltekosten ersatzfähig? Argumentieren Sie! *40 f.*

20. Sind sog. Fangprämien ein ersatzfähiger Schadensposten? *42*

21. Moment, warum sind Fangprämien vom Schutzzweck der verletzten Schadensersatznorm umfasst? Fangprämien werden ja freiwillig ausgesetzt und ein Schaden ist doch nur jede unfreiwillige Einbuße an Rechtsgütern. *42*

22. Was gilt hinsichtlich der Bearbeitungskosten bei einem Diebstahl? *43*

23. Was gilt bei sog. alternativer Kausalität? *46 f.*

24. Wie erfolgt die Schadenszurechnung im Falle einer Unterlassung? *48 f.*

25. Welche Rolle spielt die Adäquanz bei der Schadenszurechnung? *52*

26. Welche Aufgabe kommt der Adäquanz im Rahmen der Schadenszurechnung zu? *53*

27. Wie lautet die Formel zur Umschreibung der Adäquanz? *53*

28.	Wonach bestimmt sich die Adäquanz eines Schadensereignisses?	*53*
29.	Findet die Adäquanztheorie bei der Gefährdungshaftung Anwendung?	*55*
30.	Wie wirken sich Schadensanlagen auf die Adäquanz aus?	*57*
31.	Gilt dies wirklich ausnahmslos?	*57*
32.	Was ist mit "Schutzzweck der Norm" gemeint?	*60 f.*
33.	In welchen Fallgruppen kommt es auf den Schutzzweck der Norm an?	*63*
34.	Was gilt bei den sog. "Herausforderungsfällen" bzw. unter welchen Voraussetzungen fällt der Schaden unter den Schutzzweck der betreffenden Norm?	*64 ff.*
35.	Wann liegt lediglich eine Verwirklichung des allgemeinen Lebensrisikos vor?	*72*
36.	Wann sind Schockschäden zurechenbar?	*73*
37.	Findet eine Begrenzung des Schadensersatzes statt, wenn bei der Schadensbeseitigung (weitere) Fehler unterlaufen?	*76 ff.*
38.	Welche Möglichkeit der Begrenzung des Schadensersatzverlangens ist hinsichtlich eigener Aufwendungen des Geschädigten zur Schadensbeseitigung denkbar?	*82 f.*
39.	Welche Normen sind für das "wie" des Schadensersatzes einschlägig?	*85*
40.	Welche zwei Arten von Schadensersatz sind grundsätzlich zu unterscheiden?	*86*
41.	Was bedeutet „Natural**restitution**"?	*87*
42.	Was versteht man unter der sog. „Schadens**kompensation**"?	*87*
43.	Wo liegt der Unterschied zwischen Restitution und Kompensation?	*89*
44.	Was wird bei der sog. Naturalrestitution geschuldet?	*90*
45.	Wann ist die Naturalrestitution-/Herstellung ausgeschlossen?	*100*
46.	Wann kommt Geldersatz nach § 249 II S.1 in Betracht?	*101*
47.	Ist der Geschädigte (bei Sachschäden) in der Verwendung des nach § 249 II S.1 erlangten Geldbetrages völlig frei?	*104 f.*
48.	Werden im Fall der Körperverletzung fiktive Heilungskosten ersetzt?	*107 f.*
49.	Kann bei Undurchführbarkeit der Reparatur Geldersatz nach § 249 II S.1 verlangt werden?	*110*
50.	Nach welcher Vorschrift werden die Kosten für die Anmietung einer Ersatzsache ersetzt?	*114*
51.	Werden die Kosten der Rechtsverfolgung dem Geschädigten ersetzt?	*117*
52.	Wann kommt Schadensersatz auf Neuwagen-Basis in Betracht?	*118*
53.	Wie verhindert der Geschädigte, dass eine Anrechnung eines etwaigen Restwerts auf den zu ersetzenden Neupreis stattfindet?	*118*
54.	Wann sind die Kosten der Reparatur nicht mehr „erforderlich" i.S.d. § 249 II S.1 BGB?	*121*
55.	Wer trägt bei § 251 das sog. Prognose-Risiko?	*123*
56.	Unter welchen Voraussetzungen sind Besuchskosten bei Personenschäden ersatzfähig?	*124 ff.*
57.	Wonach bemisst sich der nach § 251 zu leistende Schadensausgleich?	*129*

58. In Ausnahme zur Differenzhypothese ist bei bestimmten Nachteilen ein Vermögensschaden zu bejahen, auch wenn sich rein rechnerisch keine bleibende, messbare Vermögensminderung ergibt? In welchen Fällen wird dies diskutiert? *133 ff.*

59. Was gilt nach h.M. für den Verlust bloßer Gebrauchsmöglichkeiten? *133 ff.*

60. Problematisch ist aber, dass heute nahezu jedes Gut gegen Geld zu haben ist bzw. sich ein Marktpreis ermitteln lässt. Auf welche Weise wird die Kommerzialisierungstheorie eingeschränkt? *133 ff.*

61. Ist entgangene Freizeit ersatzfähig? *144*

62. Verlust von Urlaubstagen ist dem Grunde nach auch entgangene Freizeit. Doch welche Besonderheit besteht im Rahmen des Reisevertragsrechts, §§ 651a ff. BGB? *145*

63. Ist § 651n II auch außerhalb des Reisevertragsrechts anwendbar? *146 f.*

64. Gibt es für den Ausfall eines haushaltsführenden Familienmitglieds Ersatzansprüche? *154 f.*

65. Was ist ein "merkantiler Minderwert"? *157 f.*

66. Wonach wird dieser ersetzt? *157 f.*

67. Ist die Belastung mit einer Unterhaltsverpflichtung für ein nicht gewolltes Kind ein ersatzfähiger Schaden (Stichwort: „misslungene Sterilisation“)? *162 ff.*

68. Warum? Können Sie das gefundene Ergebnis auch begründen? *162 ff.*

69. Wonach bestimmt sich der Ersatz entgangenen Gewinns? *166 ff.*

70. Warum? *166 ff.*

71. Wo liegt für den Geschädigten beim entgangenen Gewinn das Problem? *166 ff.*

72. Welche Norm kommt dem Geschädigten dabei zu Gute? *166 ff.*

73. Wie ist bei der Verletzung fremder Ausschließlichkeitsrechte Ersatz zu leisten? *170 ff.*

74. Nennen Sie diese drei Arten der Schadensberechnung! *170 ff.*

75. Wann hat der Geschädigte gegen den Schädiger Auskunftsansprüche zur Durchsetzung eines Schadensersatzanspruches? *175 f.*

76. Was umfasst der Schadensersatz statt der Leistung? *179 f.*

77. Was ist bei Ersatz des negativen Interesses geschuldet? *182 ff.*

78. Stehen positives und negatives Interesse im Widerspruch zu § 249? *184*

79. Welche Umstände können zu einer Schadensminderung führen? *185*

80. Inwieweit wird im Rahmen der hypothetischen Kausalität, also der Frage, ob Reserveursachen berücksichtigt werden oder nicht, differenziert? *186 ff.*

81. Was versteht man eigentlich unter einem Objektschaden? *190*

82. Sind Reserveursachen (hypothetische Ursachen) bei einem Objektschaden beachtlich? *190*

83. Ja, aber warum beseitigt die Reserveursache den Schadensersatzanspruch nicht? *190*

84. Und was versteht man unter sog. Vermögensfolgeschäden? *191*

85. Reserveursachen sind folglich bei Vermögensfolgeschäden zu berücksichtigen. Richtig? *191*

86. Wann ist in „Anlage-Fällen“ die Berücksichtigung hypothetischer Ereignisse geboten? *192 ff.*

87. Die Ersatzpflicht beschränkt sich also in solchen Fällen...? *192 ff.*

88. Was ist mit dem Einwand rechtmäßigen Alternativverhaltens gemeint? *195 ff.*

89. Wann wird die sog. Vorteilsausgleichung relevant? *200 f.*

90. Was sind die Voraussetzungen der Vorteilsausgleichung? *202*

91. In welchen Fällen wird eine Vorteilsausgleichung hauptsächlich diskutiert? *206 ff.*

92. Was gilt bei freigiebigen Leistungen Dritter? *208 f.*

93. Werden nicht alle freigiebigen Leistungen Dritter zu Gunsten des Geschädigten vorgenommen? *208 f.*

94. Sind vom Geschädigten "erkaufte" Vorteile anzurechnen? *210 ff.*

95. Wirken sich über-obligatorische Anstrengungen des Geschädigten schadensersatzmindernd aus? *213 ff.*

96. Was ist mit "Abzug neu für alt" gemeint? *218*

97. Was ist die Grundkonstellation der Drittschadensliquidation? *221*

98. Was ist die Rechtsfolge der Drittschadensliquidation? *224*

99. Ok! Aber wenn der Schaden vom Anspruchsinhaber geltend gemacht wird, hilft es dem eigentlich Geschädigten ja nichts“. Was kann der geschädigte Dritte tun? *226*

100. Was sind nun die Voraussetzungen der DriSchaLi? *227 ff.*

101. Welche Fallgruppen der DriSchaLi kennen Sie? *232 ff.*

102. Was ist an dem Ausdruck "Mitverschulden" ungenau? *241*

103. Was gilt bei Mitverschulden im Straßenverkehr? *244 ff.*

104. Der Geschädigte muss sich im Falle einer *Sachbeschädigung* gegenüber den Ansprüchen aus dem StVG das Mitverschulden eines "Bewahrgehilfen" anrechnen lassen, § 9 StVG. Was ist ein "Bewahrgehilfe"? *246*

105. Was regelt § 17 I StVG? *249*

106. An was müssen Sie bei Gefälligkeitsfahrten immer denken? *250 ff.*

107. Was gilt beim Mitverschulden Minderjähriger? *257 ff.*

108. Wie ist ein Mitverschulden Dritter zu berücksichtigen? *260 ff.*

109. Ist § 278 i.R. deliktischer Ansprüche anwendbar? *262 ff.*

110. Wie regelt sich die Haftung von mehreren Schädigern? *267*

111. Was meint man mit "gestörter Gesamtschuld"? *267*

112. Ist § 1664 auch i.R. von § 832 anwendbar? *270*

113. Welche Lösungswege werden für die gestörte Gesamtschuld vorgeschlagen? *272*

114. Ist hierbei zwischen gesetzlichen und vertraglichen Haftungsbeschränkungen zu unterscheiden? *273 ff.*

Die Zahlen verweisen auf die Randnummern des Skripts

#hemmermethode

„Ziel unserer Juristinnen- und Juristenausbildung ist die optimale Vorbereitung auf das Examen!"

Für das Klausurexamen muss im Vordergrund die Schulung auf dieses stehen. So wie sich die Schülerin oder der Schüler auf die Lehrkraft einzustellen hat, so muss sich der Studierende am Klausurerstellenden orientieren. Sie bzw. er gibt die Lösung vor, an dieser wird die Klausur gemessen.

Da der bzw. die Ersteller*in anonym bleibt, ist nach der Typik von Examensfällen zu fragen. Denn nur wer sich über die typischen Merkmale eines Examensfalles im Klaren ist, schreibt eine gute Klausur! Dieselben Grundsätze gelten selbstverständlich auch für die Hausarbeit, die dem Grunde nach eine umfangreiche und anspruchsvolle Klausur ist.

1 ANALYSE EXAMENSTYPISCHER FALLKONSTELLATIONEN

Examensklausuren haben eine eigene Struktur. Der bzw. die Ersteller*in konstruiert Sachverhalt und Lösung nach bestimmten Regeln, die es zu erfassen gilt: Die Klausur beinhaltet objektive und subjektive Merkmale. Objektiv muss die Klausur aufgrund der notwendigen Notendifferenzierung

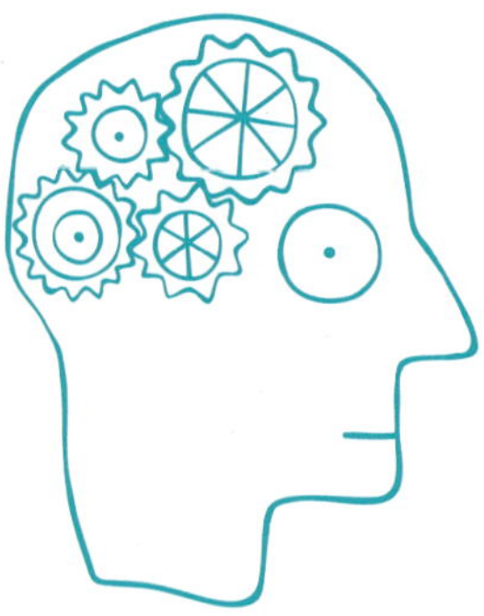

- anspruchsvoll, aber lösbar sein,
- eine Vielzahl von Problemen und
- unterschiedliche Gewichtungen beinhalten
- sowie bei der Lösung ein einheitliches Ganzes ergeben.

Subjektives Merkmal ist, wie der bzw. die Ersteller*in die objektiven Merkmale angeordnet hat.

2 ERFASSEN DES IDEENGBÄUDES DES ERSTELLENDEN

Wir fragen immer mit der HEMMER-METHODE:

- Was will der Verfasser bzw. die Verfasserin der Klausur?
- Welcher „rote Faden" liegt der Klausur zugrunde?
- Welche kritischen Grenzfälle hat er/sie im Auge?
- Welche „Fallen" gilt es zu erkennen?

Stellen Sie sich den bzw. die Verfasser*in der Klausur als imaginäre*n „Gegner*in" vor!
Nur wer die in der Klausur angelegten Ideen und Stolpersteine erfasst, schreibt eine gute Klausur.

HEMMER-METHODE heißt also: Die innere objektive Logik, die dem Fall zugrunde liegt, aufzudecken und sich in die Gedankengänge des Klausurerstellenden hineinzuversetzen.

„Nur wer sich über die typischen Merkmale eines Examensfalles im Klaren ist, schreibt die gute Klausur!"